자동차로 떠나는 터키 가족여행

자동차로 떠나는 터키 가족여행

발행일	2020년 12월 28일		
지은이	김 영, 김 린, 김예린		
펴낸이	손형국		
펴낸곳	(주)북랩		
편집인	선일영	편집	정두철, 윤성아, 최승헌, 배진용, 이예지
디자인	이현수, 한수희, 김민하, 김윤주, 허지혜	제작	박기성, 황동현, 구성우, 권태련
마케팅	김회란, 박진관, 장은별		
출판등록	2004. 12. 1(제2012-000051호)		
주소	서울특별시 금천구 가산디지털 1로 168, 우림라이온스밸리 B동 B113~114호, C동 B101호		
홈페이지	www.book.co.kr		
전화번호	(02)2026-5777	팩스	(02)2026-5747

ISBN   979-11-6539-499-8 03910 (종이책)   979-11-6539-500-1 05910 (전자책)

이 도서의 국립중앙도서관 출판예정도서목록(CIP)은 서지정보유통지원시스템 홈페이지(http://seoji.nl.go.kr)와
국가자료공동목록시스템(http://www.nl.go.kr/kolisnet)에서 이용하실 수 있습니다.
(CIP제어번호: CIP2020053833)

터키로 떠난
직장인 아빠의 렌터카 가족여행 프로젝트 IV

자동차로 떠나는 터키 가족여행

글/사진 **김 영, 김 린, 김예린**

고대신화와 성서, 황제와 술탄의 땅 터키

자연의 신비와 인간의 지혜가 조화를 이룬
동서 문명의 교차로 **터키 탐방기**

북랩 **book** Lab

추천사

"김영 작가의 터키 여행담은 언택트 시대의 새로운 관광 분야로 부상하고 있다. 온 가족의 알뜰살뜰한 터키 여행담은 지난 여행의 추억을 오롯이 담고 있다. 아빠와 아들, 딸은 세대 차이나 문화적 생경함이 없다. 여행이라는 한 목적을 위해서 각자의 역할과 문화 체험을 아울러 새로운 관광의 묘미를 일깨우고 도전과 모험의 신세계를 개척한다. 역할 분담이 명확하다. 서로의 입장을 존중하고 아기자기한 여행을 만끽한다. 재미와 감동이 피어나고 삶의 깊은 사색과 힐링으로 인도한다. 넓은 세상을 향한 한 가족의 파노라마처럼 펼쳐지는 터키 여행담을 한번 즐겨 보시라. 코로나 시대에 새로운 문화 패러다임을 경험하게 될 것이다. 대자연을 온몸으로 느끼며 배우는 젊은 부모와 희망의 싹을 틔우는 자녀들의 자동차 터키 기행을 함께 배우며 꿈과 도전정신을 키워 가자."

– 푸른문학, 靑五 임재구

일상에 지쳐있다면
다른 세상으로 떠나보라.
여행은 신선한 바람이 되어 활력을 가져다 준다.

여행을 목적으로 삼지 않아도
새로운 세상을 보는 것만으로
여행 후 삶은 보다 풍요롭고 아름다워진다.

○ 터키! 왜 형제의 나라일까?

오랫동안 동서양의 문명이 만나 충돌하고 뒤섞이며 다양한 민족이 지배자 혹은 피지배자가 되어 살아온 터키는 지리적으로 우리와 멀게 느껴진다. 하지만 역사를 고대로 거슬러 올라가면 고구려와 돌궐 제국 사이에 사신이 왕래하며 문화, 경제 교류가 활발했다는 역사 사료를 찾아볼 수 있어 우리와 가까운 이웃처럼 지냈음을 알 수 있다. 그 후 오랫동안 서로 잊고 살았던 두 민족은 1950년 한국전쟁 때 다시 인연을 맺는다. 터키가 군대를 파병하여 풍전등화에 있던 한국을 도와주면서 터키인들은 우리를 형제의 나라라고 부르게 되었다. 이 때문에 비행기를 타고 10시간 이상 가야할 만큼 터키는 우리나라와 지리적으로 멀지만, 피를 나눈 형제라는 말이 정서적으로 가깝게 만든다.

흔히 터키를 동서 문명의 교차로라고 말한다. 그 이유는 지리적 위치에 있다. 서쪽으로는 유럽인 루마니아, 불가리아와 국경이 닿아 있고, 동쪽과 동남쪽으로는 그루지야, 아르메니아, 이란, 이라크, 시리아 등과 접하고 있다. 그리고 이스탄불은 보스포루스 해협을 사이에 두고 유럽과 아시아로 나누어져 있다. 터키의 바다는 북쪽의 흑해부터 서쪽의 보스포루스 해협과 마르마라해를 거쳐 다르다넬스 해협을 통과하고 에게해와 남쪽의 지중해에 둘러싸여 있다. 특히 흑해를 사이에 두고 러시아와 마주하고, 에게해와 지중해를 사이에 두고는 그리스를 보고 있다. 여러 나라와 마주하고 있는 터키의 지정학적 위치만 봐도 그 역사가 어땠을지 짐작이 간다. 터키의 과거는 현대에 와서 강대국에 둘러싸인 한반도를 연상케 한다. 더구나 풍요로운 땅을 가졌기에 끝없는 외침에 시달리며 땅의 주인이 바뀌는 일이 다반사였다.

Prologue

　터키는 네 번째 가족여행 프로젝트의 나라다.

　온 가족이 처음 유럽으로 떠났을 때, 가족여행 경험이 부족했던 여행자는 사소한 것조차 모르는 것이 많아 모든 걸 배워야 하는 입장이었다면, 이제 여행하는 방법론에 있어서 제법 성숙해졌다고 해도 될지 모르겠다. 가족여행 프로젝트를 진행하는 몇 년 사이에 린과 예린은 많이 자랐다. 이제는 가족 중에서 가장 작은 사람이 아내가 된 것을 보며 자그마했던 린과 예린의 몇 년 전 모습을 추억하게 된다. 하루가 다르게 변하는 아이들만큼이나 부모인 아내와 나의 변화도 읽히기 시작했다. 외모와 체력의 변화는 미세하므로 별반 차이를 모르겠지만, 순발력과 시력이 표나게 변하는 것을 느끼고 있다.

　또 다른 변화는 처음 여행기를 썼을 때보다 조금씩 나아지면서 매끄러워지는 글솜씨인지도 모른다. 반면에 잃은 것도 있어 보인다. 여행 초보자가 겪는 자세한 상황 설명과 묘사가 줄었고, 경험이 주는 주의할 점들에 대한 팁도 줄었다. 여행 경력이 쌓이면서 이례적인 상황이 줄어든 것도 하나의 이유가 된다. 어른들의 시각으로는 잘 보이지 않는 것이 순수한 눈을 가진 어린아이들의 시각에서는 잘 보이듯, 처음 여행을 준비하는 사람에게는 초보 여행자의 글이 베테랑이 쓰는 글보다 유익한 도움이 될 것으로 여겨진다.

하지만, 자동차로 떠나는 가족여행 경험이 많아져도 여행 전에는 기대에 따른 설렘과 행여 있을지도 모를 위험에 대한 불안감이 항상 공존한다. 여행을 떠나는 순간 신나는 모험과 즐거움이 펼쳐질 것이라는 기대가 여행지의 자료를 수집하고 공부하는 데 열정을 불러일으키지만, 어떤 때는 미지의 세계에 대한 불안과 염려로 인해 아무 탈 없는 여행이 되기만 바라는 마음이 들 때도 있다. 국내에서도 인적이 드문 낯선 곳을 여행할 때면 조심스럽게 느껴지는데, 사회 안전망을 잘 알지 못하는 해외여행은 앞이 보이지 않는 안개 속을 탐험하는 것이나 다를 바 없다. 그러므로 해외에서 있을 수 있는 위험을 줄이는 최적의 여행지 선정과 정확한 자료 수집, 철저한 사전검토로 예상치 못한 상황에 잘 대응할 수 있도록 만반의 준비를 해야 한다. 준비를 잘해야 위험은 최소화되고 가족여행 프로젝트를 성공적으로 완성할 것이다.

Contents

Turkey

Part 1

여행은 설렘이다

"여행은 준비하는 과정부터 실제로 여행하는 중에도
언제나 설렘을 준다."

✪ 터키를 선택한 이유?

여행의 테마를 무엇으로 할 것인가에 대한 고민은 상당히 오랫동안 이뤄졌다. 역사와 자연을 더불어 여행했던 유럽(파리, 스위스, 이탈리아), 대항해 시대에 해가 지지 않는 나라를 건설했던 스페인, 근현대사의 최강자로 굳어진 미국을 여행한 이후로 다음 여정을 어디로 할지 한동안 탐색을 계속했다. 지금까지 가족여행은 서양 역사가 중심이 된 중세와 현대 문명을 대표하는 유럽과 미국이었기 때문에 이번부터는 그 세계를 벗어나 또 다른 문명과 역사, 즉 중남미나 기독교 문명과 대치되는 이슬람권의 문명을 보고 싶었다.

그렇다면 어디로 떠날 것인가?

여행지를 선정하는 데 있어서 우선 조건은 테마를 충족하고 우리에게 주어진 14일의 휴가를 최대한 효율적으로 여행할 수 있는 곳이라야 했다.

그 대상에 오른 나라가 터키와 멕시코였다. 일반적으로 직장인 부모와 학생인 자녀로 구성된 가족은 여름방학이나 겨울방학 시즌이 여행할 수 있는 절호의 기회인데, 이 방학 중에서 학년이 바뀌면서 학업에 지장이 덜한 겨울방학을 선택하게 되었다. 비록 추운 계절인 탓에 날씨에 대비해야 하고 밤은 길고 낮이 짧다는 문제점이 있기는 하지만, 그렇다고 여름방학에 맞춰서 여행하면 무더운 날씨 탓에 절대 쉽지 않은 여행이 될 것이다. 여하튼 우리 가족에게는 겨울방학만이 적절한 시기라고 본다. 다만 추위의 영향을 조금이라도 비껴가도록 1월보다는 2월에 여행하면 조금이나마 괜찮을 확률이 높다. 혹한을 피할 수 있을 뿐만 아니라 낮의 길이도 조금 더 길어져 여행에 큰 도움이 될지도 모르기 때문이다. 그래서 우리의 가족여행은 린의 중학교 졸업식이 있는 1월을 피하고 2월

초순으로 정하였다.

2월의 계절적인 특성을 보면, 멕시코의 경우 겨울에도 따뜻한 장점이 있고, 지금까지 접하지 못했던 아메리카 문명 탐사가 매력적으로 보인다. 하지만 장거리 이동이 많고 경찰 복장을 하고 나타나는 사기꾼이 있을 만큼 치안이 불안하여 안전에 주의하라는 안내가 많은 점이 불안 요인으로 작용했다.

반면, 터키는 우리나라와 비슷한 위도에 자리하고 있다. 그래서 우리와 비슷한 겨울 날씨를 보이는 지역이 많기도 하다. 하지만 터키의 겨울 날씨는 예측하기 어렵고, 강수량도 많은 편이라 좋지 않은 날씨에 대한 우려가 컸다. 단 지중해 연안은 따뜻하다. 날씨가 불안한 요소지만, 터키의 자연과 역사, 문화에 대한 자료를 수집하고 공부하면서 터키에 대한 매력이 커졌다.

여하튼 여행지 후보는 일찌감치 멕시코와 터키를 마음에 두고 있었는데, 여행지를 터키로 결정하기 전까지 멕시코에 대한 끌림이 더 컸다. 그러나 자료 조사가 이루어짐에 따라 점차 터키로 마음이 기울었다. 최종적으로 터키를 여행지로 결정하는 데 가장 큰 요인이 된 것도 안전을 우선으로 삼은 데 있었다.

터키를 여행지로 선정한 배경을 정리해 보면 다음과 같다.

첫째, 안전이다.

앞에서 말했듯이 여행지를 멕시코로 하려다가 터키로 선회한 중요한 이유다. 가족여행을 수행하는 가장으로서 안전은 항상 최우선이 되어야 한다.

둘째, 지루할 틈이 없는 자연을 품고 있다.

괴레메, 파묵칼레, 지중해 연안으로 이어지는 경치는 아름답고 멋지기도 하지만, 때론 웅장하게 펼쳐진 풍경에서 카타르시스를 느끼고 오는 여행자들이 많다.

셋째, 찬란한 역사유적이다.

아나톨리아반도 여행은 선사시대부터 시작하여 고대, 중세, 근대 문명의 시공간을 걷게 해 준다. 일반적인 여행이 공간이동이라면 역사유적 탐방은 시공간의 이동이다. 낯선 도시의 좁은 골목길, 아스라이 고대유적이 남아있는 오래된 산골 마을, 수천 년 전의 삶의 방식을 보여주는 박물관에서 우리는 터키의 역사와 조우했다.

넷째, 여행 인프라가 잘 갖춰져 있다.

동서양 문명의 교차로라는 말에서 알 수 있듯이 터키에는 고대부터 여행자들이 많았다. 현대에는 항공교통의 발달로 엄청난 수의 관광객과 여행자들이 몰려드는 나라가 되었고 이 엄청난 관광 수요를 뒷받침하기 위해 여행 인프라가 잘 정비된 편이다. 또한, 정부에서 고대유적을 비롯한 여러 시대의 문화재 관리에 신경을 많이 쓰는 모습도 볼 수 있다.

다섯째, 독특한 풍물을 갖고 있다.

이스탄불의 재래시장 같은 바자르와 셀축의 토요 장터, 무아진이 노래하는 아잔, 사프란볼루의 전통가옥 등. 이 모두가 호기심을 불러일으킬 만한 독특한 문화와 풍물이다.

여섯째, 터키인들의 다양한 외모와 일상적인 삶의 모습, 그리고 여행자를 대하는 그들의 태도다.

한 부모 밑에서 동양, 서양, 아랍의 외모를 가진 형제들이 섞여 있다는 그들의 다양한 외모는 놀랍고도 신기하다. 지나가는 나그네에게 언제나 차 한 잔 대접하려고 하는 그들의 친절함과 수다도 매력적이다. 길거리에서 담배를 태우는 사람을 혐오(?)하는 우리와 달리 그들은 애연가이다. 대신에 술 마시는 사람을 혐오(?)하고 차이(차, 특히 홍차)를 무척 좋아한다.

일곱째, 물가가 저렴한 것도 하나의 매력이다.

10여 년 전만 해도 터키의 물가가 우리의 물가보다 몇 배나 비쌌던 탓에 여행비용이 많이 들었다고 한다. 하지만 현재(2020년 기준)는 우리의 절반 정도의 물가라고 생각해도 될 만큼 상황이 바뀌었다. 덕분에 예산에 상당히 여유를 가질 수 있다.

여덟째, 이슬람 세계의 맹주였다.

　우리는 서방 세계의 영향을 많이 받아 현재의 그 문화를 중심으로 사는 터라 세계에서 기독교 인구가 가장 많을 것으로 여기는 사람이 많다. 하지만 단순히 인구만으로 비교해 보면 이슬람을 믿는 사람이 더 많다. 더욱이 이슬람은 팽창하고 있고 기독교는 축소되고 있다. 그런 이슬람 세계의 맹주였던 터키는 독특한 매력을 가득 품고 있다. 아랍 같지만 아랍과 다르고, 유럽 같지만 유럽과 다른 독특한 향기가 나는 터키가 매력적이라 강렬하게 끌렸다.

　아무리 베테랑 여행가라고 하더라도 여행할 때마다 여러 가지 우여곡절을 겪는 일이 수두룩하다. 이번 터키 여행에서도 아슬아슬했던 상황들이 있었지만, 잘 비켜 가며 좋은 결과를 가졌기에 운이 좋았던 여행이었다. 그 대표적인 상황 중 하나가 중국에서 시작된 코로나 문제였다. 코로나가 우리나라로 확장될 기세를 보이기 직전에 여행을 다녀온 것 자체가 큰 행운이었다. 이 글을 쓰는 현재, 신천지를 중심으로 확산된 코로나 공포로 인해 한국인의 입국을 거부한 나라가 50개국에 이르고 있다. 코로나가 화두가 되어버린 민감한 상황에서 7개월 동안 준비해 온 가족 여행을 별다른 제약 없이 진행할 수 있었으니 천만다행이었다.

여행 준비

🛫 항공권 구입

여행 경비를 계산할 때 가장 큰 비중을 차지하는 것이 항공권이다. 비용이 가장 크기도 하지만, 목적지나 발권하는 여행사, 항공사마다 천차만별인 금액으로 판매하기 때문에 날짜와 시간 등을 고려하면서 여러 비교 검색 사이트를 두루 살펴보고, 보통 항공권은 여행 출발 3~5개월 전에 구매하는 것이 가장 적절하다고 한다. 역시나 이번 터키행 비행기 티켓은 5개월 전에 직항인 대한항공으로 비교적 저렴한 가격대에 예약하였다.

왕복 1인 금액: ₩810,400원(여행자 보험 별도)

🏯 숙소

어느 도시를 방문하든지 렌터카 여행은 상대적으로 여행지에 접근하기 쉬우므로 숙소 위치에 크게 구애받지 않는다. 다만, 방문할 명소가 정해져 있다면 접근성을 고려해야 할 것이고, 도시 간 거리가 멀다면 이동 시간을 고려해야 한다. 이번 여행에서 불편했던 숙소는 민박과 같은 펜션이었다. 테키르다, 베르가마, 파타라, 사프란볼루에서는 가정집과 같은 펜션 혹은 호텔에 숙박하였다. 이들 숙소는 현지의 주거문화를 체험할 수 있는 기회가 되기도 하였지만, 편리성과 청결 면에서 부족했던 점이 있어서 아쉬웠다. 부지런히 움직여야 하는 바쁜 여행자에게 숙소는 편리하고 편안함을 제공해야만 충분하고 질 좋은 휴식으로 체력을 회복할 수 있다. 다만, 아침 조식만큼은 주인장들이 정성껏 마련해 주는 현

지의 가정식 상차림을 맛볼 수 있는 좋은 기회였기 때문에 그것만으로
도 긍정적인 추억이 되었다.

🚗 렌터카

다른 국가의 여행 서비스 면에서 허츠 렌터카가 편리하게 느껴져서 허
츠 렌터카를 선호하였으나 유달리 터키에서는 허츠의 렌트 비용이 지나
치게 비쌌기 때문에 다른 렌터카를 이용하기로 하였다. 린과 예린이 성
인만큼 자랐고 장거리 운전이 많아 중형급 차량에 인수와 반납 조건을
확인하느라 장고를 거듭한 끝에 가격 비교 사이트인 렌탈카스닷컴에서
아우디 파사트를 예약하였다. 예전과 달리 렌털카스닷컴은 콜센터에 한
국인을 고용하여 한국어 서비스를 제공하고 있어서 의문이 있으면 전화
를 해서 물어볼 수 있어 편해졌다.

> **TIP**
>
> ⊙ 톨비(톨게이트 비용) 관련: 터키 고속도로 통행요금은 무인 시스템으로 한국의 하이패스와 같은
>   2종류(HGS, OGS)의 카드가 있다. 나의 렌터카에는 HGS 카드가 붙어 있었고, 통행료는 렌터카
>   반납 후 보증금에서 후불 처리되었다.
> ⊙ 렌트 시 필수 준비물: 국제 운전면허증, 국내 면허증, 여권
> ⊙ 블루투스 스피커: 신나는 음악을 들으며 드라이브한다.

🧭 내비게이션

이미 구매한 시직(Sygic) 내비게이션 프로그램을 스마트폰 2대에 설치
하였고, 구글 맵을 동시에 활용하였다.

> **TIP**
>
> ⊙ 네비게이션 종류
> - 별도의 애플리케이션을 설치하는 프로그램 방식(예, 시직)
> - 내비게이션 기기 방식(예, 톰톰 네비, 가민 네비 등)

준비물

구분	준비 항목	준비 상태	설명
서류 등	여권 및 비자		반드시 사본 준비, 온라인에 보관.
	항공권		여러 사이트 비교하고 조기 발권.
	신분증		언제 어디서 신분을 확인할 필요가 있을지 모른다.
	명함		필요할 수 있다.
	돈/신용카드		300만 원(달러화), VISA, BC 신용카드의 해외 사용 한도 필히 확인.
	여행자 보험		인터넷 여행자 보험 가입.
	가이드북		가이드북 별도로 정리하여 직접 가이드북 제작.
가방/침낭	짐		이민용 가방 1개, 캐리어 3개, 기내용 캐리어 1개, 아이스박스 1개.
			여권 가방 1개, 허리 벨트 백 1개, 백팩 1개.
	담요		휴대용 담요 2개, 휴대용 전기 매트 2개(2인용, 1인용)
의류/신발 등	신발		하이킹이 잦으므로 트레킹화가 유용, 운동화(등산화).
	샌들		기내 혹은 숙소에서 사용할 슬리퍼 개인당 1켤레.
	의류		계절에 맞는 필요한 여벌 옷(터키 내륙 지방은 추우므로 패딩 준비).
전자제품	카메라		DSLR(캐논 60D), 미러리스 카메라 1대, 콤팩트 카메라 1대, 캠코더.
	전자기기		스마트폰 3대, 노트북, 이어폰.
잡화류	전기 쿠커		여행 중 라면과 누룽지, 햇반 등을 끓이고 필요시 물도 데울 수 있다.
	선글라스/모자		햇볕이 강렬해서 선글라스와 모자 필수.
	자외선 차단제		자외선 차단제 필수.
	세면도구		면도기(기내 반입 금지), 치약, 칫솔 등.
	우산/우의		접이식 우산 4개, 우의 4벌.
	필기도구		스마트폰으로 찍어서 기록하기, 볼펜과 메모장 필수.
	다용도 칼		과일용 혹은 다용도 칼 혹은 맥가이버 칼(기내 반입 금지).
	바늘, 실		간단한 반짇고리 등을 준비하면 비상시에 용이.
	안대/에어 베개		이동 시 수면을 취할 때 유용.
	호루라기		호신용.
	멀티어댑터/USB 케이블		USB 케이블 여유분 필수, 연장선 등. - 숙소에 도착하면 각종 전자기기 동시 충전 필요(멀티탭 필수).
	보온병		렌터카 내에서 따뜻한 국산 커피 넉넉하게(장거리 운전 시 유용함).
	잡화류 기타		물티슈, 화장지, 수저, 나무젓가락, 휴대용 그릇, 비닐 팩, 큰 비닐봉지, 플라스틱 컵
약품	구급약/체온계		소화제, 변비약, 지사제, 종합감기약, 일회용 밴드, 상처 치료제, 진통제 등
식량	식량		라면 30봉, 3분 카레 6개, 3분 짜장 6개, 햇반 20개, 누룽지 2kg, 어묵탕 20팩, 컵밥 10개, 멸치볶음, 볶은 김치, 김 가루, 김, 쥐포.
비고			

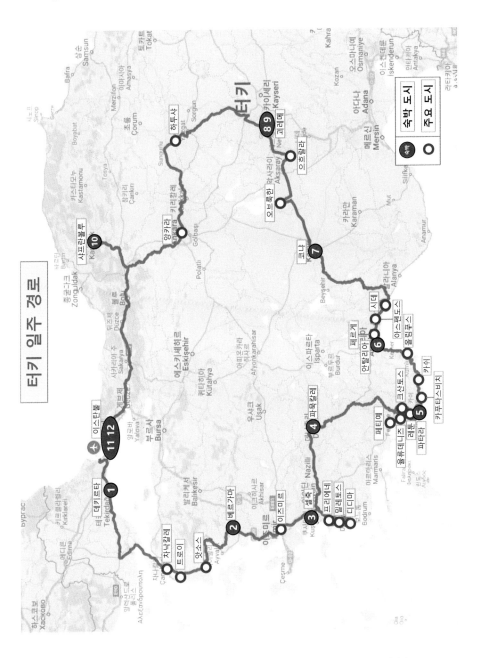

터키 일주 경로

Part × **2**

아나톨리아 역사 속으로

1일 차

"이행이란
내가 체험하지 못했던 '과거로의 이동'이다."

설렘의 시작

    겨울은 낮의 길이가 짧고 추운 날씨 탓에 여행하기에 썩 좋은 계절은 아니다. 같은 겨울이라도 2월은 1월보다는 낮이 조금 길고, 기온도 조금 오르기 때문에 여행에 조금이나마 유리한 조건이다. 2월이 되면 절기상 입춘에 이르게 되고, 입춘이 되면 추위가 누그러질 것으로 봐서 여행 출발일을 그다음 날로 하였다. 물론 좋은 여행이 되기 위해서는 기온뿐만 아니라 날씨가 더 중요한데, 몇 달 전부터 확정된 날짜에 항공권을 미리 구입하고, 사전에 휴가 계획을 회사에 알려야 하는 직장인으로서는 여행 기간의 날씨는 온전히 운에 맡겨야 한다.

    한편, 항공권을 구매 후 5개월 동안 터키의 역사와 지리 공부를 하며 나름대로 열심히 여행 준비를 하였다. 항상 여행을 시작하기 전에는 미지의 세계로 향하는 설렘이 여행에 대한 열정을 불러일으키지만, 불안과 부담으로 긴장이 고조될 때도 많다. 그러다 막상 출발하는 날이 되면 신경 써야 할 일들에 몸이 저절로 반응하고 움직이게 된다. 그러다 보면 긴장과 설렘이란 감정은 어디론가 사라지고 만다. 준비 단계에서 몇 번의 여행 경험은 새로운 여행에 대한 부담을 덜어주기도 하지만, 게으름을 피우는 결과를 낳기도 하였다. 이번 여행을 준비하면서 가장 소홀히 했던 것은 환전이었다. 터키 리라는 기타 통화로 분류되어 일반 시중 은행은 물론이고 공항에 있는 은행에서조차 자체적으로 보유하고 있지 않아 적어도 1주일 전에 환전 신청을 하여야 한다. 그렇지 않으면 현지에 가서 ATM 기기나 은행에 방문하여 인출할 수밖에 없다. 그런데 정확히 여행 1주일을 남기고 신한은행에서 환전을 신청하였고, 여행 이틀 전에 환전 서비스를 받을 수 있었다. 여행 출발일이 가까워질수록 정리해 둔 준비물을 체크하고, 혹시라도 빠졌을지 모르는 물건을 꼼꼼히 챙기면서 여행은 시작된다.

2020년 1월은 내내 따뜻하다가 2월에 들어서자 추워지기 시작하였다. 터키 날씨를 출발 일주일 전부터 관찰하고 있었는데, 2월 들어 점점 추워지는 것이 우리나라와 비슷한 양상을 보이는 것 같아서 조금 염려가 되었다. 또한, 중국 우한에서 창궐한 코로나가 우리나라에도 조금씩 번지기 시작하면서 세계적으로 유행할지도 모른다는 우려 때문에 여행을 자제하는 분위기가 형성되는 상황이었다. 만일 코로나로 인해 여행이 어려워졌다면 가족 모두가 같은 날짜에 휴가를 만들고, 몇 달 동안 준비했던 여행을 쉽게 물릴 수는 없을 노릇이라 걱정이었다. 다행히 우리가 여행하는 동안 코로나의 국내 확산은 크지 않았다. 양가 어머니께서는 걱정 어린 마음에 우리의 가족여행을 탐탁지 않게 생각하시며 우려의 목소리를 냈지만, 오히려 나의 걱정은 여행하는 동안 터키 기상 예보가 좋지 않은 데 큰 염려가 있었다. 하지만 기상 상황은 하루 전날에도 얼마든지 바뀔 수 있으므로 일기 예보는 참고만 하고 편하게 마음먹기로 하였다.

전날 야간 근무를 마치고 집에 들러 가족과 함께 공항으로 향했다. 오후 2시에 출발하는 비행기라 공항에서 여유 있는 시간을 가졌다. 기내에서는 주로 잠을 자기 때문에 비행하는 12시간이 그리 길게 느껴지지 않는다. 장거리 비행을 몇 번 해 본 가족들도 이제는 요령이 생겨서 각자 비디오를 보거나 책을 읽으며 시간을 보내기 때문에 힘들어하지 않는다. 흑해 상공을 지나 창밖으로 이스탄불의 야경이 눈에 비칠 무렵, 비행기의 고도가 점점 낮아지자 예린은 귀가 아프다며 괴로워하기 시작하였다. 착륙 직전에 가끔 겪는 이 고통은 어린아이에게 자주 일어난다.

우리가 탄 비행기가 곧 공항에 착륙하자 예린이는 언제 아팠냐는 듯 앞장서서 내렸다. 이스탄불 공항은 2019년 1월에 개항한 신공항으로 세계에서 가장 크다고 알려져 있는데, 수하물을 찾는 곳에서 그 웅장한 규모를 확인할 수 있었다. 하지만 쾌적해 보이는 시각과는 다르게 어디선가 쾨쾨한 담배 냄새가 스멀스멀 코끝을 자극해서 후각을 실망하게 한다. 터키와 처음 마주하는 자리에서 눈에 가장 먼저 들어온 것은 빨간색 바탕에 하얀색 초승달과 별이 그려져 걸려있는 터키 국기였다. 터키인들의 애국심만큼은 전 세계 어떤 나라와 비교해도 조금의 손색이 없다고 한다. 그래서인지 여행하면서 가장 많이 보았던 것이 터키 국기였다.

터키 국기는 빨간 바탕에 이슬람교의 상징으로 알려진 흰 초승달과 별이 그려져 있고, 아이 이을드즈(Ay Yıldız, 월성기)라 부른다. 터키 국기에는 전설이 있다. 기원전 4세기 마케도니아군이 비잔티움(이스탄불)의 성벽 밑을 뚫고 침입하려 했을 때 초승달 빛으로 적들을 발견하여 나라를 구했다고 한다. 이 외에도 1398년의 코소보전투가 끝난 후 피바다 속에 나타난 신비로운 달과 별을 가리킨다는 등의 여러 설이 있다.

수하물을 나르는 컨베이어 벨트가 움직이기 시작하더니 금세 우리 캐리어가 실려 나오길래 신공항이라 시스템이 좋다고 생각했다. 그런데 한참을 기다려도 종이 박스로 포장한 수하물 하나가 나오질 않았다. 함께 온 사람들 대부분은 수하물을 찾아서 공항을 빠져나갔고, 우리 가족과 한국인 몇 명만 남게 되었다. 10여 분을 더 기다려도 수하물이 나오지 않기에 뭔가 잘못된 것을 예감하고, 가까운 안내 센터를 찾아가 상황을 설명하였다. 나와 대면한 직원은 거리가 상당히 먼 유실물 사무실까지 친절히 안내해 주었다. 그곳에 근무하는 직원에게 또다시 상황을 설명하자 그 직원이 말하길, 종이 박스로 된 수하물은 별도로 검사 절차를 거쳐 승객에게 전달하게 되는데, 검사하는 장소가 멀지 않은 곳에 있다며 그곳에 데려다주겠다고 한다. 직원의 안내를 받아 파란색 간판이 있는 하적장 같은 곳으로 들어갔더니 종이 박스 수하물이 잔뜩 쌓여 있었다. 하적장을 휙 둘러보니 나의 어묵탕 종이 박스가 눈에 잘 띄는 곳에 있어서 금방 찾을 수 있었다. 적극적으로 찾아 나서지 않았더라면 더 많은 시간을 낭비할 뻔했다. 종이상자를 찾고서 가족들이 있는 곳으로 돌아가자, 그때까지도 몇 명의 한국인들이 수하물 찾는 곳에서 서성이고 있었다. 그들도 나와 같은 상황일 거라 생각되어 수하물 포장이 뭔지 물어보았다. 아니나 다를까, 그들이 찾는 수하물도 종이 박스로 되어 있다고 한다. 그들에게 그 사무실을 알려주자 고맙다고 말하며 뛰어가는 모습을 보며 싱긋 웃다가 가족들과 공항 입국장을 빠져나왔다. 그렇지 않아도 초행길은 항상 긴장이 증폭되는데, 터키 땅을 밟은 순간부터 우리에게 미션을 부여하는 운명이 얄궂다. 렌터카 사무실은 공항 내부에 있다. 하지만 공항의 규모가 커서 한참을 걸어야 했다. 렌터카 사무실에서는 스노타이어가 장착된 옵션을 따지느라 직원과 상당한 시간을 소비하였다. 이후 지하층에 있는 렌터카 주차장으로 가서 자동차를 인수받았다. 차에 대한 간단한 설명과 이상 유무를 점검한 뒤, 내비게이션을 설치하고 나서야 어려운 미션을 끝낸 것 같아 안도의 숨이 절로 나왔다.

그렇게 힘든 시간을 다 보냈다고 생각했는데, 공항을 빠져나가는 순간까지도 미션을 주었다. 공항 주차장의 출구를 찾지 못한 것이다. 주차장을 몇 바퀴 돌고 나서야 힘겹게 출구를 찾아서 빠져나갈 수 있었다. 이때부터 구글과 시직 내비게이션의 안내를 받으며 촉촉하게 비가 내리는 터키 고속도로를 달리기 시작했다.

테키르다

터키에서 첫 여행지는 트로이 문명을 보는 것으로 계획하였다. 이스탄불 공항에서 트로이까지 가려면 5시간이 넘게 걸린다. 만일 공항 근처 호텔에서 숙박하고 다음 날 일찍 출발한다면 트로이에는 오후에 도착하게 된다. 하지만 야간 이동을 최대한 많이 하면, 다음날 낮 시간에 여유가 많아지므로 여행 첫날 숙소는 이스탄불에서 2시간여 거리에 있는 테키르다에 펜션을 예약해 두었다. 이래저래 공항에서 시간을 많이 지체한 터라 예약할 때 이메일로 숙소에 알렸던 도착 시각보다 1시간이 늦은 자정 무렵에 도착하게 되어 펜션의 문이 닫혀 있을까 불안했는데, 펜션 주인은 우리 가족을 기다리고 있었다는 듯 반갑게 맞이하며 방을 안내하고 짐 나르는 일까지 거들어 주었다. 숙소가 썩 좋은 편은 아니었지만, 잠만 자고 아침 일찍 해 뜨기 전에 떠날 계획이라 별 상관은 없었다.

시작이 반이라고 한다. 여행을 시작할 때는 예상치 않은 돌발 상황이 많이 발생하므로 어려움이 따르기 마련인데, 일단 시작 단계를 잘 넘기고 나면 다음 일정부터는 비교적 순조롭게 진행된다. 이런 이유로 렌터카로 떠나는 여행을 준비하는 이들이 임기응변에 잘 대응할 수 있도록 참고가 되기를 바라는 마음으로 여행을 시작하는 일련의 과정을 비교적 자세히 기술하였다. 시작점에 겪는 어려움은 여행 시 겪게 되는 어려운 점들의 반을 차지한다고 봐도 될 것 같다. 그래서 시작이 반이라는 말은 여행에서도 잘 맞는 표현이다. 터키 땅에 어렵게 첫발을 딛고, 어둠 속을 달려 찾아간 숙소는 마르마라해의 파도 소리가 들려오는 휴양지인데 짙은 어둠 때문에 아무것도 보이지 않는다. 터키의 첫날밤은 이대로 깊어 갔다.

*해가 뜨는 땅
아나톨리아

☪ 아는 만큼 보인다

많이 알기 위해서는 제대로 된 준비가 필요하다. 이번 여행에 앞서서 터키 역사와 문화를 수집하고 정리하여 가이드북을 만들었고 린과 예린에게 읽어 보도록 권하였다. 처음엔 재미없다고 보지 않았지만, 유적이나 박물관에 갈 때마다 가이드북은 흥미를 더해 주는 효과가 있었기 때문에 매우 유용하였다. 미리 공부하는 것이 아이들에게는 쉽지 않은 일이지만, 당장 유적지 혹은 관광지에 가게 되면 스스로 필요한 것들을 찾아서 읽는 걸 보았다.

터키 땅은 오스만 제국이 정복하기 전까지는 그리스, 로마인들의 땅이었고, 초기 기독교인들의 모든 역사가 깃들어 있는 고토였다. 터키가 지금처럼 이슬람 인구가 대부분인 나라가 된 것은 오스만 제국이 있었기 때문이다. 하지만 오스만 제국 말기에는 제1차 세계대전 패전국이 되어 제국이 해체되는 위기를 맞았는데, 이때 영국의 지원을 받아 독립한 그리스가 아나톨리아반도를 넘보는 전쟁을 벌인다. 그러나 썩어도 준치라고 했던가? 아타튀르크가 이끄는 터키에게 그리스는 쫓기듯 철수하고 만다. 아나톨리아반도는 그리스인 입장에서 초기 기독교 역사를 갖고 있는 그들의 땅이었기에 회복하고 싶은 소망이 간절했을 것이다.

터키뿐만 아니라 세계사를 공부하다 보면 한국사만의 특별한 점을 깨우치게 된다. 한반도에서 반만년의 역사를 지켜 온 우리 민족처럼 세계 역사에서 한 지역을 지켜 온 민족은 찾아보기 힘들다. 생존을 위해 하나의 부족이 이동하면 약한 부족은 다른 곳으로 쫓겨서 이동하고, 그 부족은 도미노처럼 또 다른 부족을 밀어내는 일이 다반사였다. 이때 홀연히 사라진 부족이 수없이 많았고, 어디에서 왔는지도 모르는 부족이 새 지배자가 되었다. 하지만 우리 배달민족은 한반도를 떠나지 않고 끈질기게 지켜 왔다(물론 우리에게도 잃어버린 고토인 만주 땅이 있다). 개인적인 생각에 한민족이 그렇게 지켜낼 수 있었던 이유는 독하고 질긴 민족성도 있지만, 지리적인 요소가 한몫했다고 본다. 침략자들이 약탈할 수는 있었겠지만, 한반도는 국토의 70%가 험준한 산악으로 이루어져 있어서 눌러앉아 살만큼 풍요로움을 주는 땅이 아닌 탓에, 침략자들이 지속해서 지배하기에 어려웠을 뿐만 아니라 큰 매력도 없었을 것이다.

이에 반해, 아나톨리아반도는 히타이트, 고대 그리스, 로마, 비잔티움, 오스만으로 이어지는 이민족이 지배 민족을 밀어내고 새로운 주인이 되는 역사가 이어져 왔다. 사실 현재의 주인인 투르크족도 이 땅에 정착한 것이 불과 천 년 정도밖에 되지 않는다. 이처럼 터키가 지배하기 이전의 아나톨리아반도는 여러 민족이 정복하고 지배하는 역사가 반복되었다. 이런 점을 따져봤을 때, 이 지역의 역사를 터키 역사라기보다는 아나톨리아 혹은 소아시아의 역사라고 하는 것이 맞을 것 같다.

'아나톨리아'라는 이름은 그리스어 '아나톨레(Ανατολή)'에서 유래한 말로, '동쪽' 혹은 '해돋이'를 뜻하는 말이었다. 이 단어가 가리키는 정확한 범위는 시대에 따라 달랐는데, 원래 소아시아 해안의 이오니아 지방의 고대 그리스 식민지를 일컫는 말이다. 지리적으로는 아시아와 유럽 사이에 자리하고 있어 흔히 역사가들은 동서양 문명의 교차로라고 부른다. 터키 땅을 조금 더 자세히 들여다보면 유럽의 동부 트라키아(3%)와 아시아의 아나톨리아반도(97%) 일대가 된다.

고대 그리스인들이 터키 땅을 아나톨리아라고 부르던 시대 이전부터 이곳에는 사람이 살기 시작하였고 여러 왕국의 흥망성쇠를 거치며 주인은 수없이 바뀌었다. 그리고 마침내 터키인들이 아나톨리아반도의 주인이 된 것이다. 나는 여행 전에 터키 역사를 공부하며 아나톨리아반도의 문명을 먼저 알아보았고, 비잔티움 제국 이후의 시대는 오스만 제국의 조상인 투르크족의 기원과 역사를 별도로 정리해 보았다.

아나톨리아반도에서 피어난 문명

⊙ 선사시대

아나톨리아 지방에 사람이 거주하기 시작한 것은 약 9천 년 전으로 보인다. 기원전 6500~5800년경의 것으로 보이는 가장 오래된 인류의 집단 주거지 중 하나인 '차탈회위크' 유적이 있다. 차탈회위크인들은 선사시대 초기에 해당하는 농경 정착민으로서 가축을 사육하는 동시에 수렵과 채집을 병행하였고, 기원전 약 6천 년경 이후에는 흑요석을 가공하여 광역적인 판매망을 형성하였다. 또한, 그들은 공동체를 형성하였는데 100년 이상 된 가옥을 매몰하고 그 위에 새로운 집을 짓고 지붕으로 출입하는 방식의 주택과 취락을 건설하였다.

⊙ 인류 최초의 철기 문명 히타이트 제국

기원전 약 3천 년을 전후로 이 지역에 살던 사람은 에게해와 그리스 북부 지역을 거쳐 발칸반도까지 이주해 갔다. 기원전 2천 년경 유럽에서 청동기 문명이 발달하고 있을 때, 하투샤를 중심으로 최초 제국 히타이트가 기원전 18~13세기까지 존속하면서 철의 제국을 건설하였다. 이후 '바닷사람'이라고 불리는 그리스계 바다 민족의 침입으로 기원전 1180년경 갑자기 역사에서 사라진다.

⊙ 신화의 나라 고대 그리스와 로마 제국

기원전 12세기경부터 아나톨리아 해안에 이오니아 등의 그리스인들이 건너와 도시를 건설하면서 고대 그리스 세계가 형성되었다. 기원전 8세기경에는 여러 작은 나라와 부족들이 경쟁하였다. 이후 기원전 6~5세기에 아케메네스 왕조의 페르시아 제국이 소아시아 내륙으로 세력을 확장하면서 정복되었고, 기원전 334년 알렉산더 대왕이 아나톨리아 지방과 페르시아를 차례로 정복하였다. 알렉산더 대왕이 죽은 후에는 아탈로스 왕조 또는 셀레우코스 제국에 의해 헬레니즘 세계의 지배를 받다가 비티니아, 카파도키아, 페르가몬, 폰토스 등 여러 소왕국으로 분열되었다. 기원전 1세기부터는 로마의 정복 활동으로 아나톨리아반도 대부분이 로마 제국의 속주나 영토가 되었다.

⊙ 비잔티움이 된 동로마 제국

기원후 330년, 콘스탄티누스 1세는 비잔티움을 로마 제국의 새 수도로 삼고 노바 로마(콘스탄티노플)로 개명했다. 395년에 로마가 동서로 분열된 이후 아나톨리아는 동로마 제국(비잔티움)의 지배를 받게 되었고, 콘스탄티노플은 천년 역사 비잔티움 제국의 수도로 번영하였다.

튀르키예(터키)의 역사와 오스만 투르크 제국

우리나라 사람들은 터키를 터키라고 부르지만, 터키인들은 투르크 또는 튀르키예(터키인의 땅)이라고 부른다. 튀르크는 '용감한'이라는 뜻으로 돌궐 시대부터 터키 민족을 일컫는 고유의 표현인테, 우리는 흔히 투르크라고 발음한다. 투르크족의 시조 격인 돌궐은 6세기 중반 중앙아시아에 대제국을 세웠고, 유목 민족 역사상 최초로 문자를 독자적으로 발명하여 오르온 비문(8세기경)을 남겨 놓았다. 하지만 비문에 그들의 기원에 관한 내용은 없다. 대제국을 건설했던 돌궐은 당나라에 밀려 동돌궐과 서돌궐로 나누어지는데, 서쪽으로 이주해온 돌궐족 중 오구즈 투르크족은 10세기경 카스피해와 아랄해, 북쪽 오우즈 연맹의 압구 칸국 사람들이다. 13세기 말이 되자 비잔티움과 맞닿아 있는 가즈니 부족의 족장 오스만 1세의 세력이 작은 투르크 공국에서 강성하게 발전하여 아나톨리아와 발칸반도, 레반트를 아우르게 되는데, 이것이 불멸의 제국 오스만 투르크 제국이 되었다. 1453년에는 메흐메트 2세가 콘스탄티노플을 함락시키면서 비잔티움 제국은 멸망하게 되고, 술레이만 1세 때 오스만 제국은 절정의 전성기를 이룬다. 이후 술탄은 이슬람 세계의 종교 지도자인 '칼리프'를 겸하면서 오스만은 종교와 정치를 대표하는 종주국이 되었다. 하지만 18~19세기에 이르러 러시아와 영국, 프랑스 등 유럽 열강의 침략으로 많은 영토를 잃는다. 위기에 빠진 오스만 제국을 개혁하는데 개혁은 압둘 마지드 1세의 '탄지마트(개혁이라는 뜻)'라는 이름으로 이어졌다. 하지만 러시아와 전쟁으로 개혁은 위기를 맞이했고, 1878년 술탄은 의회를 해산시키고 술탄의 독재가 이어져 근대화는 쉽지 않았다.

⊙ 터키 공화국

오스만 제국은 제1차 세계대전에서 동맹국 편에 섰다가 연합국에 패하면서 세브르 조약(1920년)을 체결하게 되는데, 연합국에서 식민지를 위임통치하거나 독립시킴으로써 식민지 영토를 잃게 되고, 터키 본토도 연합국의 세력 범위 등의 명목으로 대부분 할양한다. 이때 그리스가 침공하는데, 터키의 영웅 무스타파 케말 아타튀르크가 터키군을 이끌며 그리스를 격파하고 새로이 로잔 조약을 체결하면서 현재의 터키 영토를 유지하게 되었다. 이후 술탄제를 폐지하며 오스만 제국의 역사는 끝이 나고, 1923년 터키 공화국을 건국하게 된다. 터키의 정식 국명은 '투르키예 공화국', 즉 투르크 공화국으로 오스만 투르크 제국을 계승하고 있다.

이렇듯 고대부터 아나톨리아반도의 주인은 터키가 아니었다. 철의 제국 히타이트와 천년 제국 비잔티움을 거쳐 불멸의 제국 오스만 투르크의 중심이었고, 현재는 터키 공화국이 그 자리를 이어받았다. 아나톨리아반도는 유라시아를 잇는 실크로드의 패권을 차지하기 위해 많은 민족이 차례로 정복하며 영욕의 역사를 누렸던 땅이었다. 결국, 터키 땅은 여러 민족이 역사를 함께 하고 있기 때문에 이 장의 제목에서도 터키라는 정식 국호를 제쳐두고 지역명인 아나톨리아를 사용하기로 하였다.

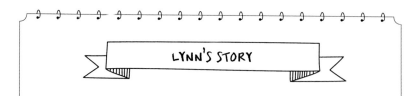

LYNN'S STORY

2 월 5 일

　오늘 터키 여행을 간다. 지금 우한 폐렴(코로나 바이러스)이 유행이라서 마스크를 쓰고 공항에 갔다. 코로나바이러스 때문인지 공항에 사람이 별로 없었다. 공항엔 중국인이 많으니 음식 먹을 때 빼곤 답답해도 계속 마스크를 썼다. 그렇게 공항에 머물다 비행기 시간에 맞춰서 비행기를 탔다. 비행기에 콘센트가 있어서 배터리가 부족하면 충전할 생각으로 맘 편히 핸드폰을 쓰고 배터리가 없어서 충전을 하려는데 충전이 되질 않았다. 그래서 그냥 비행기 의자에 달려있는 모니터로 영화를 보고 게임도 하고 책을 읽으며 남은 시간을 보냈다. 비행기에서 내리고 바로 렌트한 차를 타고 숙소에 가서 잤다.

Part × **3**

트로이는 신화가 아니라 역사다

2일 차

"나에게 여행이란 새로운 기회이다."

아름다운 도시
갈리폴리

간밤에 밖에서 시끄럽게 떠드는 소리에 잠을 설쳤다. 2시간이나 제대로 잤는지 모르겠다. 펜션이 밀집한 휴양지라 젊은이들이 새벽까지 잠을 자지 않고 노는 소리였다. 터키인들은 술을 하지 않는다고 하는데, 밤새 즐길 수 있는 에너지가 어떻게 나오는지 모르겠다. 'NO PROBLEM PANSIYON'이라는 숙소 이름은 나에겐 'PROBLEM PANSIYON'으로 인식되었다. 결국 5시에 일어나 차에 짐을 싣고 아내는 햇반과 몇 가지 반찬으로 간단한 아침 식사를 준비하였다. 올해 고등학교에 입학하는 린도 깨우자마자 일어나 짐 운반을 도와주는 걸 보니 키도 많이 컸고, 이전에 여행할 때와는 많이 달라진 모습이다. 졸려서 정신을 차리지 못하는 예린이와 확연히 다르다. 오늘의 첫 목적지인 갈리폴리(겔리볼루)반도 역사 국립공원까지 가려면 최소 3시간이 소요될 것 같아 서둘러 6시 반에 펜션을 떠날 채비를 마쳤다. 그 시간까지도 날은 밝아오지 않아 펜션 앞에 있는 마르마라해를 제대로 보지 못한 채 해변에서 파도 소리만 들었다. 터키의 첫 방문 도시 테키르다에서는 이렇게 잠만 자고 떠났다. 가족들은 차에 타자마자 무거운 눈꺼풀을 이기지 못하고 다시 잠들었다. 고속도로를 벗어나 2차선 도로에 접어들자 눈발이 날리기 시작했다. 잠시 후 눈은 앞이 보이지 않을 정도의 심한 눈보라로 변하였다. 내비게이션은 공사 중인 비포장도로로 안내하여 더욱 신경을 곤두서게 하였다. 익숙하지 않은 자동차와 낯선 터키의 도로는 잠이 부족한 운전자에게 정신을 차리도록 긴장감을 충분히 주었다.

여행 시작부터 좋지 않은 날씨와 도로 사정으로 운전에 어려움을 겪게 되면서 앞으로 남은 일정이 은근히 걱정이다. 터키 겨울은 우기다. 특히 2월은 눈비가 많이 내려 강수량이 높다고 하기에 여행을 준비하는 내내 날씨에 대한 걱정을 많이 했다. 빡빡한 일정을 세워둔 바쁜 여행자는 여행 첫날부터 우려했던 점이 현실이 되는 것으로 보여 여행을 망치게 될지 모른다는 염세적인 생각에 사로잡혔다. 제대로 된 구경도 못 하고 10일 동안 렌터카만 운전하다 갈지도 모른다는 생각에 이르자 의욕까지 떨어지면서 정신이 혼미해진다. 이런 사정도 모르고 뒤에서 자고 있던 아이들은 차가 너무 덜컹거려서 잠을 제대로 자지 못하겠다며 투덜거린다.

☪ 갈리폴리반도 역사 국립공원

8시가 되어서 겨우 날이 밝아오자 갈리폴리 풍경이 보이기 시작한다. 갈리폴리 풍경이 선명해지자 여행 전에 나름대로 터키에 대한 자료를 수집하며 공부한 것이 있어 터키 공화국의 역사를 생각하게 된다. 현재의 터키 공화국은 갈리폴리 전투의 승리에 의해 만들어졌다고 봐야 한다. 갈리폴리 전투는 불멸의 제국 오스만의 피비린내 나는 마지막 불꽃이었다. 전쟁에서 패한 영국과 프랑스 연합군의 인명 피해는 엄청났다. 전쟁에서 승리했다고는 하지만 오스만 제국의 피해도 너무나 컸고 내부 사정까지 피폐해져 운명의 막다른 길에 내몰리고 있었다. 서구 열강들이 말하듯, 오스만 제국은 오래전부터 늙고 병든 종이호랑이에 불과한 상황이었다. 전쟁을 승리로 이끌었던 영웅에 의해 오스만 제국의 본토라고 할 수 있는 아나톨리아의 영토는 보전될 수는 있었지만, 그 영웅은 술탄제를 폐지하며 근대화에 적응하지 못한 오스만 제국의 마지막 숨통을 끊어 놓고 만다. 그 결과 불멸의 오스만 제국은 막을 내렸지만, 갈리폴리에서 외적을 물리치고 나라를 지킨 무스타파 케말 아타튀르크가 민족국가인 현재의 터키 공화국을 건국하였다.

한편, 갈리폴리라는 이름은 '아름다운 도시'라는 뜻의 그리스어 '갈리폴리스(Galipolis)'에서 유래되었다. 다르다넬스 해협 입구에 자리한 갈리폴리반도는 지중해에서 이스탄불로 가는 해협의 시작점이라 비잔티움 제국과 오스만 제국 시대에 해상 무역의 요충지로서 매우 중요한 지역이었다.

9시가 될 무렵 갈리폴리반도 역사 국립공원에 도착하니 높이 솟은 깃대와 거대한 기념탑이 첫눈에 들어오는데 대단히 인상적으로 보인다. 공원에 들어가 보니 관리인이 아닌 총을 멘 군인이 나와서 주차장을 안내한다. 오늘의 첫 관람객을 맞이해서 그런지 군인의 부드러운 태도에서

차낙칼레 전몰자 기념비

차낙칼레 전몰자 기념탑

다정함이 묻어난다. 전투를 기념하고 호국영령이 묻혀 있는 공원이므로 군인이 입구를 지키고 있는 것은 당연한 일일 테지만, 한편으로는 현재까지도 이 지역이 군사적으로 중요한 위치라는 걸 보여 주는 것 같다. 1년여 동안 나의 젊은 시절을 보냈던 백마고지처럼 말이다. 일반인들은 백마고지 기념비가 위치한 자리가 백마고지라고 생각하는 경우가 많은데, 실제로 백마고지는 휴전선 철책 안의 비무장지대에 있다. 그곳은 한국전쟁 끝 무렵 한 뼘의 땅이라도 더 차지하려고 치열하게 싸웠던 고지이자 수많은 청춘이 가련히 산화해 갔던 곳이

다. 한국전쟁이 끝나고 40년이 지난 1993년에 철책에서 초병 근무를 서고 있을 때 백마고지는 풀 한두 포기만 있던 황량한 민둥산이었다. 고지에 투하된 엄청난 양의 폭탄으로 토양이 오염되어 그때까지도 풀이 제대로 자라지 못하는 땅이 되었다. 지독한 화약 냄새는 청춘의 순결을 빼앗고 기념비에 이름 석 자나 무명이란 글 새김만 남겨 놓았다. 갈리폴리에서 내 청춘이 비껴간 백마고지가 보였다.

잠에서 덜 깬 상태로 차에서 내린 린과 예린은 돌풍처럼 부는 차가운 에게해 바닷바람에 정신이 번쩍 들었던지 롱패딩을 찾아 걸쳐 입는다. 터키에 와서 첫 번째 여행지로 선택된 갈리폴리반도 역사 국립공원은 그 의미가 크다고 할 수 있다. 현재의 터키가 지켜졌고, 터키 공화국의 시발점이기 때문이다. 외국 관광객이 우리나라에 와서 독립기념관을 가장 먼저 찾아준다면 얼마나 고마운 일일까? 우리 가족여행은 터키란 나라에 최대한 예우를 갖추는 자세로 여행을 시작한 것이다.

대포가 바다를 향해 질서정연하게 사열한 길을 따라가면 기념비 앞에 서게 된다. 멀리서 보면 기둥 4개가 우뚝 선 탁자처럼 보이는 단순한 조형물이지만, 안으로 들어서니 그 크기가 실로 대단하다. 기둥 벽면마다 전투 장면을 새긴 부조가 있고, 위를 보면 천정을 꽉 채운 대형 터키 국기가 그려져 있다. 기념비에서 조금 떨어진 곳엔 아타튀르크가 지휘하는 동상과 전투 장면을 기록한 부조가 길게 늘어서 있고, 그 뒤는 전장에서 산화한 전몰자들의 공동묘지가 있다. 유리 안의 빨간색 패널은 전사자들의 호적이 새겨져 있어 사망한 당시의 나이를 알 수 있는 비석으로서 돌로 만든 비석과 다르다. 전몰자들은 대부분 20대 초반의 청춘들로 그들의 운명에 대해 기록한 기념비들이 수없이 많다. 이 묘비에 실제 시신이 묻혀 있는지는 모르겠으나 산화해 간 호국영령들을 추모하기 위해서 각별하게 신경 써서 만든 것이다. 이들의 희생이 있었기에 현재의 터키가 존재할 수 있었으므로 예우가 남다를 수밖에 없다.

당시의 군인 중에는 나이를 속이고 자원입대한 마틴이란 병사가 있었는데, 겨우 14살이었다는 사실을 알고서 린이 어이없는 표정을 하며 말한다.

"아빠. 저도 그 시대에 태어났으면 지금 군대에 갔겠죠? 그 시대에 태어나지 않은 게 정말 다행이네요." (린)

"힘없고 빽 없는 자식으로 태어났으면 당연히 갈 수도 있었겠지. 한국전쟁 때도 군대에 끌려간 학도병들의 나이가 너와 비슷했을 테니까…"

"나보다 어린 사람이 군인이 되어서 전쟁터에서 싸우다 죽었다고 하니까 너무 우울해요."

"그러니깐, 우리나라에 태어나서 현시대를 사는 것을 감사하게 생각하고, 게으름 피우지 말고 네가 해야 할 것을 열심히 해야지?"

"네."

인류사에서 전쟁이 시작된 이래로 젊은 청춘들은 언제 끝을 보게 될지 모를 운명이었다.

한국전쟁에서 민간인 피해 집계에 의하면 사망 24만 명, 학살 13만 명, 부상 23만 명, 납치 8만 명, 행방불명자도 30만 명이었고, 국군은 사망 14만 명, 실종 2만 명이었다고 한다. 그런데, 갈리폴리 한 곳의 전투에서 단 9개월 만에 50만 명 이상의 사상자가 난 것을 보면, 이것은 전투가 아니라 인간 살육이었다. 윈스턴 처칠은 제2차 세계대전의 영웅으로 추앙받고 있지만, 그는 자신의 성공을 위해 갈리폴리 상륙 작전에서 수많은 젊은이를 무자비하게 희생시켰다. 하지만 그가 제2차 세계대전을 승리로 이끄는 데 기여하지 않았다면 과연 연합군 진영의 승리가 있었을까? 또한, 우리나라는 일본으로부터 독립을 얻어낼 수 있었을까? 복잡한 이해관계가 얽혀 있는 역사를 평가한다는 것은 참으로 어려운 난제다.

*다르다넬스 해협을 건너다
차낙칼레

☪ 이스켈레 광장&시계탑

갈리폴리 기념비를 떠나 다음 목적지인 차낙칼레에 가려면 킬리트바히르(Kilitbahir)에 있는 선착장으로 가서 다르다넬스 해협을 건너는 페리를 타야 한다. 선착장으로 가는 갈리폴리반도 숲길은 한가로운 풍경이다. 좁은 2차선 도로 한가운데서 가끔씩 만나는 서너 마리의 개들도 한가로이 앉아서 비켜서지 않고 우리 차를 빤히 바라본다. 차를 멈추고 경적을 울려야만 비로소 자리를 털고 일어나 터벅터벅 길가로 비키며 길을 내어 준다. 주인이 있는지, 없는지 모르는 개들의 유유자적한 움직임을 보면 차를 무서워하거나 경계하지 않는 모습이 참으로 이상적이다.

킬리트바히르에 가까워지자 갈리폴리 전투를 기념하는 상징물들이 보인다. 혼란 속에서 아직 앳되어 보이는 군인이 뾰족한 폭탄을 들고 나르는 모습을 사실적으로 조각한 동상이 여행자의 가슴을 아릿하게 만든다. 신병이라면 포탄과 총탄이 빗발치는 상황에서 일어서는 것조차 절대 쉽지 않았을 텐데, 저렇게 숙련된 모습으로 비치는 동상은 전투에 익숙해진 모양으로 보인다. 곧 킬리트바히르성에 이르러 성문을 통과하자 킬리트바히르 선착장이 보인다. 대략 30분 간격으로 운행하는 페리는 승용차(운임 51리라)를 싣고서 10여 분이면 다르다넬스 해협을 건네 준다. 차는 페리 1층에 세우고 위층에 있는 객실에 올라가자 20여 명의 승객을 태운 페리가 부두를 떠나기 시작했다. 흐린 날씨에 거친 바닷바람이 불어 객실 밖에서 오래 머물 수 없었다. 하지만 다르다넬스 해협

한가운데 이를 무렵 아시아와 유럽 대륙을 같은 거리에서 보고 싶어서 아이들만 남겨두고 객실 밖으로 나왔다. 하룻밤만 머물고 떠나는 유럽 땅을 바라보니 마치 꿈을 꾸는 것처럼 묘한 기분이 든다. 부두 옆에 있는 킬리트바히르성이 점점 멀어져 갈수록 갈리폴리반도가 한눈에 들어오면서 곳곳에 갈리폴리 전투의 기념물들이 보이기 시작한다. 특히 산기슭에 총을 들고 있는 군인의 모습을 그려 놓은 상징물이 눈에 띈다. 바다는 해협을 가르며 지나가는 큰 컨테이너 선박들이 퍽 인상적이다. 멀리 보이는 해협에는 바다를 뚫고 솟아있는 높은 탑이 있다. 잘 들여다보니 다리 교각처럼 보인다. 갈리폴리반도와 소아시아를 연결하는 대교를 건설하고 있는 듯하다. 이 해협을 가르는 다리가 건설되면 배를 이용하지 않고 차를 타고 해협을 건널 수 있게 되므로 이 페리 노선은 역사의 뒤안길로 사라질지도 모른다. 이 해협의 건너편인 아시아 땅에는 해안 도시가 제법 크게 보인다. 차낙칼레다. 차낙칼레는 고대부터 해상 교통과 해군 시설이 발달한 도시였는데 지금은 평온하고 소박한 항구 도시로 보인다. 오른쪽의 치메늘륵성은 아름다운 해안 도시 풍경에 포인트 역할을 하고 있다. 1452년 술탄 메흐메트 2세가 성을 건설한 후 차낙칼레는 유럽과 아시아 사이의 물류 거점으로서 부를 누려 왔다. 하지만 제1차 세계대전 때 지정학적 요충지인 다르다넬스 해협을 둘러싼 군사적 충돌이 이곳에서 시작되었다. 흑해로 들어가는 입구부터 길게 늘어진 다르다넬스 해협 중에서도 가장 폭이 좁은 곳에 유럽 땅에 킬리트바히르성과 아시아 땅에 차낙칼레성이 세워져 있을 만큼 그 중요성은 일반인이 보더라도 쉽게 알 수 있다.

차낙칼레 부두에 가까워질 무렵 왼쪽 공원에 까만색의 조형물이 보인다. 트로이 목마였다.

"와~! 신기하다. 우리가 트로이 목마를 보다니." (린)

　린과 예린은 들뜬 마음으로 트로이 목
마의 사이즈를 손가락으로 재고 있다.

　나도 트로이 목마를 신기하게 여기며
한참 동안 쳐다보았다. 고등학생 때 영어
교과서에 소개되어 처음 알게 된 트로이
목마는 역사가들조차도 그저 호메로스의
『일리아드』에 나오는 이야기였을 뿐이라고
여겼다는데, 트로이 유적 발굴로 인해 역
사적 사실이 드러나게 되었다. 이후 이곳
은 세계적으로 빼놓을 수 없는 유적지이
자 관광지가 되었다.

　배가 부두에 정박하자 차를 타고 부두
를 빠져나와 곧장 트로이 목마가 있는 공
원으로 갔다.

차낙칼레 트로이 목마

차낙칼레 시계탑

부두에서 차로 1분도 안 되는 거리에 있는 트로이 목마는 요트가 즐비한 차낙칼레 하버를 앞에 두고 있다. 트로이 목마는 할리우드 영화 〈트로이〉에 사용되었다가 촬영이 끝난 후, 이곳에 기증되어 트로이를 방문하는 사람들이 첫 번째로 찾는 명물이 되었다. 거무튀튀한 나무 조각들을 엮고 꿰매어 놓은 듯 보이는 외형이 고풍스럽다. 이는 최대한 트로이의 목마를 재현하려고 노력한 결과물일 것이다.

차를 돌려 페리에서 내렸던 부두 앞 이스켈레 광장으로 가서 인근 주차장에 차를 세웠다. 이스켈레 광장은 차낙칼레의 중심지다. 광장 한가운데에는 1897년에 세워진 고풍스러운 시계탑이 서 있고, 광장으로 연결된 골목길에는 기념품 가게와 식당이 늘어서 있다. 이때 영업 준비가 한창인 제과점을 보자 출출해진 배가 신호를 보낸다. 점심을 먹기에 이른 시간이라 간식으로 허기를 달래려고 제과점에 들어갔다. 린과 예린이가 먹음직스러운 과자를 고르는 사이 주인 할머니는 차이를 내어 주었다. 허리가 볼록 들어간 작은 유리잔에 나오는 홍차는 터키인들이 가장 즐기는 음료와 같다고 한다. 어디에서든 손님이 오면 먼저 차이를 대접하는 모습이 터키의 문화다. 처음 맛보는 홍차가 추위에 얼었던 몸을 녹여 주며 몸에 활력을 불어넣어 주고, 정신을 맑게 해 준다. 생각보다 향이 진하지만, 나에게 잘 맞는 음료라 여겨진다. 모두 차이를 즐기는데 예린은 그다지 입에 맞지 않았는지 다른 음료를 원한다. 창밖에는 눈이 내리기 시작한다. 전형적인 겨울의 모습이 느껴지는 이국의 풍경이다. 2월이지만 눈이 내리면서 초겨울 같은 분위기가 정겹다. 오전 중으로 차낙칼레에 있는 해군 박물관과 치멘릭성채까지 돌아보려고 했으나, 갈리폴리반도 역사 국립공원에서 너무 많은 시간을 보낸 탓에 시간이 여의치 않은 데다가 가족들 모두 지친 기색이 역력하여 곧바로 트로이 유적지로 향했다.

*신화가 아닌 역사
트로이

차낙칼레에서 트로이가 있는 히살륵(Hisarlik) 마을까지는 30㎞ 정도 되는 거리다. 현재 지명인 히살륵은 '성이 있는 곳'이라는 뜻에서 유래한 것이고, 트로이라는 도시 이름은 터키어로 트루바다.

조금씩 날리던 눈은 그 양이 많아지더니 결국 눈보라로 바뀌었다. 트로이 유적지[1] 입구에 도착하여 우산을 꺼내 눈보라를 막고 매표소에 가서 당일 입장권이 아닌 터키 뮤지엄 패스에 대하여 물어보았다. 터키 뮤지엄 패스는 15일 동안 박물관을 포함한 대부분의 유적지에 들어갈 수 있는 티켓이다. 그런데 지난해 여행한 사람들에 의하면 315리라였던 패스가 지금은 480리라로 인상되었다. 티켓 한 장당 거의 10만 원이나 하는 거액이나. 혹시 청소년용 패스가 있는지도 물어봤지만, 그런 것은 없다고 한다. 결국 4장의 터키 뮤지엄 패스를 약 40만 원 가까이 주고 구입하였다. 유적지 입구에 들어가기 위해 패스에 있는 QR 코드를 게이트의 센서에 대면 문이 열린다. 우산으로 눈보라를 가르며 유적지에 들어서자 눈보라 속에서 서너 마리의 개들이 우리를 보고 반갑게 다가온다. 주인을 만난 듯 한바탕 꼬리를 흔들며 재롱을 부리다가, 마치 자기 집을 안내하듯 앞장서서 걷기 시작했다. 이 유적지에도 거대한 트로이 목마가

---

1) 트로이 유적은 기원전 약 3천 년부터 13세기 비잔티움 시대까지 10개 층이 쌓여 있다. 당시 트로이는 무역 항구로서 중요한 위치에 있어 그리스 등 외세의 잦은 침략과 지진, 해일 같은 자연재해로 파괴와 재건을 반복했기 때문에 여러 층의 유적으로 남게 되었다. 유럽의 많은 학자가 1000년 넘게 트로이 유적을 발굴하였고 지금도 여전히 진행 중이지만, 아직도 역사적 실체를 확실히 파악하지 못하고 있다. 다만, 트로이와 교역한 히타이트의 점토판 기록과 『일리아드』에 나온 것이 트로이를 말해주고 있고, 그 외의 확실한 기록은 없다. 슐리만이 발굴할 당시 퇴적층은 7층이었는데, 슐리만은 황금 유물이 발견된 맨 아래 지층이 트로이 시대라고 생각했다. 하지만 이후에 계속된 발굴로 현재까지 밝혀진 지층은 모두 9개로 늘었다. 이 중 6번째와 7번째 층이 트로이 시대라는 것이 현재 학계의 의견이다.

있는데 차낙칼레에서 보았던 목마와 디자인이 완전히 다르다. 이 목마는 방문객을 위한 서비스에 가깝기 때문에 특별한 고증 없이 크기나 형태를 임의로 정하여 높이 9m의 크기로 신화 속 목마를 재현해 놓은 것이다. 목마 배 부위에는 사다리를 타고 올라가는 입구가 있어 목마의 몸통으로 들어갈 수 있다. 몸통 안에는 2층으로 올라가는 계단이 또 있다. 2층은 1층보다는 작은 크기지만 상당히 넓은 편이고 창문도 있다. 우리는 이곳에서 창문을 꼭 닫고 몹시 세게 불어오는 눈보라를 피해 잠시 쉬었다가 트로이 유적을 관람하기로 하였다.

트로이 전쟁 이야기

고대 그리스 작가 호메로스는 트로이 전쟁 이야기에서 대서사시 『일리아드』를 만들었는데 트로이 전쟁의 기원을 다음과 같이 이야기하고 있다.

바다의 여신 테티스와 펠레우스의 결혼식에 초대받지 못한 불화의 여신 에리스가 '세상에서 가장 아름다운 여신에게'라고 적힌 황금 사과를 신들 사이에 던졌다. 이 황금 사과를 두고 헤라와 아테나, 아프로디테는 서로 자신이 가장 아름답다고 싸운다. 그러다 이들은 트로이 왕자 파리스에게 사과를 주어 판정하도록 하였다. 이 신들은 각자 파리스에게 제안을 하였는데, 헤라는 부와 권력을, 아테나는 전쟁에서의 승리를, 아프로디테는 세상에서 가장 아름다운 여인을 아내로 맞게 해 주겠다고 하였다. 그러자 파리스는 아프로디테에게 황금 사과를 주었고 아프로디테는 약속대로 세상에서 가장 아름다운 여인인 스파르타의 왕비 헬레네가 파리스를 보자 사랑에 빠지게 만든다. 이런 헬레네를 데리고 파리스는 트로이로 갔다. 이것이 비극의 시작이었다. 아내를 빼앗긴 스파르타의 왕 메넬라오스는 분노하여 미케네 왕인 형 아가멤논과 함께 트로이 원정에 나서게 되면서 전쟁이 시작되어 트로이의 헥토르와 아이네이아스, 그리스의 아킬레우스와 오디세우스 등 수많은 영웅이 무려 10년 동안 트로이에서 싸우게 된다. 난공불락의 요새인 트로이를 점령하는 데 번번이 실패한 그리스군은 정면 승부로는 어렵다는 것을 깨닫고, 목마를 남겨두고 후퇴하는 척하여 트로이군을 속이는 계략을 오디세이가 세운다. 트로이는 이 목마를 두고 어떻게 처리할 것인지 의논하던 끝에 성안으로 전리품처럼 끌고 갔다. 목마 안에 있던 그리스군은 밤사이 트로이 성문을 열었고, 배를 타고 숨어 있던 그리스군은 열린 성문으로 들어가 성을 함락시키며 트로이를 정복하게 된다. 이렇게 헬레나라는 한 여인으로 시작된 전쟁은 한 도시의 멸망으로 끝을 맺는다.

트로이 유적지

심한 눈보라 때문에 방문객 하나 없는 유적지 관람은 쉬운 상황이 아니었다. 우산을 펼치기도 힘들어서 대충 보고 돌아 나올 생각도 있었지만, 트로이 유적을 보고자 비행기를 타고 멀리서 왔기에 쉽게 물러서고 싶지는 않았다. 린과 예린도 포기하지 않고 눈보라와 맞서다가 어느 순간부터 이런 악조건의 기상을 즐기기 시작했다. 더욱이 우리에게 힘을 실어준

트로아 목마(유적지)

트로이 박물관

것은 유적지 입구부터 동행하던 개들이었다. 가이드처럼 길을 안내하던 개들이 있어 큰 힘이 되었다. 세 마리의 개는 유적지 탐방길을 끝까지 앞서 걸어가며 안내해 주었다. 나무 데크로 만든 길을 따라 눈보라를 뚫고 지층별 유적지를 살펴볼 때면, 개들은 잠시 기다려 주기까지 한다. 유적지를 잘 볼 수 있도록 탐방로를 만들어 놓았기 때문에 그나마 트로이 유적지를 둘러보는 데 어렵지 않았다. 이곳의 개들이 처음 만나는 사

람에게 친근하게 다가오고 가이드처럼 길 안내까지 하는 이유가 뭔지 궁금했다. 이후 여행하는 동안 유적지를 방문할 때마다 덩치 큰 개들을 수시로 만나면서 차차 개들의 성격을 알아 가게 되었다. 동물의 성격도 그 주인을 닮는다고 했던가? 터키인들의 성격이나 성품 때문에 개들도 온순한 성격을 갖게 되었을 것으로 여겨진다.

☾ 트로이 박물관

유적지에서 성실한 가이드 역할을 해 준 개들과 작별을 하고 1km가량 떨어져 있는 트로이 박물관으로 갔다. 지하 1층에서 시작하여 위층으로 올라가는 관람 경로에는 구석기 시대부터 트로이 시대로 이어지는 인근 지역의 유물을 전시해 놓았다. 그리고 마지막 4층은 트로이 유적을 발견한 슐리만에게 모두 할애했다고 해도 될 만큼, 당시 트로이 발굴에 관련된 자료를 모아 놓았다. 눈보라에 지친 가족들은 박물관에서 쉬어가려는 듯한 태도를 보였다. 하지만 석관에 사실적인 부조를 조각해 놓은 트로이의 고대 유적을 보면서 린은 우리나라도 이런 고대 유물이 많았으면 좋겠다고 한다. 이어 비슷한 시대에 한반도에 남아있는 유적은 청동검과 토기 정도밖에 없어서 비교하면 안 되겠다고 한다. 여행 시작부터 일정이 빡빡하여 박물관에서 1시간을 보낸 것으로 만족하고, 60km 거리의 고대 도시 앗소스로 향했다.

예술과 철학의 도시
앗소스

    고대의 앗소스[2]는 예술과 철학의 도시다. 사람들은 아직도 이 도시를 앗소스라는 고대 이름으로 부르지만, 터키 공식 지명은 베흐람칼레이다. 당초 앗소스는 여행 일정에 없었다. 그러나 트로이 관련 자료 수집을 하다가 앗소스를 알게 되었고, 앗소스를 방문하게 된 것은 그리스 3대 철학자 중 한 명인 아리스토텔레스가 한때 살았다는 것과 아테나 신전에서 보는 에게해 풍경이 매우 아름답다는 정보 때문이었다. 덕분에 무리해서 일정에 포함하여 방문하였다.

    앗소스로 가는 길은 4차선으로 잘 닦인 도로라 별다른 문제 없이 갈 수 있을 것 같았다. 그런데 눈보라가 더 심해지더니 도로에 눈이 쌓이기 시작하면서 빙판길이 되어 거북이 운전을 하게 되었다. 이런 길이 계속된다면 앗소스 방문은커녕 숙소가 있는 베르가마까지도 제대로 갈 수 없을 것 같아 보였다. 게다가 오늘은 그렇다 해도 여행 내내 터키 날씨가 계속 이렇다면, 이번 여행은 완전히 망치겠다는 생각이 들어 패닉에 빠질 것 같았다. 4년 전 유럽 여행을 할 때, 돌로미테산맥을 넘다가 폭설을 만났던 아찔한 순간이 생각나면서 마음이 더욱 심란해졌다.

    "그래. 터키는 넓은 국토를 가지고 있는 나라야. 지역마다 기후가 다르겠지. 지중해성 기후인 에게해와 지중해 지역은 내륙 지역의 날씨와 완전히 다르다고 하잖아."

---

2)   앗소스는 기원전 6세기경에 세워진 것으로 추정되는 아테나 신전과 기원전 3세기경에 세워진 원형 극장이 유명하다. 고대 그리스 시대에 아소스의 지배자였던 헤르미아스의 초빙으로 아리스토텔레스는 이곳에 3년 동안 머물며, 헤르미아스의 조카이자 양녀인 퓌티아스와 결혼한다. 그는 앗소스에 아카데미를 개설하고 활발히 활동하였다. 이후 마케도니아의 필리포스왕의 초빙을 받아 당시 13세였던 알렉산더의 교육을 맡아 가르치게 된다.

이렇게 혼잣말로 중얼거리고 있는데, 옆에서 아내가 들었는지 위로의 말을 건넨다.

"우리가 여행할 때마다 상황이 좋지 않았던 일도 결과는 항상 좋았잖아. 이번 여행도 잘될 거야. 너무 걱정하지 마."

그 예측이 맞았다. 고지대였던 산악 지역을 벗어나자 눈이 서서히 그치고 도로에 쌓였던 눈도 보이지 않는다.

'그래, 이제부터 달리는 거야. 모두 잘될 거야!'

☾ 아테나 신전

예상보다 시간이 다소 늦어졌지만, 앗소스에 무사히 도착하였다. 고대 그리스는 도시마다 섬기는 신이 있는데 앗소스는 아테나 여신을 모시고 있다. 제우스의 머리에서 나온 아테나는 지혜를 상징하는 여신이면서 전쟁을 관장하는 신이기도 하다. 우리는 곧바로 아테나 신전을 찾아 길을 나섰다. 지도와 사진으로 봤던 아테나 신전은 멋진 바다를 배경으로 신전 터에 남아 있는 기둥과 어우러진 풍경이 굉장히 인상적이었다. 그런데 앗소스에서도 날씨가 협조하지 않았다. 비록 눈은 날리지 않지만, 바람이 몹시 세게 불었다. 그러나 바람이 세다고 한들 우리 가족의 의지는 꺾이지 않았고, 오히려 아테나 신전을 보겠다는 의욕이 넘쳐흘렀다. 궂은 날씨 탓에 앗소스 주택가 골목은 인적이 없었다. 유일하게 만난 노파가 차를 태워달라고 하는데 조심스러워서 피했다. 마을의 골목과 집들은 고대 도시 느낌이 물씬 풍긴다. 굵은 돌로 포장된 도로는 지나온 긴 세월을 말해주듯 닳고 닳아 반질반질하게 윤이 나 있다. 그런데 골목을 따라 올라갔지만, 어디에도 아테나 신전을 가리키는 안내판이 없다. 구글 맵을 보고 아테나 신전 방향으로 걷다 보니, 고대 유적이 있는 곳으로 가게 되었다. 분명 제대로 된 길은 아니었다. 그래도 고대 유적이 남아있는 길을 걷는 재미가 쏠쏠했다. 하지만 아내가 견디기 힘들어하는 복병이 기다리고 있었다. 유적지에서 방목하는 양들의 똥 때문에 더 이상 앞으로 가지 못하겠다고 한다. 아내는 양의 똥을 보는 것만으로도 역겹게 생각하고 괴로워한다. 난 염소와 비슷한 양의 배설물이 아무렇지 않은데 말이다. 유목민들은 소똥을 모아 건조해 땔감으로 사용하는데, 그것을 보는 것조차 견디지 못하겠다고 하면 함께 동행하는 것은 힘든 일이 된다. 거의 제자리걸음을 하는 아내와 예린을 남겨두고, 린과 함께 아테나 신전을 빨리 찾아보기로 했다. 내비게이션이 가리키는 아테나 신전 방향은 바위 절벽이 있는 언덕이라 올라갈 수 없어 보인다. 몇 번이고 길을 찾아보았지만, 바위 절벽으로 올라갈 수 있는 길이 보이지 않아 결국 투덜거리는 아내를 데리고 차로 되돌아가야 했다. 마을에 지나가는 사람도 없으니 누군가에게 물어볼 수도 없어 난감하기 짝이 없는 상황에서 아내는 그냥 가자고 한다. 나는 절대 그럴 수 없다며 반대했다. 귀한 시간을 할애하여 여기까지 왔는데, 목적을 달성하지 못하고 가면 마음이 너무 아플 것 같았다. 우선 차로 마을을 돌아보다가 앗소스 대극장으로 가보았다. 그런데 이곳은 입구에 철문이 설치된 데다 잠겨있어서, 멀리서 바라볼 수밖에 없었다. 유명하지 않은 유적지를 보러 오니 이런 상황이 연출되는 건 아닌가 하는 생각이 들었다. 다시 차를 돌려 아테나 신전 입구를 찾아 마을 근처에 왔을 때, 마을로 진입하는 돌무쉬를 발견했다. 그 돌무쉬를 따라가면 마을에서 사람을 만날 수 있을 것 같아 따라가기로 했다. 돌무쉬가 멈춘 곳은 마을의 위쪽에 자리한 돌무쉬 종점이었다. 그 앞에 레스토랑이 있어 그 주인에게 아테나 신전으로 가는 길을 물었다. 영어가 통하지 않는 그와 손짓만으로 길을 안내받고 대충 방향을 잡았다. 복잡한 골목길을 따라 올라가니 마침내 아테나 신전 매표소가 보인다. 터키 뮤지엄 패스를 게이트에 찍으면 문이 열리는데, 마치 지하철승차 게이트와 비슷한 형식이다. 거친 바람을 이겨내며 마침내 아테나 신전 앞에 섰다. 아테나 신전은 도리아 양식의 기둥 4개와 신전 터만 덩그러니 산 정상에 남아 있다. 2500년 전에 만든 인간의 유산이 이렇게 남아 있는 자체가 경이롭다. 고대인들은 이토록 큰 신전을 어떻게 산 정상에 만들 수 있었을까? 아무리 많은 노동력이 있다고 한들 그 기술이 현대인보다 뛰어났던 것은 아닐까?

날씨가 좋다면 눈 앞에 펼쳐진 에게해 풍경을 깨끗하게 볼 수 있을 터인데 아쉽기만 하다.

앗소스 아테나 신전

고대 앗소스 유적지

오후 4시가 될 무렵 앗소스와 작별을 고하고 오늘 밤 숙소가 있는 베르가마로 향했다. 에게해 해변을 따라 나란히 뻗어 있는 도로가 유난히 바다와 가까웠다. 곰곰이 생각해보니 지중해는 밀물과 썰물의 고저 차가 거의 없고 에게해 해변은 파도가 거의 없다고 한다. 그러니 바다 가까이 있는 도로에 바닷물이 올라올 일이 거의 없으므로 바로 옆에 도로가 있는 것이다. 2시간 넘게 이 해변 도로를 달려 고대 페르가몬 왕국의 심장이었던 베르가마 구도심으로 들어갔다. 베르가마에서는 아담한 그리스 마을을 산책하고, 허물어져 가는 유적지에서 고도의 정취를 느끼며 시간 여행을 하고 싶었다. 그래서 일부러 구시가에 있는 전통 가옥을 개조한 펜션을 숙소로 예약했다. 그러나 구시가지에 숙소를 잡는 것은 신중해야 할 것 같다. 예약 사이트에서 봤던 이미지는 기대와 달리 질적으로 상당히 다르다는 것을 숙소에 들어가서야 알게 되었다. 다만, 터키인들의 생활상을 볼 수 있는 시장이나 유적지가 가까이 있어서 접근이 쉽다는 점은 장점으로 보인다. 숙소에 짐을 부리자마자 허기를 채우기 위해 곧바로 인근 식당을 찾아갔다. 그러나 음식이 입에 맞지 않아 제대로 먹지 못하고 숙소에 돌아와 준비해 온 식량으로 부족했던 저녁 식사를 보충해야 했다.

계획한 오늘의 일정에는 아스클레피에온이나 박물관 방문이 포함되어 있었는데, 예상보다 시간이 많이 지체되어 베르가마 여행은 내일로 미룰 수밖에 없게 되었다.

2 월 6 일

　　아침 6시에 일어나 짜장 컵밥과 어묵을 먹고 바로 짐을 싸고 차에 타서 갈리폴리 기념지로 갔다. 기념지엔 제1차 세계대전 때 순국한 사람들의 묘비들이 있었다. 그중엔 영문도 모르고 전쟁에 나가서 총알받이 역할을 했던 나보다 어린 남자아이들도 있었다고 한다. 기념지를 둘러보고 배를 타고 마르마라해를 건너 호메로스의 『일리아드』에 나오는 트로이 목마 이야기로 유명한 트로이 목마를 보러 갔다. 트로이 목마에 올라가려는데 올라갈 길이 사다리밖에 없어서 김예린이 엄청 무서워했다. 트로이 목마에서 내려온 후 트로이 유적지를 구경했다. 여러 시대의 도시들이 쌓여서 만들어진 유적지였다. 유적지를 다니는데 개들이 따라다니며 길 안내를 해 주었다. 신기하게 우리가 사진 찍을 때 옆에서 기다려주고 다시 우리가 출발하면 쫓아왔다. 유적지를 다 구경하고 트로이 박물관도 구경한 후 아테나 신전을 찾아 헤매던 도중에 양 떼를 발견했다. 김예린이 양 떼를 무서워길래 먼저 가서 뒤에 양이 쫓아온다고 겁을 줬다. 김예린은 울상을 지으며 뛰지도 못하고 빠른 걸음으로 똥들을 밟으며 양 떼를 지나 왔다. 엄마랑 김예린이 나랑 아빠가 걷는 속도를 따라오지 못하고 뒤처져서 아빤 먼저 가고 나는 트럭 뒤에 숨어서 엄마랑 김예린을 기다렸다. 기다리다 보니 엄마가 김예린한테 길을 잃은 것 같다고 하는 소리가 들려서 내가 트럭 뒤에서 튀어나와 놀라게 해 주었다. 오늘 엄마랑 김예린 놀리는 게 가장 재밌었다. 그렇게 헤맨 끝에 아테나 신전을 찾아 구경했다. 아테나 신전은 굉장히 높은 곳에 있었다. 아테나 신전에 갔다가 차를 타고 숙소에 가서 짐을 풀고 저녁을 먹었다. 저녁으론 외식을 했는데 입에 안 맞아서 조금만 먹고 숙소에서 라면을 먹었다.

Part 4

고대 페르가몬 왕국의 찬란한 유산

3일 차

"여행이란 앞으로 살아가며 평생 곱씹을 추억이다."

페르가몬 왕국의 영광

베르가마

새벽 3시 반에 저절로 눈이 떠졌다. 베르가마 유적 탐방에 필요한 자료들을 챙기고 있는데, 장닭 울음소리가 들린다. 장닭이 크게 울고 나면 다른 닭들이 합창하듯 "꼬끼오~!" 하고 힘껏 울어댄다. 여러 닭이 함께 울어 젖혀도 장닭 한 마리의 소리만 못한 걸 보면 장닭의 위세가 두드러지게 느껴진다. 시끄럽기도 하지만 정말 오랜만에 들어보는 새벽닭 울음소리인지라 반갑기도 하다. 곧 찰랑거리는 감성의 물결이 일어나 묘한 기분이 일었다. 어릴 적 기억에 담겨 있던 고향 풍경이 희미한 기억으로 되살아나면서 시골 정취가 향기처럼 코끝을 스친다. 닭들의 합창은 대략 5분간 이어졌다가 조용해졌다.

잠시 후, 이번에는 시골 마을 회관에서 방송하는 듯한 음량으로 고함 지르듯 뭔가를 크게 낭송하는 소리가 너무도 시끄럽게 들린다. 날이 새지도 않은 새벽에 이런 시끄러운 방송을 켠다는 것은 민폐를 넘어 상식 이하다. 잔잔한 음악이라면 모를까, 우악스럽게 지르는 소리가 듣기에 너무 거북하다. 계속 이어지는 소리에 문득 머릿속에서 떠오르는 것이 있어 이 소리가 무엇인지 알 것 같았다. 아잔 소리 같다는 생각이 들었다. 이것은 하루에 5번 한다는 아잔 소리가 맞았다. 매일 5차례(새벽, 정오, 오후, 저녁, 밤), 일정한 시각이 되면 아잔을 담당하는 무아진이라는 사람이 미나렛 위에 올라가 메카를 향해 기립해서 소리 높여 아잔을 노래한다. 리듬은 이슬람 특유의 음악적 효과를 가지고 있고, 그 내용은 다음과 같은 구절로 되어 있다.

"알라는 지극히 크시도다. 우리는 알라 외에 다른 신이 없음을 맹세하노라. 예배하러 오너라. 구제하러 오너라. 알라는 지극히 크도다. 알라 외에 다른 신은 없느니라."

새벽 아잔 소리는 대부분 이슬람교도인 터키인들의 일상에 신앙이 녹아 있다는 사실을 깨닫게 하는데, 터키 땅에서 고대 그리스 문명을 탐방하고 있던 여행자를 혼란스럽게 만든다. 고대 그리스 문명의 유적과 현재 이슬람의 문화가 대치되기 때문이다. 깊게 잠들어 있던 아내도 아잔 소리에 놀라서 깨더니 무슨 소리냐고 물어보기에 간단히 설명해 주었다. 그러자 아내는 새벽부터 기도해야 하는 이슬람교도의 신앙생활이 너무 힘들 것 같아 좋아 보이지 않는다고 한다. 거의 모든 종교가 다 그렇지 않냐고 대꾸하며, 신앙심이 깊은 기독교인들은 왜 새벽기도를 하러 교회까지 가야 하는지 따져 물었다가 이슬람교를 펀드는 모양새가 될 것 같아 이후로 말을 아꼈다.

이렇게 새벽 일찍 일어나 부스럭거리는 데는 시차 적응이 덜 된 이유도 있지만, 여행 일정을 잘 관리해야 하는 부담에 따른 긴장에서 비롯된 것이다. 펜션에서 아침 식사를 8시에 제공한다고 하니, 이른 아침에 베르가마 구도심과 버가모 교회 주변을 산책하기로 마음먹고 린과 예린을 데리고 골목길을 나섰다.

☪ 옛 그리스 마을&크즐 아블루

우리가 머무는 속소 앞에 있는 개울을 건너면 오래된 그리스풍 가옥과 골목에서 역사의 흔적을 찾아볼 수 있는 그리스 마을 안으로 들어간다. 이곳은 현재까지 고대 페르가몬 왕국의 후손들이 살아가는 삶의 터전이다. 꼬불꼬불한 골목 구석구석을 헤매다가 베르가마의 기념품을 파는 가게에 잠시 들렀다. 이제 막 문을 연 것으로 보이는 가게 안에서 몸이 불편한 노인 주인장이 반갑게 우리를 맞이한다. 불편한 몸으로 카펫, 마그넷, 열쇠고리를 꺼내 보이며, 열정적인 호객 행위에 몸 둘 바를 모르게 하더니 우리의 정신을 쏙 빠뜨려 놓는다. 오늘의 첫 손님이니만큼 싸게 팔 거라며 손에 있는 물건들을 내 손에 쥐어준다. 그리고 끊임없이 엄지를 치켜올리며 사달라고 하는 바람에 소형 카펫을 4장이나 샀다. 주인장은 고마웠던지 보답으로 아프로디테 여신을 닮은 마그넷을 선물로 얹어 준다. 언어 소통이 부드럽지 않아도 대화의 물꼬가 터지자, 손님을 놓치지 않으려는 터키인의 열정이 상점을 나서는 발걸음까지 어렵게 만든다. 상점 앞에는 붉은 벽돌로 쌓은 유적이 떡하니 버티고 있다. 아직 꺼지지 않은 아침 조명에 비친 붉은 유적은 놀랍도록 커 보였다. 건물 앞은 동네 개들의 집합소인 듯 많은 개가 벤치와 계단에 자유롭게 누워있다. 건물 가까이 가서 안내판을 읽어보니 우리가 찾고 있던 크즐 아블루였다. 붉은 벽돌 때문에 터키어로 붉은 정원이라는 뜻을 갖게 된 크즐 아블루는 기독교 성지 순례자들이 찾는 초기 소아시아 7대 교회 가운데 하나로서 버가모 교회로 여겨지고 있다. 이 건물은 2세기경 하드리

크즐 아블루

아누스 황제가 건설한 신전으로 세라피스와 이시스, 하르포클라스 등의 고대 이집트 신들을 모셨던 곳이다. 나중에 기독교가 공인되면서 버가모 기면 교회로 바뀌었다가 비잔티움 시대에는 성 요한 교회가 되었다.

페르가몬 왕국은 이집트 신전뿐만 아니라 그리스 신전과 로마 황제들의 신전도 많은 다신교의 중심지였다. 치료의 신 아스클레피오스가 구원자로 추앙받고 황제의 상을 세우고 숭배하는 제전이 벌어지면서 요한계시록에서는 '사단(사탄)의 위(사단이 임해 있는 상태)'가 있는 곳이라고 한다. 더구나 아스클레피오스의 상징인 뱀은 기독교에서는 사단의 상징으로 통한다. 이런 종교적인 역사성 때문에 이곳을 찾는 성지 순례자가 많은 것이다.

펜션으로 돌아와 차에 짐을 싣는 동안 주인이 아침 식사를 차려 놓았다. 감자와 치즈, 야채 그리고 소시지를 곁들인 음식들이 맛깔스럽게 보인다. 보기 좋은 음식이 먹기에도 좋다고 음식으로 식탁을 예쁘게 장식해 놓은 듯하다. 그렇지만 안타깝게도 계란찜과 감자, 치즈 요리를 제외하면 우리 입맛에 그리 잘 맞지 않았다. 배불리 먹었지만, 왠지 개운하지 않고 소화도 잘 안 될 것 같다. 입에 맞지 않은 음식이 몸의 컨디션을 해칠까 봐 염려되는 가운데, 홍차를 마시니 속이 따뜻해지면서 컨디션이 좋아지는 게 느껴진다. 식사를 마치고 숙소를 떠나려 할 때 주인은 배웅까지 나오며 인터넷에 좋은 댓글을 써달라고 부탁한다. 하지만, 기대와는 달랐던 펜션이라 성큼 내키지는 않을 것 같다. 사진으로 봤을 때, 고전적인 인테리어가 온화하고 고풍스러운 분위기에 포근함을 줄 것 같았으나, 좁은 공간이라 그런지 실제의 모습과 느낌은 조잡하고 어수선하게 보이는 데다가 편의시설에 불편한 점들이 섞여 있었다. 아마도 다음부터 숙소를 알아볼 때는 현지 전통가옥의 운치나 멋을 체험하는 데 중점을 둘게 아니라, 편리함과 쾌적함을 먼저 생각해야 할 것 같다.

☪ 아크로폴리스

베르가마에 위치한 고대 페르가몬 지역은 아담하고 평화롭다. 고대에 막강한 부를 축적하면서 헬레니즘 문명을 꽃피운 소아시아 최대의 도시이자 페르가몬 왕국의 중심이었던 도시이다. 이 문명은 그리스의 델포이, 아테네 등의 건설에 영향을 줄 정도로 앞서 있었다. 고대 그리스 문명이 담겨 있는 유적만 보더라도 방문할 가치가 충분하지만, 일반적인 패키지여행 경로에는 포함되지 않고 있다. 터키 여행에서 좋았던 도시와 명소를 뽑으라고 한다면 베르가마와 이 도시의 아크로폴리스가 그중 하나라고 할 만큼 아름다운 풍경과 흥미로운 유적을 갖고 있다.

산의 높이로 보나, 유적으로 보나, 페르가몬의 최고봉은 아크로폴리스다. 아크로폴리스까지 차를 타고 갈 수도 있지만, 정상에서 고대의 길을 걸어 내려오며 폐허가 된 유적을 구경할 생각으로 케이블카를 이용하기로 마음먹고 케이블카 입구에 차를 세웠다. 케이블카는 손님이 올 때마다 운행하는 시스템이라 기다리는 시간 없이 곧바로 탈 수 있다. 출발하고 얼마 지나지 않아 강풍이 불면서 카가 흔들리기 시작하였다. 너무 심하게 흔들리자 가족들 모두 난리가 났다.

"이러다가 케이블카가 떨어질 것 같아. 나는 아직 죽을 나이가 아닌데, 왜 이걸 탔어야 했어요. 저 살고 싶어요." (린)

"린아! 제발 가만히 좀 있어~ 움직이면 더 위험할 것 같아. 이렇게 심하게 바람에 흔들리는데 운행을 멈춰야 하는 거 아냐?" (아내)

"난들 그걸 어떻게 알아? 괜찮을 거야. 괜찮으니까 운행하겠지."

조금 더 올라가니 내려오는 케이블카와 부딪칠 만큼 카의 흔들림이 심하다. 우리는 마치 작은 상자 안에 갇혀 이리저리 휘둘리는 연약한 생명체에 불과하였다. 몹시 불안한 상황이었지만 케이블카는 정상까지 아무런 탈 없이 도착하였고, 그제야 안도의 한숨을 쉬었다. 케이블카에서 내려 일찍부터 문을 연 기념품 상점을 뒤로하고, 아크로폴리스에 들어서자 서너 마리의 개가 주인을 만난 것처럼 꼬리를 흔들며 다가온다. 개들은 친절하게도 가이드가 되어 우리가 어디로 가야 하는지 앞장서서 안내하듯 걸어간다. 만일 우리가 잘못된 길을 가면 되돌아올 때까지 기다리는 걸 보니 아주 놀라웠다.

매표소에서 가까운 곳에는 아크로폴리스 모형을 전시해 놓았고 안내도가 있어 어떤 경로로 유적 탐방을 진행해야 할지 대충 동선을 그릴 수 있다.

아크로폴리스 정상에 올라서자 베르가마 풍경이 한눈에 들어온다. 아크로폴리스 아래는 넓게 펼쳐진 벌판이다. 페르가몬 왕국이 번성할 수 있었던 이유가 비옥한 땅이라고 하더니, 여기 올라와서야 왜 그렇게 말하는지 알 것 같았다. 차가운 바람이 세게 불어오지만, 전날 궂었던 날씨는 언제 그랬냐는 듯 활짝 개어 눈높이의 파란 하늘 아래에서 공중 정원처럼 보이는 유적지를 산책하듯 걸어 다니기에 좋은 여건이었다. 2천 년이 넘는 세월의 무게를 견디지 못하고 어기지기 쓰러져 있는 건축물과 돌무더기 사이를 돌아보면 궁금한 것들이 넘쳐난다. 이렇게 높은 산에 많은 신전과 궁전, 아고라, 원형 극장, 도서관, 주거지 등 많은 공공 건축물을 지었다는 것 자체가 놀랍다. 고대 그리스인들에게는 이런 아크로폴리스가 도시의 필수 요소였다고 하는데, 중장비가 없던 시대에 인간의 힘만으로 높은 고지대에 이런 건축물을 건설한 것이 믿을 수 없을 만큼 신기하기만 하다. 게다가 도시마다 원형 극장이며 도서관이 있었다는 사실은 문명의 발달 정도를 깊게 생각해 보도록 한다. 이런 고지대에 위치한 도시라면 의식주 해결과 생존을 위한 필수 시설을 만드는 데 급급했을 것으로만 예상했었다. 그런데 기본적인 생활 설비를 뛰어넘어 극장과 도서관을 아크로폴리스의 기본 틀로 여기고 건설했다는 사실이 놀랍기만 하다.

아고라가 있는 폐허 사이를 걷다 보니 고대인의 일상이 오버랩되어 고대인을 따라 아테나 신전과 트라야누스 신전에서 멈춰 서게 되었다. 앞서간 린과 예린이 제우스 신전과 아테나 신전, 트라야누스 신전에 남아 있는 기둥 사이를 돌며 안내하던 개와 술래잡기 하듯 뛰어다니는 모습에서 폐허가 된 아크로폴리스의 현실로 돌아왔다. 그 옛날 엄숙한 장소였을 신전은 아이들의 놀이터가 되고 어른들의 호기심을 채워 줄 고대 문명 탐방지가 되었다. 계속해서 나무 데크가 깔린 길을 산책하듯 걸어가면 아크로폴리스의 끝에 있는 여왕의 정원에 이르게 된다. 이 지점은 아크로폴리스 끝자락이라 반대편의 산과 들을 볼 수 있다. 베르가마 댐에 의해 만들어진 호수가 한눈에 들어왔다. 현대인들은 이 호수에서 생활용수를 얻겠지만, 아크로폴리스에 살던 페르가몬 사람들은 저 멀리에 있는 마드라스산에서 물을 끌어왔다고 한다. 그러기 위해서 엄청난 규모의 수로 시설이 있었다고 하는데, 그 흔적은 찾아보기 어려웠다.

트라야누스 황제 신전 뒤쪽으로 되돌아오고 나서야, 페르가몬의 위상을 드높인 도서관 자리를 찾을 수 있었다. 페르가몬 아크로폴리스 도서관은 약 20만 권의 장서를 보유할 만큼 엄청난 규모를 자랑했다고 하는데, 당시의 이집트 알렉산드리아 도서관을 능가하는 규모였다. 페르가몬 도서관이 알렉산드리아 도서관의 위상을 위협할 정도가 되자, 이집트는 페르가몬 도서관이 더 발전하는 것을 견제하기 위해 파피루스의 수출을 금지하는 조치까지 취한다. 이에 페르가몬에서는 파피루스를 대신할 양피지를 발명하였고, 파피루스 두루마리 대신 양피지를 꿰매서 펼치는 책을 만들게 된다. 그래서 도시 이름인 페르가몬에서 양피지의 라틴어 어원인 'pergamineum(영어는 Parchment)'이 유래하게 되었다.

대극장

트라야누스 황제 신전

　대극장으로 내려가려면 경사가 급한 작은 굴을 통과해야 한다. 대극장
은 아크로폴리스의 산비탈을 깎아 만들어서 경사가 매우 급하다. 예린
이 무서워서 못 가겠다고 하여 손을 잡고 한 계단씩 서서히 내려왔다.
가이드처럼 붙어 다니던 개는 굴이 무서웠던지 더이상 따라오지 못하고
사라졌다. 무대에서 관객석을 바라보았을 때, 지금까지 봤던 원형 극장

들은 둥글고 넓은 반면, 이 극장은 산 중턱의 지형 때문에 둥글지 않고 폭이 넓게 좌우로 펼쳐져서 지어졌다. 덕분에 고대 그리스에서 최고의 급경사를 자랑하는 원형 극장이 되었다. 관객석에 앉으면 고대인들은 공연뿐만 아니라 마치 하늘에서 지상을 내려다보는 듯한 환상적인 풍경을 즐길 수 있었을 것이다. 관객석 계단을 내려가 대극장 무대에 들어섰을 때, 어디론가 가버린 것으로 여겼던 개가 먼저 와서 우리를 기다리고 있어서 깜짝 놀랐다. 정말 우리의 가이드로서 끝까지 안내를 하려는가 보다. 왼편에 있는 디오니소스 신전에 뭐가 있나 궁금해서 가 보았다. 하지만 역시 폐허일 뿐이다. 이곳에서 아크로폴리스를 웬만큼 둘러본 것으로 판단하여 가족들과 하산할 방법을 의논하였다. 케이블카를 타고 하산할 것인지와 고대의 길을 걸어서 내려갈 것인지를 두고 의견을 차례로 묻자 만장일치로 걸어서 가자고 한다. 고대의 길은 하이킹 코스로도 손색이 없을 뿐만 아니라, 화창한 날씨가 걷기에 좋은 여건이었다. 고대의 길을 따라 걷다 보니, 데메테르 신전과 김나지움, 욕장도 보게 된다. 그런데 우리를 가이드해 주던 개는 자신들의 영역 한계선을 넘어섰던지 여기서 걸음을 멈추고 더이상 따라오지 않는다. 과자라도 준비했다면 답례라도 할 수 있었을 텐데, 준비해온 것이 아무것도 없어 미안해진다. 그저 손을 흔들며 작별을 고하는 순간, 안쓰럽고 짠한 느낌이 들어 마음이 편치 않았다.

이후, 길을 잘못 들어서 오솔길도 없는 비탈진 산을 내려가게 되었다. 렌터카를 주차해 놓은 케이블카 승강장 근처에 도착했을 때는 철조망이 앞을 가로막고 있어서 개구멍을 찾아 빠져나오는 수고를 감수해야 했다. 가이드해 주던 개가 이곳까지 안내해 주었다면 제대로 된 길로 편하게 왔을 거라고 린이 말하자, 한동안 대화의 주된 화제는 가이드 개가 되었다.

↻ 아스클레피온

고대 페르가몬 유적의 방문 포인트 중 하나인 아스클레피온은 역사상 최초의 종합병원이라는 점에서 매력을 느낄 수 있다. 베르가마에서 다른 유적은 지나쳐도 아스클레피온만큼은 꼭 방문하여 고대 의학의 신비를 직접 눈으로 확인하고 현대 의학을 이해해 본다면, 병을 치료하는 데 있어서 심리가 얼마나 중요한지 다시금 깨우칠 수 있다.

아크로폴리스를 떠나 아스클레피온으로 가려면 크즐 아블루와 구도심을 통과하게 된다. 초행길에 좁은 골목과 일방통행은 운전할 때마다 긴장감을 안겨주는데, 내비게이션이 있어도 현지와 다른 점이 많아 정신을 바짝 차려야 한다. 두 번이나 길을 잘못 들어 헤매다가 아스클레피온 주차장에 도착하니 족히 20마리가 넘는 개들이 떼 지어 우리 곁으로 다가왔다. 슬쩍 겁이 났는데, 덩치 크고 숫자만 많았지, 역시나 터키 개들의 성격은 순한 양과 같았다.

아스클레피온 매표소를 뮤지엄 패스로 통과하면 성스러운 길을 걷게 된다. 길 양쪽으로는 열주가 늘어서 있던 흔적이 그대로 남아있고, 길 바깥은 주거용이나 상업용이었을 건물터가 늘어서 있다. 길은 고대에 판석으로 포장되어 있던 것으로 보이는데 보존 상태가 매우 좋다. 이 성스러운 길을 걸어가면서 보는 풍경은 정말 시원스럽다. 1시간 전까지만 해도 거닐고 다녔던 아크로폴리스가 한눈에 들어오는데 운치가 넘쳐흐르는 풍경이다. 물론 구름 한 점 없이 깨끗한 파란 하늘이 풍경을 아름답게 만드는 데 일조하고 있다. 성스러운 길의 끝에 이르면 뱀 조각이 새겨진 원기둥의 기단과 마주하게 된다. 허물을 벗은 뱀은 과거의 병을 치료하고 새롭게 태어나는 생명을 뜻하는 것으로 부활과 재생의 의미이자 치료의 신 아스클레피오스의 상징이다. 현대에 이 뱀 문양은 세계보건

기구의 마크로 사용되고 있고, 구급차에도 그려져 있다. 바로 옆에는 도서관 자리와 작은 로마 극장이 있다. 그리고 광장 가운데에 린과 예린에게 가장 보여 주고 싶었던 성스러운 샘물이 있다. 이 샘에서 넘쳐흐른 물은 지하 터널로 흘러 들어간다. 환자들은 목욕한 다음 82m의 지하 터널을 통해서 치료실로 이동하는데, 지하 터널의 천장에는 15개의 작은 구멍이 있다. 의사들은 이 구멍을 통해 신의 목소리처럼 말하면서 이곳을 지나는 환자들에게 완쾌된다는 믿음을 주었다고 한다. 터널의 신비로운 분위기 속에서 자기 암시적인 치유 효과를 기대한 것이다. 그래서일까? 이곳에서는 수백 년 동안 공식적으로 죽은 사람이 없다고 한다. 그러나 진실은 사망한 사람의 시신을 몰래 빼돌렸거나, 치료가 불가능한 사람은 받지 않았다는 설이 유력하다. 이는 병원의 치부는 가리고 완쾌된 결과만 보여 줌으로써 아스클레피온의 명성을 이어가는 방법이었을 것이다. 방문객들은 당시 치료에 쓰였다는 성스러운 샘물에 손을 씻고, 지하 터널을 걸으며 건강하기를 바라는 의식을 치르는 것이 자연스러운 탐방 경로가 되었을 것 같다. 터널을 지나면 치료실로 이어지는데, 돔이 있는 2층 건물이었지만 지금은 아래층만 남아있다. 이곳에는 잠을 잘 수 있는 침대가 놓여 있어, 환자들이 꿈을 꾸면 의사인 신관들은 꿈을 풀이해 처방을 내렸다고 한다.

이곳에서 발견된 비문에는 당시의 치료 과정이 자세하게 기록되어 있다. 이 비문에는 적절한 운동과 명상, 온천 치료와 음악 감상, 독서와 자기 암시 등이 적혀 있는데 이는 현대의 자연치유법과 유사하다. 모든 일이 마음먹기에 달렸다고 하듯이 긍정적인 마인드와 노력은 좋은 결과로 이어지게된다. 어찌 보면 병을 치료하는 데 인간의 심리와 몸에 좋은 온천수를 이용하는 것을 가장 중요한 기본 원리로 삼는 의술에 충실했던 것이었다.

성스러운 길

성스러운 샘과 극장

　가족들은 터널에서 건강을 기원하는 기도를 하고 무병하기를 바라는 의미에서 성스러운 샘물에 손을 씻는다. 이로써 아스클레피온에 방문한 목적을 달성하였다고 해도 좋을 것 같았다. 성스러운 샘물 앞에 있는 로마 극장은 아크로폴리스에서 대극장을 본 후라 그런지 아담하게 보인다. 작지만 깨끗하게 잘 보존되어 있어 극장 안으로 들어가 관객석에 앉아 잠깐 쉬었다. 둥근 계단 옆 관객석 밑에는 동물의 발이 조각되어 있다. 좌석은 뒤쪽으로 경사가 있어 뒷부분으로 빗물이 흘러가도록 만들어져 있고, 구석은 배수로 홈이 파여 있는 것이 보였다. 모든 시설물의 기본 중의 하나가 배수 시설인데, 이것을 보니 현대인들보다 더 과학적이고 예술적인 지식을 갖고 있음에 놀라움을 금할 수 없었다. 성스러운 길을 따라 주차장으로 되돌아왔을 땐 벌써 시각이 11시 반이나 되었다. 일정이 상당히 늦어졌지만, 아크로폴리스와 아스클레피온에서 호기심을 해소하고 즐거움을 가득 채웠기 때문에 페르가몬에 머물러 있던 시간이 뜻깊었다.

1. 원형 건물
2. 아스클레피에온 신전
3. 프로피톤
4. 도서관
5. 성스러운 샘
6. 극장
7. 비라누스의 문
8. 로마 극장
9. 아테나 신전
10. 로마 원형극장
11. 스타디움
12. 베르가마 바자르
13. Seijuk 미나렛
14. 크즐 아블르
15. 아크로폴리스입구
16. 아래쪽 아고라
17. 김나지움
18. 목욕탕
19. 헤라 신전
20. 고대의 길
21. 도미티아누스 신전
22. 위쪽 아고라
23.제우스 제단
24. 디오니소스 신전
25. 대극장
26. 아테나 신전
27. 도서관
28. 트라야누스 신전
29. 여왕의 정원
30. 군대 병영
31. 로마 다리
32. 신성한 길

터키 공화국의 시작
이즈미르

아스클레피온을 출발하여 셀축으로 향하던 길에 처음으로 주유소에 들러 주유를 하던 중에 고민에 빠졌다. 2시간 정도 빨리 셀축에 도착할 것으로 예상되어 이즈미르를 경유하고 싶다는 생각이 들었다. 시간이 부족할 것 같아 애초에 이즈미르는 그냥 통과하려고 했는데 시간의 여유가 생기니 생각이 달라진 것이다. 그곳에서 점심 식사를 하고 코낙 광장까지 들러보면 좋을 것 같았다. 파리는 에펠탑, 피사는 사탑이 그 지역의 랜드마크로 통하듯이 터키의 명소를 소개할 때, 코낙 광장의 시계탑이 등장하는 것을 자주 봐 왔다. 최근에 개통한 것으로 보이는 고속도로 덕분에 이동 시간이 상당히 단축된 점이 크게 작용하여 이즈미르를 경유하기로 하였다.

온화하고 비옥한 땅을 가지고 있는 지리적 조건은 외적의 침략과 정복이 빈번하고 정복당하는 경우가 많다. 바로 이즈미르가 그런 지역에 해당한다. 따뜻한 기후와 이상적인 지리 조건 탓에 이민족은 이즈미르를 가만두지 않았다.

시계탑

길거리 공연

이즈미르에 대한 기록에 따르면 기원전 9세기에 그리스에서 이오니아 인들이 이주하여 작은 항구 도시를 만들었는데, 리디아 왕국이 침략하여 파괴하였다. 이후 알렉산드로스 대왕이 새로 성을 쌓고, 사람들을 이주시키면서 스미르나라는 이름이 붙었다. 스미르나는 기독교 초기 교회 서머나로 나오는 소아시아 7대 교회 중 한 곳이었다. 기원전 1세기에는 로마 제국의 지배를 받으며 평화와 번영의 시대를 누리지만, 11세기 셀주크 제국과 십자군의 지배를 차례로 받다가 몽골과 티무르 제국에게 침략당하는 수난을 겪는다. 이후 1415년에 오스만 제국의 지배를 받게 되면서 이즈미르라 부르게 된다. 오스만 제국이 무너지는 사이 독립하게 된 그리스가 비잔티움 제국의 재부흥을 꿈꾸며 이곳에 군대를 상륙시킴으로써 그리스와 터키 전쟁이 시작된 곳이기도 하다.

고대 유적들은 그리스 터키 전쟁과 급속한 근대화로 대부분 파괴되었지만, 구시가지와 신시가지의 묘한 공존이 있는 매력 속에서 터키 젊은이의 활기찬 모습을 인상적으로 볼 수 있다.

터키의 3대 도시답게 이즈미르에 이를 무렵에는 차량이 많아졌지만, 코낙 광장까지 운전하는 데 큰 어려움은 없었다. 한참 동안 이어지는 주택가를 보면 도시의 규모를 알 수 있다. 하지만 고층 아파트는 보이지 않는다. 대신 산이라고 말하기에는 너무 낮고, 언덕이라고 하기에는 너무 큰 곳에 집들이 빽빽하게 들어차 있는 풍경이 퍽 인상적이다. 시내에 들어와도 고층 건물이 없기 때문에 시야가 넓어 멀리까지 풍경을 볼 수 있다. 코낙 광장 인근은 주차장이 거의 만차에 이르는 만큼 사람들도 넘쳐났다. 광장은 관광객보다 데이트를 즐기는 젊은이들이 많아 활기가 넘친다. 코낙 광장의 시계탑에 이를 무렵 아잔이 시작되었다. 시계탑 맞은편에 타일로 장식된 작은 모스크가 있는데, 그 주변에서 돗자리를 깔고 기도를 하는 터키인들의 모습이 진지하면서 자연스럽다. 모스크가 작아서 많은 사람이 들어갈 수 없다는 것을 미리 알고 돗자리를 준비한 것으로 보인다. 이슬람교도가 다수인 터키인들의 기도하는 일상을 보는 흥미로운 시간이었다.

시계탑 주변에는 비둘기 떼가 구경 온 여행자들과 산책 나온 시민들의 길을 가로막을 정도로 많다. 1901년 술탄 압뒬하미드 2세의 재위 25주년 기념으로 세운 25m의 시계탑은 이즈미르의 상징이다. 이슬람 전통 문양을 한 독특한 모습과 탑의 네 방향에서 볼 수 있는 시계는 제1차 세계대전 때 동맹국이었던 독일이 선물한 것이다. 이 시계탑과 높이 솟은 야자나무가 어우러진 풍경이 코낙 광장을 대표하는 모습이다. 야자나무를 보고서야 베르가마보다 날씨가 훨씬 따뜻한 것을 알게 되었다. 공원 한쪽에는 그리스의 공격을 막아낸 터키 군인을 기리는 동상이 있다. 이 광장은 1919년에 그리스 터키 전쟁이 시작된 첫 총성이 울린 곳이기도 하면서, 터키 공화국이 시작된 곳이기도 하다. 그래서 다른 지역보다 터키 공화국에 대한 애국심과 자부심이 대단하다고 한다. 그런 이유들로 이즈미르에는 아타튀르크기 미물렀던 공간을 그대로 보존해 놓은 박물관도 있고, 해마다 10월 29일이 되면 터키 공화국 건국 기념일 행사도 이곳에서 열린다. 공원 한켠에서는 온몸을 은빛 회색으로 분장해서 동상처럼 보이는 터키 병사 두 명이 터키 국기와 총을 들고 음악에 맞춰 판토마임 같은 공연을 하고 있었다. 애국심으로 정신무장을 하여 이즈미르를 지켜낸 터키 군인의 업적을 기리는 진지하고 사실적인 표현에서 진한 감동이 우러난다. 길거리 공연을 끝까지 보고 나서 점심은 길거리 포차에서 파는 빵(시미트)과 주스로 간단히 해결하고 이즈미르를 떠났다.

고대인들은 대리석으로 레고를 했네요

에페소스

☾ 장대하고 화려한 에페소스 유적

이즈미르에서 셀축까지는 한 시간 정도 소요되었다. 셀축 시내에 들어서니 오후 2시 반이 지나고 있었다. 에페소스[3] 유적지 입구는 남문과 북문이 있는데, 남문보다 북문으로 가야만 관람하는 데 더 좋다는 의견이 많아 에페소스의 북문으로 향했다. 에페소스는 기원전 10세기경 고대 그리스의 이오니아인들이 식민 도시로 건설하여 터키 최대의 고대 도시 유적으로 남아 있다. 항구가 인접하여 유럽과 아시아를 잇는 에게해 무역의 중심에 중요한 상업의 요충지로 고대문화의 꽃을 피운 예술과 문명 도시로 발전하였다. 성경에는 에베소라고 부르는 소아시아의 7대 교회 중 하나가 있었다. 기원전 129년에 로마의 속주로 편입되어 로마 제국의 아시아 수도로 정해지면서 전성기를 누리는데, 인구 약 25만 명으로 로마에 이은 큰 대도시로 성장하였다. 하지만 7세기경에 강에서 유입된 토사로 항구의 기능을 잃고, 전염병이 돌자 도시는 버려지게 되었다.

한 시간 동안 깊은 잠에 빠졌던 린과 예린은 힘들었던지 일어나지 못해서, 한바탕 큰소리를 냈을 때 겨우 깨어났다. 그렇지만 예린은 큰소리로 혼난 것이 분했던지 아내에게 투정을 부렸는데, 참다못한 아내가 화를 참지 못하고 다그쳤다. 그런 소동이 살짝 사그라든 후에야 에페소스

---

3) 히타이트인들은 에페소스를 '대지 어머니 여신의 도시'라는 뜻을 지닌 '아파사'라고 불렀다. 에페소스는 소아시아의 키벨레 신앙의 중심지였다. 이 신앙은 아르테미스 신앙으로 발전하였고, 성모 마리아 신앙으로 이어진다. '에페소스'란 도시 이름 역시 히타이트 시대의 지명인 '아파사'에서 온 것이다. 현재 에페소스는 터키어로 Efes(에페스), 그리스어로 Εφεσο (에페소스), 라틴어로 Ephesus(에페수스), 성경에는 에페소 또는 에베소라고 한다.

탐방 길에 나설 수 있었다. 선물 가게와 매표소를 지나면 아름드리나무가 높게 뻗은 가로수길 끝에 아르카디아 거리가 나오고 왼쪽에 대극장이 보인다. 열주가 늘어서 있는 아르카디아 거리를 고대문명의 세계로 안내하는 길처럼 여기고, 문명의 쇠락과 역사의 흔적을 더듬으며 대극장 안으로 들어섰다. 이 극장은 2만 4천 명을 수용할 수 있을 만큼 거대한 규모라 그 웅장함이 실로 대단하다. 페르가몬의 아크로폴리스에서 보았던 대극장과 비견할 만하지만, 객석과 무대가 원형에 가깝게 보수가 잘되어 있다. 아크로폴리스 대극장은 객석이 좌우로 펼쳐지고 산 위에 위치하여 마치 하늘에서 지상을 내려다보는 느낌이라면, 이 극장의 객석은 멀리 포구가 보였을 것이고 반원형에 가깝도록 오므라져 있어서 공연을 집중하기에 더 좋아 보일 것 같다. 극장의 중앙 객석에 올라서서 묻혀버린 고대 포구를 바라보며, 2천 년 전 로마의 화려했던 고대문명을 상상해 보았다. 상상을 초월하는 장대한 문명의 흔적이 깃든 헬레니즘 시대 에페소스의 신비를 더듬으며, 현재를 살아가는 우리가 무엇을 배워야 할까? 고대인들이 오고 가던 모습을 투영하나 보니, 삶의 목적과 어떻게 살아야 하는지에 관한 질문을 스스로에게 던져보게 되었다. 역사를 보면서 지혜를 배우고 깨달음을 얻으면 좋으련만, 깊은 성찰이 부족한 나는 그저 감상에 공상만 더하다 말아버린다.

찬란했던 문명의 현장 앞에서 린과 예린의 눈길을 끄는 것은 관객석에 앉아 낮잠을 즐기는 귀여운 고양이다. 헬레니즘이며 로마 문명이 어떻든지, 따뜻한 햇볕을 쬐면서 편히 낮잠을 즐기는 고양이야말로 해탈한 부처의 모습일지도 모른다. 아르카디아 거리와 대극장을 지나 셀수스 도서관을 향해 대리석 거리를 걸어갈 때였다. 중국인 단체 관광객을 보게 되면서 지금껏 멀찍이 떨어져서 말도 하지 않았던 모녀의 날카로웠던 신경전은 언제 그랬냐는 듯 서로 손을 잡으며 본래의 모습으로 돌아갔다. 한

달 전부터 중국 우한에서 시작된 코로나가 심각한 상태에 이르자, 전 세계적으로 중국인을 경계하는 분위기가 형성되고 있는 시점이라 예린과 아내는 사주경계를 하며 서로 주의를 주면서 걸어간다. 여행 당시는 중국 내에서 감염자가 많이 발생하던 초기였고, 세계적으로는 확산되지 않은 상황이었다. 아직까지 터키에서 보지 못했던 한국인 여행자들도 에페소스에서 처음 만나게 되니 그냥 반갑다. 많은 관광객으로 인해 인산인해를 이루는 인기 좋은 관광지라 하는데, 우리가 왔을 때는 사람이 그리 많지 않아 여유로워서 좋다. 겨울이 비수기인 점도 있겠지만, 아마도 코로나 영향으로 중국인들이 많이 줄어든 것도 주요한 이유일 것이다.

대리석 거리를 걷다 보면 도로 오른편에 사각으로 펜스가 만들어진 곳이 있다. 펜스 안쪽 바닥에는 발바닥을 그려놓은 홈이 있는데 세계 최초의 광고물이라고 말하는 사람도 있다. 이것은 유곽(사창가)을 나타내는 표시이자 이곳의 출입을 결정하는 측정 도구이기도 하다. 대리석에 그려진 발바닥보다 큰 발이어야만 성인으로 보고 유곽에 들어갈 수 있었다. 오른쪽 아래의 사각형 그림은 어음으로 입장료 납부가 가능하다는 뜻이다. 그런데 이 유곽은 옆에 있는 셀수스 도서관과 지하로 연결되어 있었다고 한다. 지성의 전당 도서관과 유곽을 가깝고 쉽게 왕래할 수

쿠레테스 거리　　셀수스 도서관

있도록 한 것이 아이러니하면서도 여러 가지 상상을 하게 만든다.

유곽 광고물에서 조금 더 가면 오른쪽에 에페스 유적의 하이라이트라고 하는 셀수스 도서관 앞에 이르게 된다. 코린트식의 화려한 석주 건물은 강한 인상을 풍긴다. 이 도서관은 2세기 중반 이곳의 총독이었던 셀수스(켈수스)를 기념하여 지어졌다. 전면에는 3개의 출입구가 있고, 출입구 사이의 벽에는 섬세하게 조각된 4개의 정결한 여성상 부조가 장식되어 있다. 정면에서 봤을 때 왼쪽부터 지혜, 미덕, 지성, 지식을 상징한다. 이것은 도서관이 추구하던 목표이자 신념이었을 것이다. 현재 이 조각들은 복제품이고 진품은 오스트리아 비엔나 박물관과 이스탄불 박물관이 소장하고 있다. 셀수스 도서관은 알렉산드리아 도서관, 페르가몬 도서관과 함께 세계 3대 도서관으로 알려져 있다. 균형 잡힌 장엄한 이 건축물의 조형미는 고대 건축물의 최고봉이란 찬사를 받고 있다. 이곳 유적 중에 가장 아름답고 인상적인 건물이라 고고학적 지식이 없어도 보는 것만으로도 고대인의 지성에 대한 사랑을 엿볼 수 있는 좋은 기회다. 이러한 매력으로 여행자들은 에페소스의 상징물과 같은 유적의 신비에 휩싸인 듯 자리를 한동안 뜨지 못하고 휴식도 취하기 때문에 가장 붐비는 곳이다. 그러니만큼 셀수스 도서관을 배경으로 온전한 사진을 찍는 것만으로도 에페소스에서 가장 큰 선물이 된다.

다정해진 모녀는 도서관의 유명세를 가이드북을 통해서 알게 되면서, 도서관 입구 계단에서 석상의 진품 여부를 따지다가 석상의 기품 있는 자세를 흉내 내며 사진을 찍는다. 에페소스 유적의 거리를 걷는 것은 마치 로마 시대를 비껴간 세월의 어느 모퉁이에 와 있는 느낌이다. 특히 헤라클레스 문까지 이어지는 쿠레테스 거리는 완만한 경사지로 바닥이 미끄럽다. 수천 년 전에 대리석으로 포장해 놓은 노상의 판석이 닳고 닳아 반질반질한 유리알처럼 반짝인다. 또한, 좌우로 펼쳐진 열주와 신전, 공공 기관 건축물, 기념물들이 즐비하게 늘어서 있다. 이 많은 유적에 대해 전해지는 이야기나 사연을 알아 가면서 이해하고 관람하려면 가이드북을 끼고 천천히 갈 수밖에 없다.

쿠레테스 거리 왼쪽에는 2세기경에 히드리아누스 황제에게 바쳐진 신전이 거대한 위용을 뽐내고 있다. 여신 티케, 메두사 등 다양한 신과 황제의 모습을 조각한 부조들이 눈길을 끌고 주변으로는 스콜라스티카의 목욕장과 공중화장실 등이 당시 생활상과 삶의 흔적들을 보여 준다.

쿠레테스 거리를 따라서 올라가다 보면 길의 양쪽 기둥에 헤라클레스상이 있는 개선문 앞에 이른다. 4세기에 돌기둥으로 건축한 헤라클레스 문은 2층 개선문으로 6개의 기둥 중 현재는 2개만이 남았고, 헤라클레스의 상징인 사자의 가죽을 지닌 모습도 부조로 남아 있다. 쿠레테스 거리를 오르내리는 사람들은 이곳에 잠시 멈춰 서서 헤라클레스의 개선문을 배경으로 사진을 찍으며 역사의 흔적을 가져간다.

헤라클레스의 개선문을 지나면 도미티아누스 황제의 신전이다. 이 신전은 성 요한과 관련되어 전해지는 이야기가 있다. 도미티아누스 황제의 신전이 완성되자 이 길을 지나가는 사람은 신전 앞에서 참배를 하고 지나가야 했다. 그러나 기독교인들은 이 명령을 어기고 참배하지 않았다. 그래서 이 길을 지나는 사람이 예수를 믿는 사람인지, 아닌지를 구별하기 위해서 도미티아누스 황제의 신전 앞에 사람들을 세웠다. 성 요한 역시 이곳에 끌려와서 신전 앞에서 참배를 하도록 강요받았다. 참배를 거절한 성 요한은 펄펄 끓는 기름 가마솥에 던져지는 형벌을 받았지만, 죽지 않아 밧모섬으로 유배시켰다고 한다. 그런데 이때 성 요한은 자신이 기름 가마솥에서 죽지 못한 것을 매우 안타깝게 여겼다고 한다. 얼마 후, 도미티아누스 황제가 암살당한 후에 그는 밧모섬으로부터 풀려나 에베소로 돌아왔다고 한다. 그래서 그는 예수의 열두 제자 중 유일하게 순교하지 않게 되었다.

이 신전을 발굴하면서 발굴된 도미티아누스 황제의 조각상은 에페소스 박물관에 보관되어 있다. 도미티아누스 황제의 신전 옆에 있는 동상 받침대에는 헤르메스와 카드세루스(의학의 상징으로 뱀이 서로 꼬여있는 지팡이를 든 사람)의 부조가 장식되어 있다.

남쪽 입구에 가까이 가면 바실리카 열주들이 늘어선 거리 앞으로 관청 건물터를 지나게 된다. 건물터를 지나자 오데온이 시선을 사로잡는다. 오데온은 지붕이 있던 소극장으로 시 낭송이나 음악회가 열렸던 곳이었다. 오데온 정상에 올라앉아 쉬면서 로마 시대의 흔적들을 살펴보았다. 잠시 후, 린이 오데온 밖으로 나가다 말고 뭔가를 가리키며 아내에게 말한다.

"엄마, 여기 레고는 뭐예요?" (린)

"어디?" (아내)

"여기!" (린)

"그러게, 레고가 있네. 고대인들도 레고를 했나 보네?" (아내)

"대리석으로 레고를 했네요?" (린)

"그러게, 부자네…." (아내)

"우리는 플라스틱으로 하는데…." (린)

이때, 예린과 나도 레고를 보게 되었다.

"레고가 어딨어? 진짜네." (예린)

"고대에는 어른들이 레고를 하고 놀았나 봐요. 이렇게 크고 무거운 대리석을 애들이 어떻게 들어요? 아니면 노예를 시켜서 레고를 했을 것 같네요. 벽돌보다 훨씬 커서 어른들도 들기 힘들 것 같은데, 어떻게 들었을까? 그리고 레고로 진짜 집을 만들었겠어요. 레고가 대리석이니까 대리석 집을 지었겠네요." (린)

"정말, 그랬을 수도…. 네 말을 들어보니까 레고 장난감이 이 대리석에서 힌트를 얻어서 발명한 것 같은데? 고대인들이 대리석을 끼워 맞추려고 돌기를 만든 것 같고, 이 돌기 때문에 대리석 블록들이 무너지지 않을 것 같지? 이 방식과 플라스틱 장난감 레고의 쌓아 올리는 방식이 정말 똑같아."

"그러게요. 오늘 레고의 유래도 알게 되었네요?" (린)

"그래, 린이가 정말 대단한 걸 발견했는 걸? 이것 말고도 이 유적에서 힌트를 얻어서 유명 브랜드를 만든 것이 있다던데, 아직 못 찾고 있어. 너 혹시 알아?"

"아니요." (린)

"방금 전에 지나온 도미티아누스 신전 앞에 있는 광장 한쪽에 니케 여신상이 있다고 하는데, 다시 가서 찾아보자. 찾으면 보면서 설명해 줄게."

도미티아누스 신전 방향으로 가다가, 일본인 단체 관광객이 모여 있는 곳을 살짝 엿보았다. 그곳에 니케상이 있었다.

"린! 예린! 찾았어. 이 대리석이 니케 여신상이야. 너희들 니케가 무슨 여신인지 알아?"

"몰라요." (린)

"힌트를 줄게. 니케를 영어식으로 발음하면 나이키가 되는데, 우리가 많이 신는 나이키 신발이야~"

"아하~! 정말 니케가 나이키네? 그럼 나이키의 원래 발음이 니케네요? 와~! 정말 신기하다." (예린)

"그래. 니케는 승리의 여신이거든. 그래서 운동화 브랜드를 니케에서 가져왔나 봐."

"아빠! 그러니깐 니케 운동화를 신고 승리하라는 뜻이네요. 아~! 나이키 만든 사람 정말 머리 좋다." (린)

"그뿐인 줄 아니? 나이키 로고도 니케 여신상에 있어. 잘 찾아봐."

"어? 정말요? 로고까지 이걸 보고 만들었다구요? 아무리 봐도 저는 잘

공중화장실

니케의 여신상

모르겠는데요." (린)

"왼쪽 허벅지 위에 나풀거리는 옷자락을 봐봐. 이렇게 접힌 데가 나이키 모양하고 비슷하잖아."

"우와! 정말 그렇네. 신기하다. 그럼 나이키 회사에서 이 석상 주인한테 로얄티를 줘야겠네요." (린)

"어? 그래. 그래야 할지도 모르겠네. 그것보다 너도 여기서 힌트가 될 만한 뭔가를 발견하려고 해 봐. 레고하고 나이키가 여기서 힌트를 얻은 것처럼 말이야. 그래서 세계적인 기업 하나 만들어 봐."

"헤헤. 제가 어떻게요." (린)

"나중에 살다 보면 어떻게 될지 아니? 오늘 봤던 것 중에 네게 뭔가 큰 모티프가 될 일이 일어날지?"

"아~! 알겠어요." (린)

그다음에는 오데온 앞에 있는 거대한 아고라로 갔다. 아고라 오른쪽에는 2세기경에 지어진 바리우스의 욕장 터가 3개의 아치와 함께 아직도 발굴 중이다. 아고라의 끝에 서면 에페소스의 중심이라 할 수 있는 쿠

레고 대리석

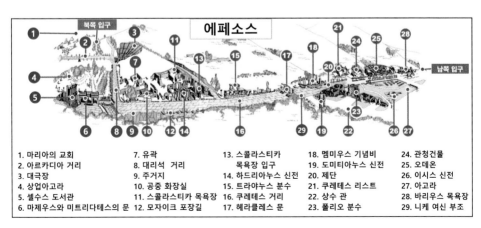

에페소스

북쪽 입구 / 남쪽 입구

1. 마리아의 교회
2. 아르카디아 거리
3. 대극장
4. 상업아고라
5. 셀수스 도서관
6. 마제우스와 미트리다테스의 문

7. 유곽
8. 대리석 거리
9. 주거지
10. 공중 화장실
11. 스콜라스티카 목욕장
12. 모자이크 포장길

13. 스콜라스티카 목욕장 입구
14. 하드리아누스 신전
15. 트라야누스 분수
16. 쿠레테스 거리
17. 헤라클레스 문

18. 멤미우스 기념비
19. 도미티아누스 신전
20. 제단
21. 쿠레테스 리스트
22. 상수 관
23. 폴리오 분수

24. 관청건물
25. 오데온
26. 이시스 신전
27. 아고라
28. 바리우스 목욕장
29. 니케 여신 부조

레테스 거리 전경이 볼 만하다. 쿠레테스 거리 끝은 셀수스 도서관, 그 너머로 고대에 바다였다는 너른 들판까지 에페소스의 전경이 한눈에 들어오기 때문이다. 고대 그리스 시대에는 이곳 에페소스 유적지 가까운 곳까지 바닷물이 들어왔고, 항구가 있었던 흔적이 있다는데 어렴풋이라도 알아볼 수도 있다.

에페소스 남쪽 입구가 보이는 곳까지 유적 탐방은 2시간 정도 진행되었다. 이제 에페소스 고고학 박물관을 가는 것으로 마무리하려던 차에 박물관의 입장 마감 시간이 5시인 걸 알았다. 30분도 채 남지 않은 상황이라 서둘러 북쪽 입구로 돌아가서 박물관으로 차를 타고 갔더니 10분 전에 입장이 가능하였다.

☪ 에페스 고고학 박물관

이 박물관은 주로 아르테미스 신전과 에페소스 유적지에서 발굴한 유물을 전시하고 있다. 즉, 우리가 에페소스에서 보았던 유물들은 거의 모두 복제품들이다. 이것은 에페소스에서 발굴된 유물들이 파손되거나 도난당할 우려를 없애고, 모든 유물을 안전하게 보관하기 위해서이다. 하지만 에페소스 지역에서 발굴된 유물들은 오스만 제국 말기에 영국과 빈으로 반출되었다. 이후 터키 공화국이 들어서면서 에페소스 유적지에서 발굴된 유물의 해외 반출을 엄격히 금지하고 독자적인 전시 시설을 만들 계획을 추진하였고, 이 같은 계획에 따라 1983년에 에페소스 고고학 박물관을 세웠다. 박물관의 가장 큰 특징은 소장 유물을 연대기별로 전시하지 않는다는 점이다. 그 대신 주제별로 전시하거나 유물이 발굴된 장소를 기준으로 전시하고 있다. 유적지에서는 볼 수 없었던 유물을 보는 재미가 쏠쏠

하다. 구석기, 신석기 시대 유물부터 변천하는 고대 주화의 변천 과정, 신들과 황제들의 석상과 두상이 전시되어 있다. 그중 린과 예린이 가장 관심을 가졌던 것은 여러 개의 아르테미스 여신상들이다. 시대별, 지역별로 여신상의 모습은 달라진

다양한 아르테미스상

다. 보통 가슴 부분에 20여 개의 알 모양이 있는데, 이것은 여인의 유방, 여신에게 바친 소의 고환, 꿀벌의 알 등으로 다양하게 해석되고 있다. 여신상들이 여러 가지 모양을 하고 있지만, 일치하는 공통점이 있다. 이런 알 모양의 유방이나 여신상에 새겨진 꿀벌, 사슴, 소, 사자의 조각이 모두 풍요와 다산을 기원하던 상징물이라는 것이다. 대지의 여신인 키벨레부터 시작하여 아르테미스를 거쳐 성모 마리아에 이르기까지 에페소스가 전통적으로 여신을 섬기는 도시였다는 사실을 확인할 수 있다.

박물관은 가볍게 둘러봐서 시간의 여유가 생겼다. 그래서 '잠자는 7인의 동굴'까지 가 보기로 했다. 아내를 위해 셀축에 있는 모든 기독교 성지를 가급적 보여 주기 위함이다. 잠자는 7인의 동굴은 에페소스 유적지 방향으로 차로 5분이면 갈 수 있다.

입구에 들어서니 유적지라고 할 만한 안내 표지판이 없고, 우리를 맞이하는 것은 덩치 큰 개였다. 혹시 사납다면 단숨에 성인도 제압할 만큼 큰 녀석이다. 하지만 이 녀석은 덩치만 컸지 애교를 부

잠자는 7인의 동굴

리는 순둥이었다. 잔뜩 겁에 질려있던 예린은 개하고 같이 놀아주기까지 한다. 잠시 후 가까운 거리에 있는 잠자는 7인의 동굴까지 걸었다. 동굴은 별것 없어 보였다. 아니, 동굴이 아니라 계곡 아래에 돌을 쌓아서 만든 고대의 지하 무덤으로 보인다. 이곳까지 왔으니 기념사진이나 한 장 찍고 가려다가, 준비한 가이드북을 펴고 린과 예린에게 이곳에 얽힌 전설[4]을 들려주었다.

그다음 찾아간 곳은 차로 10분 거리에 있는 마리아의 집이었다. 항상 개방되어 있을 것으로 생각하고 갔는데, 큰 문이 도로를 막고 있었다. 표지판에 개방 시간이 9시~17시라고 쓰여 있는 것을 보고 숙소가 있는 셀축 시내로 차를 돌렸다. 괜히 여기까지 오느라 시간만 낭비하였다.

에페소스 센트룸 호텔은 타흐신 아자 자미 앞에 위치하고 있다. 내부 인테리어가 서양 고전 영화에서 볼 수 있을 만큼이나 오래된 호텔로 느껴진다. 엘리베이터를 타면 두세 명 정도만 겨우 들어갈 수 있고 내부 문도 없이 운행되기 때문에 운치는 있지만 조심해야 한다. 호텔 앞까지 마중 나온 사장님은 친절함과 순박함이 넘쳐나는 좋은 이미지를 갖고 있다. 넓고 깨끗한 객실로 짐까지 옮겨주는 서비스를 해 주면서 우리의 가족여행에 대해서도 많은 관심을 갖고 물어봐 주었다. 체크인할 때는 인근의 맛집과 가볼 만한 곳을 추천해 주면서 여행 안내도를 건네주었다. 터키인들은 주로 차이를 즐기는 좋은 생활 습관과는 반대로, 언제 어디서든 가리지 않고 담배를 피워댄다. 그래서 어디를 가든지 담배 냄새 때문에 예린과 아내가 상당히 힘들어하였다. 대신 이슬람 문화가 생활 속에 깊숙이 자리하고 있어 음주는 일절 하지 않는다. 물론 모두가 그런

---

4) 3세기에 기독교인 7명이 로마의 박해를 피해 이 동굴에 숨었다가 잠이 들었다. 이들이 잠들어 있던 때 로마 제국은 기독교를 공인하였다. 그 후 4세기 후반 테오도시우스 황제 시절에 이들은 잠에서 깨어 환생하듯 동굴 밖으로 나와서 기도하며 여생을 보내다 세상을 떠날 때 다시 동굴에 매장되었다.

것은 아니겠지만, 대부분의 터키인은 술을 혐오한다고 한다. 맥주를 사려고 호텔 사장님께 슈퍼마켓의 위치를 물어보니, 슈퍼에는 맥주를 팔지 않는다며 주류 전문점의 위치를 알려 주었다. 어둠이 내리자 셀축 도심은 시골 읍내처럼 한적해 보인다. 아내와 함께 밤거리를 걷다가 괜찮아 보이는 식당에 들어가 양꼬치에 터키 맥주를 즐기면서 하루 중에 유일하게 찾아온 여유를 즐겼다.

에페소스의 전설

에페소스의 기원에 대하여 전해져 오는 두 전설이 있다. 호메로스의 『일리아드』에 의하면, 이곳 에페소스와 이즈미르 그리고 흑해 안안에는 궁술에 능하고 용기가 출중한 여자 전사들의 부족인 '아마존 부족'이 살고 있었는데 이들은 꿀벌을 그들의 상징으로 삼았을 뿐만 아니라, 일찍부터 벌을 기르고 꿀을 따는 양봉 기술을 개발하여 꿀을 팔아 부를 축적하였다. 그래서 아마존 여전사 부족의 족장 이름도 고대 히타이트어로 '여왕벌'을 뜻하는 '에포스(또는 에페시아, 아파사스)'라고 하였는데, 이 에포스라는 이름으로부터 에페소스의 도시 이름이 유래되었다. 학자들 중에는 히타이트인들을 여자로 착각하여 아마존이 이들 도시를 세웠다는 전설이 만들어졌다고 보는 학자도 있다. 실제로 청동기 시대 후기까지 아이올리이와 이오니아 지방 대부분이 히타이트 제국의 영향권 안에 있었는데, 이집트의 신전 벽에 묘사된 히타이트 병사들은 발목까지 내려오는 긴 옷을 입었다. 따라서 먼 곳에서 온 그리스인들이 이 지방에 도착하여 처음으로 히타이트인들을 보고 그들을 여자로 착각하여 여전사족인 아마존의 전설을 만들었다는 것이다.

또 다른 전설은 아테네의 왕 코드로스의 아들 안드로클로스가 새로 건설할 도시를 찾고 다니면서 시작된다. 아버지가 죽은 뒤 아테네를 떠난 안드로클로스는 델포이 신전에 사람을 보내, 어디에 도시를 세우는 것이 좋을지를 물었다. 신탁의 대답은 물고기와 멧돼지가 도시를 세울 곳을 가르쳐주리라는 것이었다. 안드로클로스는 수수께끼 같은 이 말의 의미를 알아내기 위해 고민하던 중, 바닷가 근처에서 어부들이 식사를 하려고 불에 물고기를 굽는 것을 보았다. 이때, 굽고 있던 물고기 한 마리가 펄떡 튀었는데, 숯도 함께 튀어 올라 관목 숲에 떨어져 불이 붙었다. 그러자 숲속에 숨어 있던 멧돼지가 놀라서 뛰어 달아나기 시작했다. 안드로클로스는 이 멧돼지를 쫓아가 활로 쏘아 잡았는데, 이런 상황이 신탁이 실현된 것으로 보고 그곳에 도시를 세웠다고 한다. 그 자리가 지금의 스타디온과 크레비스 신전 사이의 지역이다. 에페소스 사람들은 이 신탁을 기리기 위해 도시의 가장 큰 도로 한복판에 멧돼지 조각상을 세웠는데, 서기 400년까지 그 자리에 조각상이 있었다고 한다.

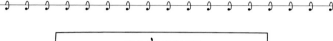

LYNN'S STORY

2 월 7 일

　아침 6시에 일어나서 샤워를 하는데 따뜻한 물이 나오다가 갑자기 차가운 물로 바뀌어서 머리만 감고 옷을 입었다. 그리고 차에 짐을 싣고 나가서 쇼핑한 후 숙소로 돌아와 아침 식사를 했다. 먹을 게 엄청 많았다. 너무 많아서 남기고 차를 타고 아크로폴리스에 가서 케이블카를 타고 올라갔다. 케이블카를 타고 올라가는데 바람이 너무 세게 불어서 케이블카가 엄청나게 흔들렸다. 혹시라도 케이블카가 떨어져 다 같이 죽을까 봐 무서웠다. 결국 무사히 정상까지 도착한 후 유적들을 구경하며 내려갔다. 내려가는데 강아지가 계속 따라왔다. 그러다 대극장이 나와서 경사진 계단으로 내려가는데 김예린이 엄청 무서워했다. 그런데 강아지도 무서워서 내려오지 못하고 낑낑댔다.

　우리 가족은 대극장을 무사히 통과하고 계속 내려가는데 강아지가 다른 길을 찾아서 쫓아왔다. 그러고는 계속 따라왔다. 그렇게 고대에 만들어진 길을 따라 계속 내려가고 있는데 갑자기 길이 끊겼다. 그래서 그냥 산길로 내려가며 헤매는데 양치기 할아버지를 만나서 길 안내를 받고 무사히 내려갈 수 있었다. 다 내려갔는데 사방이 철조망으로 막혀있어서 빠져나올 수가 없었다. 그런데 철조망을 자세히 보니 밑에 구부러진 부분이 있었다. 그래서 그 구멍으로 나왔다. 그 철조망으로 들어가서 유적지를 관람하면 무료로 볼 수 있겠다는 생각이 들었다. 아크로폴리스에서 나와서 차를 타고 아스클레피온으로 이동했다. 아스클레피온은 최초의 병원인데 아스클레피온은 죽어서 나오는 사람이 없었다고 한다. 섬뜩하게도 환자가 죽으면 병원에서 내보내지 않기 때문이라고 한다. 그다음엔 에페소스에 갔다. 에페소스엔 한국인들이 많이 있었다. 패키지로 온 듯했다. 또, 에페소스엔 대극장도 있고 도서관도 있었다. 특히 공중화장실이 기억에 남았다. 변기에 칸막이가 없었기 때문이다. 고양이도 엄청 많았는데 강아지처럼 사람을 무서워하지 않고 오히려 와서 애교를 부렸다. 에페소스도 둘러본 후 모든 일정을 끝마치고 숙소에 짐을 풀고 저녁을 먹은 후 일기를 썼다.

Part 5

역사에 묻힌 이오니아인의 고대 도시

4일 차

"여행이란 내 삶을 풍성하게 해 주는 일종의 조미료다."

셀축

새벽 아잔 소리에 깼다. 시계를 보니 6시쯤 되었다. 3시에 잠깐 눈을 뜨긴 했지만, 곧 다시 잠이 든 걸로 봐서 시차에 어느 정도 적응된 것 같다. 밖은 아직 깜깜한데 창문 너머 오렌지색 가로등 빛을 받은 자미가 이슬람 국가라는 걸 상기시켜 준다. 터키는 어디든지 아잔 소리가 새벽 시간을 알려주니, 다들 부지런하고 절제된 생활을 할 것 같다. 더구나 음주도 안 한다고 하니, 항상 아침이 상쾌할 테고 아잔 소리에 맞춰 기도까지 하면 정신건강에 얼마나 좋을까? 그래서 터키인들의 성격이 밝고 활달하며 친절함이 저절로 우러나는 것일까? 특정 종교에 대한 믿음을 떠나서, 신앙은 세속을 사는 사람에게 순기능 역할을 한다. 신앙생활을 하면 우선 기도를 하기 때문에 정해진 규율 속에서 규칙적인 생활과 올바른 마음을 가지려고 노력할 것이고, 잘못된 것은 반성하고 바로잡으려고 할 것이다. 그러다 보면 정신과 신체를 동시에 돌보게 되는 효과가 있지 않을까? 이런 점을 알고 있고 아내의 강권이 있음에도 불구하고, 나는 신앙에 대한 믿음이 없는 데다가 신앙생활에 시간까지 뺏기고 싶은 마음이 없다. 그래도 아내를 따라서 몇 년 전까지 줄곧 교회에 다녀 보았다. 그때마다 목사님 설교는 예수님과 만남을 이어주는 신통력을 보여 줬고, 다시 눈을 뜨면 꿀잠이란 표현이 어떤 것인지가 마음에 와닿았다.

전날 호텔 사장님이 말하길, 오늘은 셀축 전통시장(토요시장)이 크게 열리는 날이라고 한다. 그래서 호텔 앞 도로는 아침 일찍부터 노점상이 자리를 펴므로 호텔 앞에 주차하지 말고 호텔에서 상당히 떨어진 대로변 갓길에 차를 세워 둘 것을 권하였다. 아니나 다를까. 아직 어둠이 짙은데, 상인들은 트럭에 싣고 온 물건들을 내리며 좌판을 펴기 시작한다. 우리도 호텔에서 짐을 정리하고, 아침 식사 전에 가까운 거리에 있는 성 요한 교회에 갔다. 그러나 허탕을 치고 돌아왔다. 8시 이후에 개방한다는 안내 표지판을 보고 허무하게 돌아와야 했다. 대신 터키의 전통시장이 어떤 모습인지 구경에 나섰다. 우리 호텔 앞의 좌판은 주로 겨울 장갑, 모자, 두건, 양말, 장난감 등 공산품들이 주를 이루고 있고, 다른 블록으로 가면 야채와 과일을 파는 좌판들이 가득하다. 또 어떤 블록은 전자제품 좌판만 있는 것으로 보아 블록마다 파는 종류가 정해져 있는 듯하다. 3일 후, 카파도키아로 이동하는 날짜에 한파가 있을 예정이라는 일기예보가 있어, 우리는 호텔 앞 좌판에서 털모자, 양말, 두건 등의 방한용품을 샀다. 호텔에 돌아와 레스토랑에서 준비한 뷔페식 아침 식사를 하고, 9시가 되기 전에 아르테미스 신전을 가는 것으로 일정을 시작하였다.

☪ 아르테미스 신전 터

아르테미스는 에페소스의 수호신이다. 그래서 에페소스는 아르테미스를 모시는 신전을 크게 지었다. 이것은 기자 쿠푸왕의 피라미드, 바빌론의 공중 정원, 알렉산드리아의 파로스 등대 등과 함께 고대 7대 불가사의 중 하나가 되었다. 이 명성만큼 큰 기대를 하고 아르테미스 신전에 왔는데, 어디가 신전인지 알 수가 없다. 그저 푹 꺼진 땅에 물웅덩이가 있고, 복원해 놓은 대리석 돌기둥 1개와 신전 터로 보이는 기초가 조금 보이는 것이 전부라 이곳이 신전 터라고 하기에는 우리 같은 일반인의 눈으로 봐서는 믿기가 어려울 듯싶다. 그래서 단 한 명의 관광객도 눈에 띄지 않는 건가? 아니면 너무 이른 시간이라 그런가? 그래도 명성이 큰 만큼 뭔가 그럴듯한 게 있을지도 몰라 이리저리 둘러보다가 복원된 그림과 해설이 있는 신전 안내도를 찾았다.

이곳 아르테미스 신전 이야기는 약 기원전 1000년 전으로 거슬러 올라간다. 그리스인들은 이곳에 이주하여 아나톨리아 전통 신앙인 키벨레 여신과 아르테미스 여신을 결합시켰다. 그렇게 해서 탄생한 아르테미스 신앙은 이곳에서만 특징적인 모습을 보이면서 여신의 모습도 대리석으로 기이하게 만들었나 보다. 이 신전은 기원전 6세기 중엽에 착공하여 120년 동안 공사하였다. 당대 그리스 건물 중 가장 큰 규모로 가로 115m, 세로 55m, 높이 20m의 흰 대리석을 깎아, 127개 이오니아식의 기둥을 세우고 지붕을 얹었는데, 아테네의 파르테논 신전보다 더 화려하고 아름답고 거대한 신전이었다. 그 크기가 현대의 축구장만 하여 에게해 10㎞ 밖에서도 보일 정도였다고 하니, 이 정도면 에페소스는 아르테미스의 도시였다고 할 만하다. 일반적인 그리스 신전이 동향인 것에 비해 아르테미스 신전은 시대의 아폴로 신전처럼 서향이라는 것도 하나의 특징이다. 기원전 6세기경 리디아의 왕 크로이소스가 에페소스를 침입했을 당시 신전이 건설되고 있었는데, 크로이소스는 에페소스인과 아르테미스 여신을 기쁘게 하기 위해 막대한 신전 건축 비용을 부담했다. 이 내용을 조각해 놓은 신전의 기둥은 현재 런던의 대영박물관에 있다. 신전은 완공 후 7번이나 파괴되었다가 재건되는 기구한 운명을 겪는다. 특히 기원전 356년에 헤로스트라트스라는 사람이 자신의 이름을 영원히 후대에 남기고자 불을 지른 사건이 유명하다. 이에 화가 난 에페소스 의회는 그의 이름을 입에 담지도, 쓰지도 않기로 결의했지만 소용없었다. 자신을 드러내려고 방화를 저지른 남대문 사건과 유사한 점이 느껴진다. 기원전 334년경에 이곳을 점령한 알렉산더 대왕도 신전의 재건 비용을 제공하는 조건으로 자신의 이름을 신전에 새겨달라고 부탁한다. 하지만 에페소스인들은 알렉산더 대왕을 신으로 추켜세우며 "신이 다른 신을 위한 신전을 만드는 경우는 있을 수 없다."라며 그의 부탁을 정중히 거부했다. 268년에는 고트족의 침입으로 파괴된 후 로마 제국이 기독교를 공인하면서 신전의 대리석은 성 요한 교회와 콘스탄티노플의 아기아 소피아 성당 등을 짓는 건축 자재로 사용되어 영원히 복구가 불가능한 상태가 된다. 게다가 남아 있던 신전의 잔해도 흙과 모래에 파묻혀 오랫동안 잊혀지게 되었다. 이후 폐허가 된 아르테미스 신전에 대한 조사와 발굴이 영국 고고학자들에 의해 시작되어 오스트리아, 터키로 이어졌다. 그래서 아르테미스 신전의 유물은 런던과 빈, 에페스 박물관에 나누어져 보관되고 있고, 신전 터에 유물이라고는 그저 기둥 하나와 기초 부분만 남아 있다. 우리처럼 신전을 보러 온 사람은 안내도의 복원 그림을 보면서 원래의 모습을 상상할 수밖에 없다.

☪ 쉬린제

셀축에서 쉬린제는 약 8㎞ 거리지만, 깊은 산속인 만큼 도로가 험해서 속도를 낼 수 없어 예상보다 오래 걸린다. 길 가장자리에서 옆을 보면 깊은 낭떠러지라 운전이 조심스럽다. 꼬불거리는 산길을 기어가다시피 하며 천천히 올라가는데, 뒷자리에 있는 예린이가 아빠는 겁쟁이라고 계속 놀린다. 그렇지 않아도 오금이 저려서 핸들을 잡은 양손에 힘이 잔뜩 들어가 있는데, 예린이가 감정까지 건드린 탓에 운전에 방해가 되어 한바탕 쏘아붙였다. 그래서 조용해지기는 했지만, 예린이가 한동안 삐져 있어서 달래느라 애를 먹었다. 어찌 되었든 쉬린제 마을에 무사히 도착하여 유료 주차장에 차를 세우고, 주차 관리인에게 마을 지리에 대해 간단히 설명을 들은 후 마을 투어에 나섰다.

쉬린제는 산속의 멋진 풍경을 자랑하는 포도주가 익는 마을이다. 그래서 포도주로 유명하다. 그런데 마을의 원래 이름은 '더럽고 지저분하다.'라는 뜻인 치르킨제였다. 15세기 무렵에 그리스인 노예들이 풀려나이 지역에 정착했는데, 터키인들의 관심을 끌지 않도록 일부러 좋지 않은 이름을 붙였다는 이야기가 있다. 또 다른 이야기로는 이 지역에 관해 물어보는 오스만 통치자에게 사실과 달리 거짓말을 한 덕분에 그리스인들이 마을을 만들 수 있는 땅을 얻어냈다고도 한다. 현재의 가옥들은 대부분 19세기에 지어진 것들로 한때는 1,800여 채의 그리스 가옥들이 들어서 있었고, 깊은 산 속에 위치한 덕분에 오스만 통치하에서도 나름의 정체성과 문화를 지키며 살 수 있었다. 그러나 1924년에 터키와 그리스가 인구교환협정으로 이곳에 살던 대부분의 그리스인이 마을을 떠나게 되고, 대신에 그리스 테살로니키 등지에서 살던 터키계 후손들이 정착하였다. 하지만 마을의 전체적인 분위기는 그리스풍을 유지하고 있다.

마을은 차 한 대나 들어갈 수 있는 정도의 작은 골목길로 이어져 있다. 소박한 꽃 장식들이 늘어선 정원과 레이스 장식 울타리에는 알록달록한 알전구가 달려 있고, 빨간 지붕 아래 가게마다 오래된 구리 주전자

쉬린제 마을

와 찻잔 속에 있는 차이 그리고 숙성된 포도주가 그 맛을 눈으로 느끼게 한다. 전통 가옥을 헤집고 큰 돌로 포장된 마을 길을 따라 성 요한 교회 까지 올라가 보았다. 교회 입구에 카페 이름이 걸려 있어 교회를 알아보 지 못하고 두 번이나 지나친 후에야 회벽으로 둘러친 건물이 교회라는 걸 알았다. 그런데 이제 교회는 아니고 박물관으로 바뀌었다. 다행히 잘 가꾸어진 정원의 마리아상이 교회였다는 것을 말해 주고 있다. 이곳에 서 보는 전망은 한가로운 산간 시골 풍경이다. 붉은색 기와지붕과 하얗 게 칠한 벽이 알록달록하고, 푸른 산으로 둘러싸인 마을은 한 폭의 터키 식 풍경화 같아 보인다. 마을에서 내려오던 길에 아이스크림 가게에 들렀 다. 장난기 많은 점원은 아이스크림 하나에 온갖 재주를 부리며 놀리는 데, 그럴 때마다 아이스크림을 덤으로 올려주는 센스를 더하며 한참 동 안 린과 예린의 마음을 들었다 났다 한다. 어디까지 장난인 줄 몰라 아 이스크림을 선뜻 받지 못하고 의심의 긴장을 풀지 못한 채 놀림감이 되 었다가 겨우 아이스크림을 건네받았다. 하지만 린과 예린이 재밌어하는 모습에 점원도 신이 났던지, 아내에게 서비스라며 아이스크림을 주며 한 번 더 재주를 부렸다. 특산물로 과일주가 유명하다기에 한 병을 사면서 시음도 하고 선물 가게도 들러서 기념품도 고르는 재미에 잠시 쉬린제 마을의 매력에 빠져있었다.

☪ 성 요한 교회&아야술룩성

쉬린제 마을을 떠나 셀축으로 돌아가는 길에 멀리 언덕을 휘감고 도는 성이 보였다. 아야술룩성이다. 그냥 지나치려다가 높은 성벽의 위용에 끌려 일정에 연연하지 않고 가 보기로 했다. 아야술룩성채로 들어가려면 성 요한 교회를 가로지르게 된다. 성 요한 교회 입구에서 뮤지엄 패스를 보

성 요한 교회 터

아야술룩성채

여 주고 들어가려는데, 직원이 패스를 어디에서 샀는지 물어본다. 트로이라고 대답하니 엄치 척을 보이며 그냥 보내 준다. 왜 물어봤을까? 아내가 추측하길, 본인이 구매한 패스인지 확인하려고 물어본 것 같다고 한다. 여하튼 입구를 거대한 문이 가로막고 있는 걸 보면서 이 교회의 크기가 일반적인 교회와는 다르다는 것을 가늠하게 된다. 아나나 다를까, 이 성벽과 문은 초기 기독교 시대에 에페소스의 경기장 돌을 가져다 만든 것으로 많은 기독교인이 이곳에서 순교했기에 '박해의 문'이라고도 부른다. 성 요한이 여기서 생을 마무리했는데, 4세기에 콘스탄티누스 황제가 이를 기념하여 요한의 무덤 자리에 교회를 세우고 6세기경에 유스티아누스 황제가 대규모로 증축해서 만들었다. 이슬람 세력이 점령한 14세기에는 자미로 쓰이다가 1403년 몽골의 침입으로 파괴되었다.

서기 39과 48년 사이에 성모 마리아와 함께 에페소스로 온 성 요한은 밧모섬으로 귀양을 갔다 돌아와서 성모 마리아를 모시고 에페소스에서 생의 마지막을 보낸다. 이런 이유로 지금은 비록 교회 터와 건물 유적만 남아 있지만, 기독교인들의 성지 순례 장소로 바뀌었다. 물론 초기 기독교 시대에도 순례자들의 필수 코스로 에게해 지역에서 가장 중요한 교회로 여겨졌고, 지금도 셀축을 방문하는 기독교인은 에페소스 유적보다 이 교회를 더 중요한 방문 코스로 여기고 있다.

교회 터에 들어서면 본당의 동쪽 끝부분에 성 요한의 무덤이 있다. 대리석 석판 위에는 "이곳은 나의 영원한 쉴 자리, 여기서 살게 될 것이다."라는 글이 적혀 있다. 대리석 원주에는 유스티니아누스와 테오도라의 머리글자가 새겨져 있다. 무덤에 있는 부속 예배당에는 성 요한과 예수를 그린 프레스코가 남아 있다. 북쪽으로 가면 5세기에 십자가 모양으로 땅을 파서 만들어 놓은 세례소가 나온다. 교회 터는 복원 작업도 하고 있지만, 돌무더기가 된 폐허를 그대로 보존하는 작업도 동시에 하고 있어서 깨끗하게 정비되어 있다. 북쪽으로 계속 올라가면 왼쪽에 카페와 화장실이 있는데, 카페의 테라스에 서면 바다까지 이어지는 셀축의 너른 들판이 시원하게 펼쳐진다. 고대에는 테라스 앞까지 바다였을 것인데, 지진과 강이 실어 온 토사로 인해 바다는 저 멀리 밀려났다. 예린과 아내가 화장실에서 꾸물거리는 동안, 린과 함께 아야술룩성채에 먼저 오르기로 했다. 왼쪽으로 돌아가면 성안으로 들어가는 성문이 나오는데, 내부는 바위 언덕과 조그만 건물 외에 아무것도 없다. 그러나 높은 성벽 위에 올라서면 셀축 시내와 주변을 한눈에 볼 수 있다. 셀축에서 이와 비교할 만한 전망대를 찾을 수는 없을 것이다.

☪ 성모 마리아의 집

아야술룩 언덕을 떠나 찾아간 곳은 약 8㎞ 거리에 있는[5] 성모 마리아의 집이다. 에페소스 남문 앞을 지나면 성모 마리아의 집을 알리는 듯이 산길 입구에 황금색 마리아 동상이 있다. 10여 분간 꼬불 길을 달려 산에 오르자 매표소가 나왔다. 매표소 직원에게 뮤지엄 패스를 보여 줬더니, 이곳은 돈을 따로 내야 한단다. 주차비까지 포함해서 4명의 입장료로 90리라를 달라고 하자, 성스러운 곳을 돈벌이 수단으로 이용하는 모습에 기분이 좋지 않다며 아내가 돌아가자고 한다. 이곳에 올 목적으로 차를 타고 올라온 수고가 아까운 데다가, 전날 헛걸음을 했던 아쉬움에 그냥 돈을 내고 들어가자고 했다. 아내가 동의하였으나 썩 유쾌한 표정은 아니었다.

"뻔한 것 아냐? 관광 수입 올리려고 있지도 않은 이야기를 만들어서 입장료를 받는 것 같은데, 분명히 볼 것도 없을 거야. 성 요한 교회가 저 아래에 있는데, 성모 마리아가 이 산속까지 와서 숨어 살아야 했을까? 그래서 내가 들어오지 말자고 한 거야. 게다가 총 들고 있는 군인들은 뭔데? 불순한 의도를 가지고 오는 사람이라도 있는 건가?"

"글쎄, 경비가 삼엄한 데는 무슨 이유가 있지 않겠어? 총 들고 있는 군인이 있으니깐 나도 기분은 별로야."

어쨌든 돈을 내고 들어왔으니, 성모 마리아가 거처하던 곳을 찾아서 걸음을 옮겼다. 성모 마리아의 집은 기독교도뿐만 아니라 무슬림에게도 순례지이다. 그래서 찾는 사람이 많을 줄 알았는데, 우리가 갔을 때는 방문객이 거의 없었다. 주차장도 협소한 것으로 봐서 그리 많은 사람이 찾는

---

5) 에페소스에 성 요한과 함께 온 성모 마리아가 37~48년에 불불산 기슭에서 여생을 보냈다는 주장은 431년 에페소스에서 열린 3차 종교회의에서 처음 받아들여졌다. 그 후 이곳에 와 본 적이 없는 독일인 수녀 에메리히가 1878년에 발간한 『성모 마리아의 생애』라는 책을 통해 성모 마리아의 삶에 대해 구체적인 환상을 보았고, 이곳이 성모 마리아의 집이 있던 자리라고 쓰여 있다.

곳으로 여겨지지 않는다. 단지 성지 순례 목적이 있는 사람들이나 찾을 것으로 보인다.

성모 마리아의 집 마당 한컨에는 마구간에서 아기 예수가 태어나고 동방박사가 찾아오는 장면을 인형으로 만들어 전시하고 있고, 야외 예배 장소와 조그만 마리아 집이 볼거리의 전부라고 할 수 있다. 순례자들을 위해 만들어 놓은 수도꼭지를 틀어 성수에 손을 씻고 무병장수를 비는 것으로 성모 마리아 집 순례는 거의 끝이다. 수도꼭지 옆에는 우리나라 남산에 있는 사랑의 열쇠처럼 철망을 씌운 벽에 소원을 담은 하얀색 종이쪽지들이 가득 꿰어져 매달려 있다. 우리도 종이를 매달아 볼까 했는데, 명소라는 곳에 가면 흔히 볼 수 있는 이벤트라 식상하다며 모두가 관심을 주지 않는다. 이곳 우체국에는 성모 마리아 도장을 찍은 엽서를 보낼 수 있는 이벤트 체험장을 만들어 놓았다.

성모 마리아의 집

셀축
에페소스
쉬린제

프리에네
밀레토스
디디마

남쪽 입구

북쪽 입구

Kuşadası

Ephesus Centrum
Hotel

1. 에페소스 궁전
2. 에페소스 호텔(숙소)
3. 버스터미널
4. 기차역
5. 에페소스 박물관
6. 케밥집
7. 에페소스(Ephesus)
8. 성녀 마리아의 집

9. 잠자는 7인의 동굴
10. 해변
11. 아르테미스 신전
12. 성 요한 교회
13. 이사 베이 모스크
14. 흐들룩 성
15. 쉬린제

셀축 안내도와 이동 경로

고대 격자형 도시
프리에네

성모 마리아의 집을 나와 셀축을 떠난 시간은 12시쯤이다. 일찍부터 시작된 탐방으로 아내와 아이들은 배가 고프고 피곤했던지 차에 타자마자 간식을 꺼내 먹고서 곧 깊은 잠에 빠졌다. 그 사이, 한 시간 만에 조용하게 프리에네까지 갈 수 있었다. 셀축을 둘러싼 큰 산을 넘고 나서부터는 평지가 끝없이 이어진다. 바위산으로 둘러싸인 산세만 보일 때는 이런 척박한 곳에 어떻게 사람이 살며 고대 문명을 이뤄냈을지 의아했는데, 역시 그 문명의 배경에는 이토록 넓은 평야가 자리하고 있었다. 계속해서 이어지는 농촌 풍경을 구경하다 보니 금세 프리에네 인근에 이르렀다.

어디를 가든지 초행길은 목적지 입구를 찾는 게 어렵다. 프리에네에서도 내비게이션이 안내하는 대로 가다가 입구가 아닌 조그만 마을로 들어갔는데, 마을 초입에 커다란 헤라클레스 조형물이 있어 관광지 느낌이 물씬 풍겨서 프리에네인 줄만 알았다. 하지만 프리에네는 조금 더 가야 했다. 마침내 도착한 프리에네는 큰 바위산을 배경으로 3부 능선쯤에 해당하는 높이에 위치하고 있다.

이 유적지를 1시간 정도만 돌아볼 계획을 하고서 잠들어 있는 가족들을 깨웠다. 프리에네에 대한 자료를 읽어두도록 한 것 때문에 린과 예린은 아테나 신전을 빨리 가서 보고 싶다고 한다. 프리에네 유적지는 상대적으로 유명세가 덜한데, 그런 이유로 매표소가 조그만 박스 같은 건물이고 게이트가 따로 없다. 직원은 휴대폰으로 뮤지엄 패스 QR 코드를 찍는 것으로 티켓 확인을 하고, 유적지 입장을 허락해 준다. 직원에게 가이드 맵을 달라고 요청하니 독일어 버전만 있고, 영어는 안내 표지판을 보라고 한다.

헤라클레스 조형물

프리에네 아테나 신전 터

　프리에네는 들리는 발음에서 자유롭고 산뜻하면서 사랑이란 단어를
연상케 한다. 그래서 다른 도시보다 더욱더 마음에 끌리고 아테나 신전
앞에 서면 설렘이 환희로 승화되면서 행복해질 것 같은 기대가 솟구친
다. 하지만 고대의 길은 초입부터 돌무더기로 시작된다. 남동쪽 입구를
통해 도시 안으로 들어가면 좌우로 주거 지역과 상업 지역으로 보이는

유적이 이어지는데, 돌로 쌓은 벽이 놀라울 정도로 잘 보존된 방이 길게 늘어서 있다. 신전이나 공공 건축물이야 든든한 후원자들에 의해 전문가들이 만들었기에 오래도록 남아 있었을 것이다. 반면 평범하고 작은 주거 지역은 폐허가 되어 흔적도 없이 남지 않을 것이라 여기고 있었는데 집의 뼈대라고 할 수 있는 돌로 만든 벽 상태가 지금까지도 튼튼하다. 대체로 유적지는 토사가 쌓여 퇴적층으로 묻혀버리는 경우가 많다. 그런데 프리에네의 경우는 바위산을 배경으로 하고 있어 토사가 밀려 내려오지 않아 묻히지 않아서 노출된 상태로 보존되었을 것이다. 소나무 숲 사이로 김나지움, 이집트 신전, 아스클레피온 성소, 오데온과 관청 터가 있는 자리를 차례로 지나 아테나 신전에 이르렀다. 넓게 자리한 아테나 신전은 뒤로 아크로폴리스가 있는 바위산을 등지고 앞으로 탁 트인 평원이 넓게 펼쳐진다. 그런데 이 평원이 고대에는 바다였다고 한다. 건설 초기에는 동쪽과 서쪽에 있는 두 개의 항구가 바다와 맞닿아 있었지만, 프리에네 앞으로 흐르던 마이안드로스강이 실어 온 퇴적물이 쌓여서 평지가 되고, 바다는 점점 멀리 밀려났다. 그 후 바다로 나갈 수 있는 통로가 되던 강의 본류마저 끊기면서 항구의 기능이 완전히 상실되고 만다. 기원전 1세기경부터 프리에네 주위의 바다는 이미 7.5㎞나 멀어진 상태였다고 한다. 바위산을 배경으로 우직하게 남아 있는 5개의 이오니아식 기둥이 프리에네 아테나 신전의 테마라고 할 만하다. 호기심 가득한 린과 예린이 쓰러진 기둥 잔해 위에 올라서서 고대에 어떻게 돌을 깎고 운반해 왔을지 물어보는데, 설명을 어찌해야 할지 몰라 정약용 선생이 만든 거중기 같은 중장비가 있었을 거라는 답만 하고 말았다. 린이 말하길, 고조선 시대에 우리 조상들은 바위 세 개를 땅에 꽂기만 하면 고인돌 유적이 되었다며 역사 선생님이 웃기게 설명해 주셨다면서, 만약 여기에 있는 기둥 하나만이라도 우리나라에 있다면 엄청난 보물이 될 것 같다고 한다. 사실 나도 얼마 전까지 고대라는 단어가 너무 아득한 옛날로 느껴지다 못해 초보 문명 시대라는 느낌이 강했는데, 이 돌들을 보며 나의 인식은 완전히 바뀌었다. 섬세하게 다듬은 돌이 몇천 년이 지난 지금까지도 이렇게 온전히 남아 있는 것을 보고 놀라움을 금치 못하였다. 층층이 돌기둥을 쌓을 때 돌 양쪽 평면에 서너 개의 암수 돌기를 만들어 정확하고 견고하게 고정함으로써 흔들리지 않도록 하였다. 제대로 서 있는 기둥과 달리 쓰러진 돌기둥은 거대한 톱니바퀴를 연상시킨다. 위아래로 오목하게 파 놓은 줄무늬 때문인데, 톱니바퀴 모양의 수많은 돌덩이가 2천 년이 넘는 세월을 널브러뜨려 놓고 있다. 아테나 신전 바닥의 사각 돌에는 이음새 못 자국이 군데군데 박혀 있다. 어떤 돌에는 이음새 못이 온전히 남아있다. 꺾쇠 같은 못은 철이라 부식되어 사라졌을 것으로 여겼는데, 과연 이 못이 고대의 것이 맞는지 궁금증을 자아냈다. 단순히 기둥만 보았던 신전이었다가 건축할 당시의 고대 기술을 생각하니 현대 기술보다 뒤질 게 전혀 없다는 것이 놀랍다. 오히려 현대 건축 기술이 발달함에 따라서 이 고대 기술은 퇴화되었을 테고 잊혀진 기술이 되었을 것이다. 또한, 공법이나 기술을 안다고 하더라도 고대인의 솜씨를 그대로 복제할 수 있는 장인을 만들어내지는 못할 것이다. 객관적인 한 가지 사료를 보면 중세 조각술이 고대에 비해 현저히 퇴화한 것을 작품에서 쉽게 볼 수 있다. 현대인은 첨단 기계로 가공하여 흉내를 낼 수 있을 테지만, 작품에서 사람의 손맛이 나지는 않을 것이다. 조각이나 조소는 숙련된 기술이 쌓여야만 훌륭한 작품을 만들 수 있다는 사실을 깨달았고, 돌 가공 기술도 심오한 미술 학문이고 예술이라는 생각을 이제야 하게 된 것에 내가 그동안 얼마나 무지한 사람이었는가를 돌아보게 된다. 아테나 신전의 평면을 빙 둘러보다가 돌무더기 사이의 평평한 돌덩이 위에 앉아 린과 예린이 뛰어다니는 모습을 한참 동안 구경하였다.

1. 위쪽 김나지움	11. 극장 거리
2. 시청사	12. 주택가
3. 불레우테리온	13. 극장
4. 비잔티움 교회	14. Secred Stoa
5. 신성한 집	15. 아고라
6. 우물	16. 경기장
7. 시장	17. 동문
8. 제우스 신전	18. 동남문
9. 비잔티움 성	19. 서문
10. 아테나 신전	

프리에네

프리에네 안내도(도보 경로)

프리에네의 역사를 보면 언제 세워졌는지 정확한 기록이 없어서 초기 역사는 잘 알려진 것이 없다. 다만, 아테네 고드로스왕의 아들인 아이피토스가 이오니아인들을 데리고 와서 도시를 세웠다는 전설이 있다. 기원전 545년에는 페르시아 제국의 정복 전쟁으로 초토화되었고, 처음 정착한 평원 서쪽의 항구가 기능을 상실하면서 현재 위치에 다시 도시를 건설하였다. 이 도시를 새롭게 건설할 때, 히포다모스가 격자형 모양의 도시 구역을 계단식으로 설계하였다. 아리스토텔레스에 의하면 히포다모스가 격자형 도시의 발명가라고 하였는데, 이것을 프리에네 도시 건설에 적용한 것이다. 아나톨리아의 다른 도시와는 다르게 로마와 비잔티움 시대에 황제의 후원을 받지 못한 탓에 도시 발전이 중단되면서 오히려 헬레니즘 시대의 건축물들이 로마 건축물 아래로 사라지지 않고 고스란히 남게 되어 원래의 모습이 잘 보존될 수 있었고, 오늘날 고대 이오니아 도시의 모습을 제대로 볼 수 있는 모델이 되었다.

*철학자의 도시
밀레토스

　프리에네에서 밀레토스까지는 대략 23㎞로 16분 정도 소요된다. 너른 평지에 반듯하게 늘어진 2차선 도로를 달려 유적지 지역에 들어서자, 먼저 밀레토스 박물관이 보인다. 이때 시간이 오후 2시가 지나고 있던 터라 탐방보다 아이들 점심이 더 급했다. 하지만 인근 마을에서 식당을 찾을 수 없어서 새참으로 준비한 것을 점심 식사로 대신하였다.

　여행자들이 밀레토스를 방문하는 주요 목적은 원형이 제대로 남아있는 엄청난 규모의 대극장을 보는 데 있다. 이 대극장은 기원전 4세기에 지어졌다가 로마 트라야누스 황제 시절에 2만 5천 석 규모로 증축하였다. 조용한 평지에 커다란 대극장이 위용을 뽐내고 있지만, 관광객이라고는 우리밖에 없어 한적하기 짝이 없다. 카메라를 챙기고 대극장 방향으로 가려고 했더니, 반대편 조그만 건물에서 관리인으로 보이는 터키 여성이 우리를 보고 손짓하며 부른다. 이유는 입장료와 주차 요금을 내라는 것이었다. 뮤지엄 패스를 보여 주자 그녀는 핸드폰 단말기로 뮤지엄 패스 QR 코드를 스캔하고서 주차비 5리라를 현금으로 지불하라고 한다. 그녀는 밀레토스에 대한 팸플릿을 주지도 않으면서 아무런 설명 없이 주차비만 받고 사무실로 쏙 들어가 버려 왠지 얄밉게 보였다. 바람만 세게 부는 들판의 노상 주차장은 특별히 관람 동선도 없는 곳이라 안내 표지판 하나만을 보고 풀밭을 걸어 대극장으로 서서히 걸어 들어갔다. 지금은 돌무더기 사이로 쓸쓸히 풀만 자라는 땅이지만, 밀레토스는 소아시아에서 가장 오래된 그리스인의 주거지가 발견된 도시이자 이오니아 최초의 도시이면서 연맹 중심지로서 자긍심이 높았고 부와 인구뿐 아니라 지식과 문화의 중심지였다.

밀레토스를 처음 세운 사람은 기원전 18세기부터 에게해 무역을 확장한 크레타의 미노아인이라고 전해진다. 기원전 14세기부터는 펠로폰네소스에서 온 미케나이인들이 이곳에 정착했고, 기원전 11세기에는 도리아인에게

밀레토스 대극장

밀레토스

1. 사자 만, 사자 항구
2. 항구 기념비
3. 고대그리스 항구 홀
4. 고대그리스 김나지움
5. 비잔티움 교회
6. Vergilius Capito 온천욕장
7. 격투장
8. 시청사
9. 의사당
10. 님파에움
11. 시장 입구
12. 에우메네스 2세 신전
13. 아고라
14. 경기장
15. 로마 욕장
16. 비잔티움 성벽
17. 대극장
18. 남쪽 아고라
19. 델피니온
20. 성스러운 길
21. 파우스티나 욕장

밀레토스 안내도(도보 경로)

디디마
프리에네

쫓겨난 이오니아인들이 이곳을 점령하면서 이오니아 식민 도시가 되었다. 이오니아인들 가운데 혈통이 좋은 무리가 이주할 당시에 여자들을 데리고 오지 않았기 때문에 그들은 이곳의 원주민이었던 카리아인 남자들을 죽이고 여자들을 아내로 삼았다고 한다. 이 살육 때문에 카리아 여자들은 결코 남편과 식사를 같이하지 않고, 남편의 이름을 부르지 않겠다고 맹세했다. 그리고 이 맹세는 딸들에게도 전해졌다. 지금의 남편이 원래의 남편뿐만 아니라 부모와 자식들을 죽이고 자신들을 아내로 삼은 데 대한 원한 때문이었다. 이것이 밀레토스에서 실제로 이루어졌다고 헤로도토스가 전하고 있다. 밀레토스는 기원전 7세기에 동지중해와 흑해 연안에 70여 곳의 식민도시를 건설하며 이집트까지 상업 식민 도시를 만들 정도로 그리스 세계에서 으뜸가는 부와 인구를 자랑하였다. 페르시아 제국의 속국이 된 이후에도 번영을 누리지만, 499년 이오니아 반란의 중심에 섰다는 이유로 페르시아에게 철저하게 파괴된다. 초토화된 밀레토스는 기원전 494년에 히포다모스의 도시 계획에 따라 재건되고 알렉산더 대왕 사후에는 이오니아 지방을 차지한 리시마코스가 다스렸다가 로마의 속주가 된다. 이후 로마 시대에 다시 전성기를 맞이한다. 헬레니즘과 로마 문명이 만난 아름답고 거대한 건축물도 대부분 이 시대에 지어졌다.

지금은 마이안드로스강(멘데레스강)의 퇴적 작용으로 항구가 있던 라트미아만은 작은 담수호가 되고, 라트미아만 입구에 있던 라데섬은 육지와 연결된 언덕으로 바뀌면서 해안선이 9㎞나 멀어진 내륙이 되었다. 한때는 이오니아, 연맹 12개 도시 가운데 가장 큰 항구 도시로 상업 중심지이면서 훌륭한 지정학적 위치 덕분에 흑해와 동방 무역을 통해 다양한 외부 세계의 경험과 지식을 받아들이게 되고, 그 결과 이오니아 자연 철학이 탄생하였으며 풍요와 실리를 기반으로 하는 이오니아 문화를 꽃피웠다. 특히 탈레스, 아낙시만드로스, 아낙시메네스, 헤카타이오스 등의 철학자들[6]은 후대까지도 그 명성을 이어갔고 밀레토스학파가 되었다. 하지만 도시의 상업 기반이던 항구가 메워지면서 사람들은 사라지고 밀레토스의 옛 영화도 돌무더기 흔적만 남기고 차갑게 불어오는 바닷바람에 풀잎만 나풀거리는 풀밭이 되었다.

대극장 왼쪽으로 돌아서 들어가면 입구에서 객석으로 이어지는 아치형 통로가 잘 보존되어 있다. 높이 30m가 넘는 관객석 맨 위쪽까지 서서히 올라가 보았다. 극장 무대 너머로 시원하게 펼쳐진 평원에서 불어오는 바람을 맞으며 바라보니 고대의 배들이 극장 바로 앞에서 닻을 내리는 모습이 보이는 듯하다. 즉, 우리가 차를 세워 둔 매표소부터 저 넓게 펼쳐진 평원 모두가 바다였다. 대극장에서 공연을 관람하면서 무역으로 활기가 넘쳤을 항구와 바다를 바라보는 풍경은 뛰어났을 것이다. 무대 바로 앞에는 그늘막을 치던 기둥 4개와 그 안에 왕의 좌석이 있다. 그리고 다섯 번째 줄 좌석에는 '유대인과 하나님을 경외하는 자들을 위한 자리'라는 그리스어가 새겨져 있다. 이 글자는 초기 기독교 역사에 중요한 의미였다. 유대인들은 보수적이라 극장 구경을 즐기지 않았지만, 유대인이 밀레토스에 있었다는 증거라는 설도 있고 밀레토스의 유대인들에 대한 관용을 보여 주는 것이란 설도 있다. 극장 너머로는 폐허가 되어버린 비잔티움 시대의 성채가 나오고 영웅들의 무덤으로 가는 길이 있다. 사실 길이라고 보기는 어려

---

6) 초기 그리스 시대에 밀레토스는 수많은 지식인을 낳았다. 물론 이오니아의 다른 도시에서도 훌륭한 지식인들이 나왔다. 프리에네의 비아스, 에페소스의 헤라클레이토스, 콜로폰의 크세노파네스가 바로 그들이다. 밀레토스는 서양 최초의 철학자로 알려진 **탈레스**를 배출했다. 탈레스가 후대에 남긴 가장 혁명적인 것은 "세상 물질의 근원이 무엇인가?" 하는 질문을 던진 것이다. 그는 물이 만물의 근원이라고 주장했는데, 이것은 우리 주변의 세계를 정신적 관점이 아니라 물질의 관점에서 본 질문이었다. 델포이 신전에 새겨져 있었다는 유명한 경구인 "너 자신을 알라!"도 사실은 소크라테스가 아니라 탈레스가 한 말이라고 한다. 탈레스의 제자인 **아낙시만드로스**는 만물의 근원은 물이 아니라 아무것도 결정되지 않은 무한한 존재인 무한자라고 주장했다. 그리고 아낙시만드로스의 제자인 아낙시메네스는 공기가 만물의 근원이며, 이 공기의 농도에 따라 다른 물질이 생성된다고 주장했다. 기원전 5세기에는 계획도시 건설에 천재성을 보인 **히포다모스**를 배출했다. 그리스인들 가운데서 알파벳을 처음 사용한 것도 밀레토스인이라고 전한다. 이오니아인들이 처음으로 페니키아인에게 알파벳을 배웠다는 것이다. 또한, 그리스 도시국가 가운데 최초로 화폐를 주조하였다. 그리스 문명의 전성기에 아테네가 모든 그리스 문명을 주도했다면, 초기 그리스 시대에는 밀레토스가 그리스인들의 스승이었다.

운 돌무더기 위를 걸었다. 동쪽으로는 아고라, 목욕장, 델피니온 등이 있다는데, 우리 눈에 들어오는 것은 수십 마리의 양 떼와 할아버지 목동이었다. 양 떼가 풀을 뜯으며 우리 쪽으로 다가오는 것을 피하려고 했더니, 사방으로 널린 양의 배설물과 돌무더기 유적이 엉켜있어 발 디딜 곳이 별로 없다. 아내는 유적 탐방이고 뭐고 똥 밭이 싫다며 밀레토스를 빨리 떠날 것을 요구하면서 극장을 통해서 주차장으로 먼저 가버렸다. 한바탕 양 떼가 지나가고 난 뒤에 조금 떨어진 곳에 고대 밀레토스 도시의 흔적들이 보였다. 아이들하고만 다니는 탐방이 부담스러워 아내가 있는 주차장으로 서둘러 달려갔다. 사실, 오후에 디디마까지 방문하려면 시간이 촉박하기 때문에 더이상 머물기가 곤란한 상황이기도 했다. 여유가 있다면 북쪽의 옛 항구 지역부터 시작해서 델피니온과 신성한 길, 아고라와 파우스티나 목욕당, 세라피스 신전까지 고대 도시의 흔적을 시나브로 걸었으면 좋았을 것이다. 하지만 아내처럼 가축의 배설물을 보는 것조차 싫어하는 사람이라면 밀레토스 탐방은 대극장만으로 만족하고 도심 유적은 애초부터 피하는 편이 좋을지도 모른다. 차에 들어가지 못하고 주차장에서 나를 기다리고 있던 아내는 충격에 빠져 있었다고 한다. 무엇 때문일까? 그 이유를 들어 보니, 고대 유적이 가득한 밀레토스 유적지가 목동에게는 그저 양을 치는 목초지에 불과할지도 모른다는 것 때문이다. 만일 우리나라에 있는 고인돌 무덤군이 목장이라면 난리가 났을 텐데, 터키를 이해하지 못하겠다며 흥분해 있었다. 곰곰이 생각해보면 근대에 들어와서야 고대 유적에 대한 고고학 연구를 시작하면서 보존에 신경을 쓰기 시작했을 테고, 현대에 와서는 관광 수요의 폭발로 보기 좋게 관리하고 관광지로 개발하는 중이다. 아무도 없는 밀레토스 대극장 앞에 매표소를 만들어 직원을 상주시키는 것도 관광 수입 자원으로서의 가치를 더 크게 생각하고 있는지도 모르는 일이다.

역사 속으로 사라진 신탁 디디마

오늘의 마지막 탐방지인 디디마로 향한 시각은 오후 3시 반이 지날 무렵이었다. 에게해와 나란히 놓여 있는 2차선 해변 도로는 환상적인 드라이브 코스다. 도로에서 바라보면 해변이 손에 거의 닿을 듯 가까이 있다. 잠깐 갓길에 차를 세우고 백사장에 서서 은빛 물결이 눈부시도록 출렁이는 에게해를 보았다. 바다 건너에는 여러 섬이 가까이 있는데 모두가 그리스의 영토라고 한다. 오스만 제국 말기에 그리스가 독립하면서 원래 해양 민족인 기질을 살려 섬을 차지했겠다는 생각이 들 수도 있다. 하지만 사실은 터키와 그리스 전쟁 때, 영국이 중재에 나서면서 이스탄불 인근의 유럽 땅과 바꾸는 협상으로 에게해 대부분의 섬을 그리스가 차지하게 되었다. 20세기 초반에 유럽 열강이 세계를 아우르던 시대에 터키 신생 정부가 고군분투하던 모습이 갈리폴리반도 앞 다르다넬스 해협에 이어, 이곳 디디마 인근 해변에서도 보인다. 다시 차를 타고 20여 분 만에 디딤(Didim)이라는 마을에 들어섰다.

디디마(오늘날의 디딤)의 아폴론 신전[7]은 디딤 초입에 있다. 고대 그리스인들은 아폴론 신전에서 신탁을 묻기 위해 밀레토스로부터 '신성한 길'을 통해 디디마까지 왔다고 한다. 기념품점과 음식점이 늘어서 있는 아폴론 신전 입구 인근에 주차를 해야 하는데 주차장이 보이지 않는다. 도로 갓길에 차를 세워도 상관없다는 매표소 직원의 허락을 받고서 뮤지

---

7) 이 신전은 이오니아 양식으로 지어졌으며, 가로 118m, 세로 60m의 넓이로 총 120개에 이르는 두 줄의 원기둥으로 둘러싸여 있었다. 각 돌기둥의 높이가 19.5m나 되지만, 더 압도적인 것은 2m에 달하는 돌기둥의 크기다. 이 신전이 완전하게 지어졌다면 헬레니즘 시대에 지은 신전 가운데서 에페소스의 아르테미스 신전과 사모스의 헤라 신전 다음으로 큰 신전으로 고대 세계의 7대 불가사의가 되었을 거라는 것이 학계의 추론이다.

아폴론 신전 내부

아폴론 신전

메두사의 얼굴 조각

엄 패스를 건네주었다. 성 요한 교회에서 그랬듯이 이 직원도 뮤지엄 패스를 어디에서 샀는지 묻기에 트로이라고 답하자 고개를 끄덕인다. 게이트를 통과하자 보를 떠받치고 있는 커다란 기둥 두 개가 대단한 위용을 뽐내며 분위기를 압도한다. 시선을 기둥 위부터 아래로 내려 신전까지 보고 나서야, 왜 아폴론 신전이 고대 그리스 시대의 신전 가운데서 세 번째로 크다고 하는지 알 것 같았다. 현재 남아 있는 신전의 기둥은 3개뿐이지만, 기둥 하나의 둘레가 지금까지 봐 왔던 다른 신전의 것과 비교할 수 없는 엄청난 크기다. 게다가 그루터기처럼 밑동만 남은 원기둥 기단이 120개나 사열하듯 늘어서 있었다고 하니, 그 웅장함을 상상하기 어려울 것이다. 밑동만 남은 기단마다 무늬도 제각각이다. 철학과 과학이 하나가 되듯, 뛰어난 건축술이 예술과 하나가 된 것이다. 신전 건물은 절반 정도가 그대로 남아 있다. 우리는 기둥 신전 내부로 들어갈 수 있는 뒤쪽 벽면에 있는 터널 같은 통로를 발견하고 내부 성소로 들어갔다. 지금은 방문하는 사람들 모두가 이렇게 관람할 수 있으나, 고대에는 신탁을 받는 사제들만 들어갈 수 있었던 곳이다. 넓은 홀 가운데에는 여 사제들이 신탁을 받기 위해 발이나 옷을 담그던 성스러운 우물이 있는데 철망으로 덮여 있다. 우물 반대쪽에는 제단에 오르는 계단을 볼 수 있고, 제단 위는 철봉으로 만든 난간으로 들어가지 못하게 막아 놓았다.

제단 위에 올라서서 한참 동안 홀을 바라보았다.

책에서 글로 묘사되고 말로만 들었던, 그리고 그림으로 그려진 복원도로만 보았던 큰 규모의 신전을 실물로 본 것은 처음이라 저절로 감탄이 흘러나왔다.

"고대 신전이 이런 것이구나!"

이때 느낀 감동이 너무 컸던 것일까? 터키 여행을 마친 후 가족이 가장 인상 깊고 감동한 명소를 뽑으라고 했을 때, 이 신전을 말하기도 하였다.

잠시 후, 신전 밖으로 나와 주변을 둘러보았다. 널브러진 바위들은 기둥으로 쓰였던 형태가 가장 많다. 심지어 기둥이 넘어진 채 블록처럼 정렬되어 있는 것까지, 수많은 돌이 켜켜이 쌓인 것만큼이나 지나간 세월 속에서 환영처럼 고대의 이야기가 들려왔다.

브랑키다이 이야기

고대에 디디마는 브랑키다이라는 특별한 가문의 신관들이 사는 곳이었다. 이들은 아폴론의 사랑을 받은 미소년 브랑코스의 후예들이다. 브랑코스의 어머니가 그를 임신했을 때, 태양이 그녀의 입으로 들어가서 몸을 뚫고 내려가다가 배로 솟아 나오는 꿈을 꾸었다. 브랑코스가 소년이 되어 들판에서 양을 치고 있을 때, 그의 아름다운 외모에 반한 아폴론 신의 사랑을 받게 된다. 브랑코스는 이 사랑에 대한 보답으로 아폴론을 위한 신전을 지어서 바쳤고, 아폴론은 그에 대한 답례로 그에게 예언의 능력을 주었다. 브랑코스는 이 예언 능력을 바탕으로 자신의 고향 디디마에 신탁소를 세웠다. 그리고 이 신전의 운영은 브랑코스의 후손인 브랑키다이(브랑코스의 후손이라는 뜻)들에 의해서 이루어졌다. 브랑코스라는 이름은 그리스 이름이 아니라 아나톨리아 계통의 이름이다. 디디마의 신탁에 관한 모든 일을 이 유서 깊은 아나톨리아계 가문이 독점했다는 것은 이곳의 신탁이 그리스계 이오니아인들이 소아시아에 정착하기 훨씬 오래전부터 시작되었다고 볼 수 있다. 디디마의 신탁은 적어도 기원전 8세기부터 고대 그리스 세계에서 매우 유명했고 델포이 다음으로 권위가 있었다. 페르시아의 키로스 1세는 크로이소스를 무찌르고 리디아의 황금을 페르시아로 옮길 때, 리디아인 팍티에스에게 그 일을 맡긴다.

하지만 팍티에스는 반란을 일으켰고 실패하자 키메로 피신한다. 그러자 페르시아는 팍티에스를 인도하라고 요구하였고, 이에 키메인들은 디디마에 신탁을 물었다. 신탁의 결과는 팍티에스를 순순히 내어주라는 것이었다. 이 같은 신탁을 따르는 것은 신의를 저버리는 것이라 그리스인에게 봉납되지 않았다. 이에 신탁을 불신한 명문가 출신 아리스토디코스는 시민들을 설득해 다시 한번 신탁을 물었는데, 이번에도 팍티에스를 내어주라고 했다. 이에 불만을 품은 아리스토디코스는 아폴론 신전 주변을 돌며 참새를 쫓아냈다. 그러자 신전 깊숙한 곳에서 그를 야단치면서 불경한 죄를 지었으니 곧 멸망할 것이라는 신의 목소리가 들렸다. 이 신탁을 듣고 키메인들은 페르시아의 공격을 받기도 싫고, 팍티에스를 순순히 내어주고 싶지도 않아 팍티에스를 키오스섬으로 보낸다. 그런데 키오스인들은 팍티에스를 페르시아에 넘긴다. 기원전 6세기에 밀레토스인들은 디디마에 거대한 신전을 지었다. 하지만 페르시아인들이 침략하여 이 신전을 약탈하고 불을 질러 사라지고 말았다. 페르시아가 디디마를 파괴할 때 사제 계급인 브랑키다이들은 페르시아에 협력하여 신전의 보물을 페르시아인들의 손에 넘기고 신상을 직접 챙겨 떠나는 등 밀레토스를 배반하고 신전을 더럽혔다. 이런 신성 모독을 저지른 브랑키다이들은 그리스인들의 보복이 두려워 고향을 떠났다. 그러자 페르시아 왕 크세르크세스는 그들을 제국의 주변인 중앙아시아의 소그디아나 지방에 정착하도록 해 주었다. 하지만 이렇게 우여곡절을 겪으며 이주한 브랑키다이 후손들의 운명은 비참했다. 150년 후, 알렉산더 대왕이 페르시아 원정 중에 소그디아나 지방에 도착했을 때, 브랑키다이의 후손들이 사는 조그만 마을을 발견했다. 마을의 주민들은 알렉산더 대왕을 따뜻하게 맞이하였고 자신들의 도시를 그에게 바쳤다. 그러나 알렉산더는 브랑키다이에게 식계 조상이 배반당한 밀레토스 출신의 군인들을 불러모아 브랑키다이의 후손들을 어떻게 할 것인지를 결정하라고 했다. 밀레토스 군인들이 머뭇거리자 알렉산더는 스스로 결정을 내린다. 그리고 다음 날 아침, 아무런 의심 없이 알렉산더 군을 마중 나온 브랑키다이들은 알렉산더 대왕과 함께 도시에 들어갔다. 알렉산더 대왕이 적당한 때를 기다려 신호를 보내자 마을을 포위하고 있던 병사들이 주민들을 잔혹하게 학살하고 도시의 흔적까지 완전히 없애버렸다. 150년 전의 조상들이 저지른 잘못을 구실로 후손들을 학살한 안타까운 이야기다.

고대 에게해의 패권을 놓고 경쟁하던 이오니아 동맹국의 저력을 볼 수 있었던 이오니아 도시 여행은 디디마가 마지막이다. 이들 이오니아 연맹은 동방 세계와 교류를 통해 그리스 본토보다 먼저 자연철학과 역사학, 지리학 등을 발전시켰다. 이오니아 연맹 도시들은 기원전 546년 페르시아 제국에 정복당하지만, 기원전 499년에 이들이 일으킨 반란은 이후

페르시아 전쟁의 원인이 되기도 한다. 헬레니즘 전형의 계획도시인 프리에네와 아폴론 신탁이 이뤄졌던 디디마, 수많은 철학자를 배출한 밀레토스는 그리스 역사와 문화에 관심이 있는 사람뿐만 아니라 고대인들이 남겨 놓은 유적과 삶을 가슴에 담아 보고 싶은 사람이라면 한 번쯤 들러 볼 만하다. 또한, 유적보다 사람이 더 많은 에페소스 같은 유명 관광지에 실망한 사람도 한적해 보이는 유적을 유유자적하게 탐방하는 여유를 즐길 수 있다. 시간이 많은 여행자라면 이틀에 걸쳐서 이오니아 지방을 둘러보면 더 좋겠지만, 바쁜 여행자는 단 하루의 일정으로 만족하고 떠나야 했다. 셀축부터 시작한 하루가 길게 느껴지지만, 아직까지 일정은 끝나지 않았다. 쉬어가야 할 숙소가 있는 파묵칼레까지 이동해야 하기 때문이다. 디디마에서 5시에 출발하면 파묵칼레에 8시쯤 도착하게 되는데, 당초 일정은 아프로디시아스까지 방문할 생각이었다. 그러나 이것은 시간을 고려하지 않은 어림없는 계획이었다. 파묵칼레로 가는 길에는 보름달이 떠올라 어둠을 걷어내고 환하게 길을 비춰 주었다. 마침 장모님으로부터 전화가 와서 오늘이 정월 대보름이란 걸 말씀해 주서서 알게 되었다.

린과 예린은 온종일 이어진 탐방과 이동으로 많이 지쳤는지 파묵칼레로 가는 3시간 동안 뒷좌석에서 완전히 곯아떨어졌다. 파묵칼레에 가까워지자 멀리 조명을 받은 하얀 언덕이 보인다. 터키의 대표적인 관광지인 파묵칼레. 이곳의 공기는 에게해 연안 도시에 비해 훨씬 춥다. 차가운 공기와 따뜻한 온천물이 만나면서 하얀 언덕 위에는 김이 모락모락 피어나고 있다. 갑자기 마주한 생경한 풍경에 잠시 차를 세웠다가 파묵칼레 입구 인근에 있는 호텔을 찾아갔다. 프런트에 아무도 없기에 소리쳐서 직원을 부르자 호텔 사장이 반갑게 뛰어나왔다. 선량해 보이는 사장은 말투나 태도부터 친절이 몸에 익어 보인다. 우리 가족에게 가장 좋은 방을 제공한다면서 짐을 같이 옮겨 주며 우리의 가족여행에 대한 여러 질문을 늘어놓는다. 그래서 오늘 방문한 디디마와 밀레토스, 프리에네에 대한 감상을 전해 주었다. 사장은 방의 일반적인 시설을 설명해 주다가 갑자기 창문 커튼을 걷었다. 그러자 창밖에 가로등 빛에 비친 하얀 파묵칼레 언덕이 보였다. 린과 예린이 좋아할 줄 알았는데, 그 녀석들은 허기진 배 때문에 좋은 풍경이고 뭐고 보이는 게 없다며 민생고를 먼저 해결해달라고 재촉한다. 린과 예린의 밥 타령에 짐은 나중에 정리하기로 하고 곧바로 인근 식당을 찾았다. 우리는 식당 사장이 추천하는 요리 3가지를 주문했는데, 가격 대비 맛이 형편없었고 입에 그리 맞지도 않아 음식을 남기고 나왔다. 부족한 식사량은 숙소에서 라면을 끓여 먹는 것으로 해소하였다.

이후 근심을 갖게 하는 사건이 발생하였다. 아내가 짐을 정리하다 말고 터키 뮤지엄 패스를 잃어버린 것 같다고 한다. 40만 원 정도를 잃어버린 셈이다. 디디마에서 직원에게 패스를 건네주고 돌려받지 않았다는 추론이 가장 유력하였다. 만일 받았다면 패스를 보관하는 가방에 있어야 했기 때문이다. 이 상황을 호텔 사장에게 말했더니 내일 디디마로 가서 찾아보라고 한다. 그런데 내일은 일요일이라 유적지가 문을 닫는다며 모레쯤 찾으러 가야 할 것 같다고 한다. 만일 가서 찾을 수 있다고 해도 거의 하루에 버금가는 시간을 버리게 된다. 기분이 좋지 않았지만, 여행 안전 보장 비용으로 사용했다고 생각하고 잊기로 하였다.

그런데, 새벽에 아내가 문득 일어나서 허리에 차고 다니는 가방을 뒤지더니 패스를 찾았다고 한다. 그저 해프닝으로 끝났지만, 바쁘게 여행을 하면서 챙길 것들이 많으니 이렇게 정신줄을 엉뚱한 곳에 놓는 일이 종종 일어난다.

이번 여행에서 처음으로 숙소가 좋아서 아침 6시에 일어나 쾌적한 환경에서 김예린을 제외한 가족 모두 기분 좋게 샤워를 하며 하루를 시작했다. 아침 식사를 하기 전에 차를 타고 성 요한 성당에 갔는데 너무 일찍 와서 문이 닫혀 있었다. 그래서 그냥 숙소로 돌아가서 아침 식사를 했다. 조식은 뷔페식이었는데 먹을 만했다. 아침 식사를 마치고 쉬린제 마을에 갔다. 쉬린제 마을은 그리스인의 마을로 유명하다(와인도 유명하다고 한다). 쉬린제 마을에서 선물용 기념품들을 사고 마을을 둘러보았다. 그리고 터키 아이스크림을 샀는데, 아이스크림 상인이 우릴 놀리는 게 매우 현란해서 재밌었다. 그다음에는 성 요한 성당에 갔다. 성 요한 성당에서 엄마가 화장실에서 늦게 나오셔서 내가 엄마를 기다리고 아빠랑 예린은 먼저 흐들록성에 갔다. 그런데 엄마가 화장실에서 나오신 후 성에 가는데 아빠 목소리가 우리가 가는 길의 반대쪽에서 들려서 반대쪽으로 갔는데 그게 불행의 시작이었다. 엄마랑 계속 반대쪽 길로 가는데 아무리 가도 길은 점점 험해지고 아빠랑 김예린은 나타나질 않았다. 그래서 결국 비싼 통화 요금을 무릅쓰고 아빠한테 전화를 걸었는데 알고 보니 처음에 가던 길이 맞았다고 한다. 그래서 먼 길을 다시 돌아가서 성에 가서 구경도 하고 사진을 찍었다. 그다음에는 성모 마리아의 집에 갔다. 볼 것도 없었는데 우리 가족 입장료가 2만 원이었다. 그다음에는 프리에네에 갔다. 계단을 따라 높이 올라가다 보니 유적지가 나왔다. 아테나 신전에서 사진을 찍고, 밀레토스의 대극장에 갔다. 대극장의 구조를 둘러보니 고대인들의 지혜를 엿볼 수 있었다. 마치 야구장처럼 의자가 놓여있었다. 근데 무대가 없었다. 무대는 무너져서 없어졌

다고 한다. 그리고 관객석 가운데 앞에 네 개의 기둥들이 정사각형으로 서 있었는데 그곳은 왕의 자리로 그늘로 햇빛을 막게 해 주는 것이었다. 대극장 주변도 둘러봤는데 엄마가 똥이 너무 많다고 싫어하셨다. 주위를 둘러보니 주변에 양 떼가 있었다. 아마 여기 널려있는 똥들은 저 양 떼의 똥인 것 같다. 다음엔 디디마에 있는 아폴론 신전에 갔다. 고양이가 똥을 싸고 똥을 흙으로 묻는 광경을 김예린이랑 지켜본 후 신전을 돌아다니며 사진을 찍었다. 아폴론 신전은 전에 보았던 아테나 신전과 아주 달랐다. 아테나 신전보다 훨씬 크고 기둥이 되게 높았다. 기둥들은 지진으로 무너졌는데 마치 도미노 같이 순서대로 무너져 있었다. 정말로 신기했다. 아폴론 신전을 둘러보고 사진도 찍은 후 숙소로 출발했다. 숙소로 가는 데 3시간이 걸렸다. 한숨 자고 일어나니 숙소에 도착해 있었다. 짐을 풀고 저녁을 먹으러 밖으로 나갔다. 무엇을 먹을지 둘러보다가 어떤 아저씨가 이쪽으로 오라고 해서 우리는 들어갔다. 사람이 좀 있어서 맛있을 거 같았다. 그런데 맛이 없었다. 스파게티는 소스가 다 기름이고 고기는 씹을 수 없을 만큼 질겼다. 너무 맛이 없어서 숙소에서 컵밥이나 먹기로 했다.

Part 6

시간이 빚어낸 하얀 목화 성

5일 차

"여행이란 나의 휴식, 한숨 쉬어가기."

자연과 고대인의 창조물
파묵칼레

오랜 세월 동안 쌓인 석회가 언덕 위에서부터 아래까지 마치 다랑이논 같은 층을 이루고 새하얀 눈이 쌓인 것처럼 보이는 석회층이 파묵칼레이다. 층층이 빛나는 하얀 언덕이 목화로 만든 성의 모습을 연상시키기 때문에 터키에서는 목화 성이란 뜻의 파묵칼레라고 부른다. 수천 년 동안 석회 성분을 함유한 뜨거운 온천수가 지하에서 흘러나와 산의 경사면을 따라 내려가면서 오랜 시간 동안 침전되고 굳어서 지금과 같은 석회층이 형성되었다. 이런 석회층은 매년 1㎜ 정도씩 자라서 현재 우리가 보는 석회층이 되기까지는 대략 1만 3천여 년이란 세월이 흘렀다.

이 아름다운 자연의 창조물 위에 올라서서 일출을 보기 위해 7시에 일어나 아직 어둠이 가시지도 않은 길을 차를 타고 파묵칼레 남문 입구로 향했다. 벌써 여러 대의 관광버스와 승용차들이 주차되어 있는 걸 보면, 영하의 추위에도 불구하고 여행을 즐기기 위해 부지런히 움직이는 사람이 정말 많아 보인다. 코로나 때문인지 많다던 중국인들은 전혀 보이지 않고 일본인 단체 관광객이 주로 눈에 띈다. 아직은 한산한 하얀 언덕에서 뿌연 김이 피어오르는 풍경을 보고 파묵칼레에 대해 잘 알지 못하는 린이 말한다.

"아빠. 여기는 눈이 많이 쌓였네요?" (린)

"눈이 아냐. 석회석이야. 석회 온천수가 만든 석회석이라고."

"온천이라구요." (린)

"저기 모락모락 김이 올라오는 거 봐 봐."

고랑으로 흐르는 물에 손을 담가 보더니, 린이 말했다.

"예린아. 진짜 온천수인가 봐. 정말 따뜻해." (린)

"오빠. 저 사람들 봐. 우리도 저기 가서 물에 발 담그자." (예린)

"안 돼. 추워서 안 돼. 감기 설려!" (아내)

"물이 따뜻한데, 뭐가 추워요." (린)

"아빠! 같이 발 담그러 가요." (예린)

"좋~지!"

석회암 고랑에 뿌옇게 피어나는 수증기를 보고 있자니, 보는 이의 마음도 덩달아 수증기처럼 들뜨게 된다. 졸졸 흐르는 투명한 온천수에 얼른 신발을 벗어 발을 담그고, 그동안 쌓인 몸 안의 피로한 침전물들을 다 씻어내고 싶었다.

아내가 적극적으로 만류한 탓에 아내만 남겨두고 물이 흐르는 고랑에 발을 담그러 가기로 했다. 그런데 바위 바닥에 블랙 아이스처럼 얇게 얼음이 얼어 있어서 굉장히 미끄럽다. 10m밖에 안 되는 거리를 조심히 내려가는데, 그사이 발이 얼어 동상이 걸릴 것처럼 굉장히 고통스러웠다. 하지만 불속에 발을 담그자 따뜻한 온기가 온몸에 돌았다. 발을 담그고 앉아 앞에 보이는 높은 설산을 바라보며 린이 말한다.

"아빠~ 저기 보세요. 저 석회석 산은 엄청나게 크네요." (린)

"아냐, 저건 눈이야. 만약에 저게 석회붕 산이면 저 산이 더 유명한 관광지가 되었을 것 같은데? 안 그래?"

"아~ 헷갈리네요. 어젯밤에 여기도 눈 쌓인 산처럼 보였는데, 정말 눈하고 석회붕하고 구별하지 못하겠어요." (린)

"린! 정확히 이 언덕만 석회붕이고, 다른 곳은 다 눈이야. 알겠지?"

"네."

이때, 하얀 목화꽃이 활짝 핀 목화밭을 본 적이 없는 아이들에게 목화 성이란 파묵칼레의 뜻을 알려주어도 상상하기가 어렵다고 한다. 아내조차 어젯밤에 조명에 비친 파묵칼레 언덕에 눈이 쌓였던 것으로 알고 있었다고 하니….

파묵칼레 석회붕

파묵칼레 트레킹

잠시 후, 동쪽 산 능선에서 해가 떠오르자 파묵칼레는 푸른빛을 띠는 목화 성으로 변해 가고 온천수에서 품어내는 수증기가 서로 어우러져 아름다운 장관을 연출한다. 게다가 어디서 나타났는지 모를 벌룬들이 새파란 창공에 떠오르고 있어 신비로운 분위기까지 더해 준다. 지금은 아침이라 푸른빛이었지만, 저녁에는 붉은빛 노을에 물든다고 하니 파묵칼레를 보는 이들은 황홀경에 빠질 것이다.

이러한 신비로운 풍경 때문에 고대에는 이곳을 성스러운 지역으로 여겼고, 로마 시대에는 온천으로 유명했다. 이 온천수는 섭씨 35도로 로마 시대 이전부터 류마티스(류머티즘)나 피부병 등에 효과가 있다고 해서 그리스, 로마, 메소포타미아 등 여러 곳에서 많은 사람이 치료와 휴식을 위해 찾아왔던 당대 최고의 휴양지였다. 특히, 이집트의 클레오파트라가 이 온천을 즐겼고, 로마 시대에는 황제와 귀족들도 찾아와 휴가를 즐겼다. 그러니 목욕을 굉장히 좋아한 로마인에게는 더욱 특별했을 것이다. 그러나 최근에는 파묵칼레에 대한 우려의 목소리도 높다. 우리 같은 여행객이 많아진 탓으로 주변에 무분별하게 우후죽순처럼 호텔이 들어서게 되면서 석회암 온천수를 끌어가게 되었다. 그런 탓에 오랜 시간 유유히 흐르던 석회 온천수가 고갈되어 가고 있고, 흰 석회층은 누렇게 변색되고 있다. 정부가 정책적으로 개발하면서 계절과 관광객 상황에 따라서 온천수 양을 조절하여 흘려보내고, 일부 석회층은 보호를 위해서 출입을 금지하게 되었다.

그래서일까? 해가 비추자 선명하게 드러난 파묵칼레는 멋진 사진으로 보았던 모습이 아니라 가뭄에 바짝 마른 논처럼 앙상한 바닥을 드러내고 있다. 상큼하고 촉촉한 모습이 아닌 헐벗은 몸처럼 남루하게 보일 뿐이다.

잠시 후, 공원을 관리하는 직원들이 수로의 물을 돌려 석회층에 물을 댄다. 관광객들이 모여들자 온천수 물길을 돌려 석회층에 물을 가득 채

움으로써, 비록 일부에 불과하지만 황홀한 파묵칼레의 모습을 보여 주기 위해서다. 우리 가족은 고랑에서 발을 닦고 나와 파묵칼레 둘레길을 따라 하이킹에 나섰다. 청명한 하늘 아래 여기저기 벌룬이 떠오르는 풍경은 흡사 초현실주의 그림에서나 볼 수 있는 장면이 아닐까?

☪ 네크로폴리스

파묵칼레 전경이 보이는 둘레길은 북쪽으로 향해 있어 금방 네크로폴리스에 이른다.

'죽은 자의 도시'라는 뜻인 네크로폴리스는 히에라폴리스 유적지의 북문에서부터 시작되는 대규모 무덤군이다. 터키에서 가장 큰 규모라고 하는데, 치료를 위해 온천에 왔다가 죽은 환자들도 많아서 1,200기가 넘는 무덤군이 만들어졌다고 한다. 천년 넘게 번영했던 도시답게 무덤의 양식도 헬레니즘 시대부터 비잔티움 시대에 이르기까지 다양하다. 집처럼 생긴 무덤에서부터 석관까지 수많은 무덤 양식을 한꺼번에 볼 수 있는 무덤 전시장 같은 곳이다. 석관을 많이 사용한 로마 시대에는 단순히 돌로 네모지게 만든 수준을 넘어서 예술품의 경지에 이른 석관이 많다. 저마다 품고 있는 장대한 시간을 꿰뚫어 보고 읽어낼 수 있는 능력이 있으면 좋으련만, 처음 보다시피 하는 석관을 보고 첫술에 배부를 수는 없을 것이다. 나름대로 자세히 들여다보았지만, 그게 그거 같은 석관이 너무 많은 탓에 결국 진부한 감상에 그치고 만다.

오래도록 노출된 석관들은 세월만큼이나 부스러져 있고, 발굴 중인 석관들은 땅속에 있었기에 원형이 잘 보존되어 있다. 뚜껑이 열려있는 석관 속은 텅 비어있는 돌 상자에 불과하지만, 환골탈태의 긴 시간을 넘어서 주인의 흔적이 깨끗이 지워져 버린 모습에 지금 살아있는 우리가 무슨 의미를 찾아봐야 할지 모르겠다. 방대한 양의 고대 석관을 한꺼번에 너무 많이 보기 때문에 하나라도 자세히 볼 엄두를 내지 못하고 감탄만 하면서 뚜벅뚜벅 길어 내려가기만 했다. 사실 공동묘지라면 무서운 공포감이 엄습하면서 스산한 기운이 흐르는 것으로만 알고 있는데, 네크로폴리스는 석관이 널브러진 폐허라 그저 큰 바위가 많은 들판처럼 보인다. 한때 아름답게 장식한 석관과 거대한 돌무덤이 부서지고, 점점 사라져가는 모습에서 폐허의 쓸쓸함과 세월의 무상함을 느낄 뿐이다.

☪ 히에라폴리스

석관 무더기 사이를 돌아 남쪽으로 내려가자 도미티아누스 아치와 비잔티움 문이 보인다. 죽은 자들의 도시인 네크로폴리스가 끝나고 산 사람들의 도시인 히에라폴리스가 가까워졌다. '성스러운 도시'를 뜻하는 히에라폴리스는 기원전 2세기경, 페르가몬 왕국의 유메네스 2세에 의해 처음 세워졌고, 로마 시대를 거치며 오랫동안 번영하였다. 당시 뜨거운 온천과 유독가스가 분출되고 있었는데, 성직자들은 이곳을 성지로 여겼고 아폴론을 위한 신전을 지어서 신비로운 신탁을 받았다. 해로운 유독가스인 줄 모르고 가스에 취한 몽롱한 상태를 신과 소통하는 순간으로 여기고 이때 나오는 신탁이 영험하다고 믿었다. 기원전 130년 로마가 정복한 이후 히에라폴리스는 귀족과 관료들을 위한 온천 휴양지이자 예술 문화의 중심지로 번영한다. 특히 하드리아누스 황제가 만든 공공 목욕장과 로마 극장, 신전 등의 건물이 지어졌다. 히에라폴리스는 아나톨리아인뿐만 아니라, 주변의 마케도니아인, 로마인, 유대인이 함께 살아가는 국제도시였다. 또한, 87년경 도미티아누스 황제에 의해 사도 빌립이 십자가형을 당했다는 기독교의 성지이기도 하다. 로마 이후 비잔티움 시대

네크로폴리스에서 발굴 중인 석관

프론티누스 거리

히에라폴리스 대극장

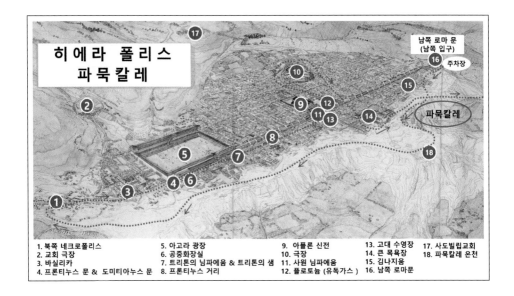

히에라 폴리스 파묵칼레

남쪽 로마 문
(남쪽 입구)
16 주차장

파묵칼레

1. 북쪽 네크로폴리스
2. 교회 극장
3. 바실리카
4. 프론티누스 문 & 도미티아누스 문
5. 아고라 광장
6. 공중화장실
7. 트리톤의 님파에움 & 트리톤의 샘
8. 프론티누스 거리
9. 아폴론 신전
10. 극장
11. 사원 님파에움
12. 플로토늄 (유독가스)
13. 고대 수영장
14. 큰 목욕장
15. 김나지움
16. 남쪽 로마문
17. 사도빌립교회
18. 파묵칼레 온천

에도 번영하였다가 셀주크 제국의 지배를 받으면서 파묵칼레라는 현재의 이름으로 불리게 된다. 한때 인구 8만 명에 이르는 큰 도시였던 히에라폴리스는 1354년경에 대지진이 일어나 폐허가 된 채 역사에서 사라졌다. 1887년 독일 고고학계의 발굴로 히에라폴리스는 세상에 다시 모습을 드러냈고, 천년 역사의 고대 도시와 석회층은 1988년 유네스코 문화유산과 자연유산으로 지정된다.

비잔티움 문을 통과하면 1세기에 큰 평석으로 포장한 프론티누스 거리가 멀리 뻗어있다. 거리 양쪽은 주택과 상가 등 수많은 건물이 170m 가량 늘어서 있는데, 거리의 보존 상태가 양호하고 깨끗해서 고대 도시의 분위기를 제대로 느낄 수 있다. 이 거리는 아고라, 님파니움, 아폴론 신전, 플루토니움을 차례로 지나게 되고 남쪽 로마문까지 연결된다. 대부분 폐허로 남아 있지만, 왼쪽 언덕에 있는 로마 극장은 보존 상태가 양호하여 올라가 보기로 했다. 대극장 안에 들어가려면 비포장 길을 따라가서 관객석 위쪽으로 가야 한다. 문화재의 훼손을 막고 방문객들의 규정을 벗어난 관람 행위를 감시하기 위해 입구부터 직원들이 지키고 있다. 안으로 들어가면 극장이 한눈에 내려다보인다. 계단과 관객석은 경사가 상당히 급해 쉽게 내려갈 엄두를 내지 못하고 망설여진다. 아내와 예린은 계단을 내려가기 힘들다고 하여, 린과 함께 천천히 내려가 보기로 했다. 몇 계단 내려가다가 관객석 한가운데서 웨딩 촬영을 하는 한 쌍의 커플을 만났다. 일생의 가장 중요한 순간을 기념하는 그들은 비록 무대는 아니지만 대극장에서 관객들의 주인공이 되었다. 만일 관객석 중간쯤에 있는 펜스가 없었다면 그들은 무대에 올라설 수 있었을 텐데, 아쉬웠을 것이다.

페르가몬, 에페소스, 프리에네, 밀레토스에 이어 벌써 대극장을 다섯 번째 보고 있다. 그리고 앞으로 몇 번을 더 보게 될지 모른다. 각각의 극장마다 규모나 특징이 약간은 다르겠지만 우리 같은 일반 여행자의 눈으로 큰 차이점을 찾기란 쉽지 않을 것 같다. 단지 폐허가 된 정도를 보면서 보존 상태가 좋으면 좀 더 오랫동안 둘러보게 된다.

대극장에서 나오니 빌립 교회까지 가 볼 욕심이 생겼다. 하지만 아침 식사도 없이 2시간 넘게 걷다 보니, 어느새 10시가 지나고 있었다. 비록 기독교 성지 순례는 아니지만, 두루 보고 싶은 마음이 앞섰기에 아내에게 의사를 물어보았다. 그런데 예린이가 배도 고프고 다리도 아프다며 서둘러 숙소로 돌아가기를 희망한다. 그래서 목적지를 숙소로 바꾸고 아폴론 신전의 기단만 남은 플루토니움을 지나 소위 클레오파트라 온천이라는 유적 온천에 이르렀다. 김이 모락모락 피어오르는 푸르도록 맑은 온천탕에서 신전의 기둥으로 쓰였던 것과 같은 돌기둥들이 여기저기 흩어져 있는데, 나름대로 운치가 있어 보인다. 시간만 넉넉하다면 하루 정도는 파묵칼레에서 푹 쉬면 좋으련만, 그런 여유로운 시간은 우리에겐 아직 그림의 떡이라 여기며 입맛만 다시고 온천을 나왔다. 석회붕을 지나 숙소에 가려고 온천수가 흐르는 고랑에 왔더니 파묵칼레 입구에서 이곳까지 맨발로 걸어서 올라오는 사람들이 보인다. 그 모습을 보고서 온천수가 흐르는 고랑에 발을 담그고 걸어서 파묵칼레 입구까지 내려가는 것은 어떨지 가족들에게 의향을 물어보니 다들 좋다고 한다. 온천수가 파묵칼레 입구까지 흐르고 있어 석회붕에 온천수가 가득 채워지고 있었다. 날씨가 쌀쌀하지만 온천수에 발을 담그고 내려가는 재미를 즐기고 싶은 아이들의 마음처럼, 어른들 마음도 다르지 않다. 파묵칼레에서 겨울 노천 온천에서 족욕을 즐기며 내려가는 재미가 따뜻한 추억으로 남으리라.

　나는 남문 입구에 주차해둔 차를 끌고 숙소로 가야 해서 석회붕 중간 정도까지만 같이 가다가 왔던 길을 되돌아갔다. 주차장에서 바라보는 린과 예린 그리고 아내가 뛰다 걷기를 반복하며 파묵칼레에서 아스라이 멀어져 가는 모습이 한 폭의 그림처럼 보인다.

　호텔에 도착하여 숙소에 들어가고 있는 나를 호텔 사장이 보자, 부르더니 놀란 미소를 지으면서 물어본다.

　"파묵칼레에서 이제 오는 거야?"

　"응. 7시 반에 출발했었으니깐, 4시간 동안 파묵칼레에 있었어."

　"파묵칼레는 어땠어? 환상적이지? 그런데 춥지는 않았어? 아침 기온이 영하였어. 난 아직도 추워."

　"맞아~ 아침엔 조금 추웠는데, 하늘이 맑아서 정말 좋았어. 우리에게 이 정도 추위는 견딜 만했어. 정말 아름답고 환상적인 풍경이었어. 파묵칼레에서 오래도록 즐기고 싶어서 따뜻한 온천물에 발을 담그고 걸어서 내려왔어."

　"우와! 너희 가족은 파묵칼레를 제대로 즐긴 거야. 참, 너의 숙박비에 아침 식사가 포함되어 있는데 식사를 못 해서 어떻게 해? 식사비 빼줄까?"

　"아냐! 그럴 필요 없어. 어젯밤 방에서 본 파묵칼레 야경이 너무 환상적이었거든. 전망 좋은 방을 배정해 줘서 고마웠어. 대신에 방에서 라면을 끓여 먹고 체크아웃해도 될까?"

"당연하지!"

"고마워."

가족들은 이미 숙소에 돌아와 있다. 아침 식사는 린과 예린의 요구대로 짜장면과 참치김치 덮밥으로 먹었다. 이른 시간부터 움직였던 터라 늦은 아침 식사는 말 그대로 꿀맛이었다.

12시가 훨씬 지나서 호텔을 나와 파묵칼레를 떠났다.

파묵칼레에서 가까운 데니즐리에 이르기 전에 아프로디시아스 유적지를 방문할 계획도 일정에 포함해 두었으나 시간이 부족하여 굵직한 테마 외에 소소하거나 테마가 비슷한 명소를 방문하는 일정은 미련 없이 빼버렸다. 고대 카리아 지방의 중심 도시이면서 고대 대모신과 그리스 여신 아프로디테에게 바쳐진 성스러운 도시라서 도시 이름도 이와 비슷한 아프로디시아를 그냥 통과하기란 쉽지 않은 결정이었지만, 어쩔 수 없는 일이었다. 만일 하루 정도 여유가 있었다면, 기독교 초기 7교회 중 하나인 라오디키아(Laodikeia) 유적까지도 찾아서 성지 순례를 했을 텐데, 아쉬움과 미련을 일찌감치 접었다.

이제 차로 3시간 이상 걸리는 욜류데니즈를 향해 갈 차례다. 오늘의 하이라이트라고 할 수 있고 이번 여행의 핵심 액티비티 중 하나인 패러글라이딩을 하기 위해 욜류데니즈를 방문하기로 하였다.

데니즐리를 지나면서 설산 봉우리에 구름이 만들어져 날리는 풍경을 보니 신기하다. 우리가 넘어가야 할 타우로스산맥이 그만큼 높다는 뜻인데, 산에서 빠르게 만들어졌다가 사라지는 구름을 보니 산맥이 거대하게 느껴지며 긴장이 밀려온다. 타우로스산맥 산악 지역으로 들어서기에 앞서 주유소에 들러 두 번째 주유를 하고 나서야 혹시 모를 연료 부

타우로스산맥의 설경

족에 따른 불안함이 사라졌다. 산악 지역의 6차선 도로는 넓기만 했지 노면이 거칠다. 일부러 포장을 거칠게 한 건지, 아스팔트가 망가져서 그런지는 잘 모르겠으나 마찰 소음과 진동이 심해서 승차감이 좋지 않았다. 타우로스산맥은 꽤 길고 험해서 고갯길이 연속으로 이어지고, 도로 주변은 눈이 높이 쌓여있다. 출발할 때 파묵칼레에서 영상 6도였던 기온은 고도가 높아지는 걸 느꼈을 때, 영하 6도까지 떨어졌다. 바깥 기온과 눈을 보면서 오늘 날씨가 좋은 것이 천만다행이라고 생각했다. 이 정도의 눈에 제설 작업이 제대로 되어 있지 않았으면 페티에 방향으로 가는 길은 금세 막힐 것으로 보인다. 곰곰이 생각해 보니 도로포장이 매끄럽지 않고 거칠었던 이유가 눈이 많은 지역이기 때문에 일부러 이렇게 만들었을 것으로 여겨지게 되었다. 파묵칼레에서 보낸 시간이 피로했던지 린과 예린은 가는 내내 깊은 잠에 빠져서 타우로스산맥의 설경을 제대로 보지 못했는데, 그 점이 아쉽다.

욜류데니즈

파묵칼레 하이킹이 힘들었던지 린과 예린은 욜류데니즈[8]에 거의 도착해서야 일어났다. 고속도로에서 가끔 군인으로 보이는 사람들이 총을 들고 모든 차량을 검문하는데, 우리 차는 그냥 통과시켜 준다. 동아시아에서 온 동양인이라 검문을 하지 않을 것으로 생각하고 있었는데, 욜류데니즈 시내에 진입할 때만큼은 검문을 받게 되었다. 군인이 무엇인가를 물어보는데, 말을 전혀 알아들을 수 없어 그냥 국제면허증을 보여 주었다. 국제면허증을 보더니 "오~ 코레아! 웰컴 투 욜류데니즈!"를 외치면서 엄지손가락을 치켜세운다. 그리고 그냥 길을 열어준다. 욜류데니즈에는 이렇게 입성하였다. 너무 늦게 도착하면 패러글라이딩을 못 탈 것 같아서 나름 서둘러 왔는데, 오후 3시가 지나고 있었다. 우선 내비게이션이 안내하는 대로 그래비티 투어 회사 앞으로 서둘러 갔다. 그런데 관광객이 별로 없다. 차를 갓길에 세우자 검정 선글라스를 낀 덩치 큰 아재가 우리 차에 다가왔다.

"메르하~바(Merhaba)!"

"메르하~바!"

"여긴 왜 왔어?"

"패러글라이딩 타러 왔는데, 어디로 가야 하는지 네가 알려줄래?"

"패러글라이딩은 끝났어. 다른 것 타면 되니깐 이리 와 봐!"

---

8) 터키에서 가장 아름다운 바다, 아니 푸른 지중해에서 가장 아름다운 바다를 가지고 있는 곳이 욜류데니즈(욜류데니즈 블루 라군 공원)다. 블루 라군이라고 불리는 아름다운 석호가 유명하고 청록색과 에메랄드빛 바다 위로 구부러진 해변이 지중해에서 가장 아름답다. 죽음의 바다라는 뜻의 욜류데니즈라는 이름도 짙은 바다색 때문에 만들어졌다.

"싫어. 시간이 늦어서 패러글라이딩을 못 타는 거야? 그것이 아니라면 패러글라이딩을 탈 수 있는 투어 회사를 찾으러 갈게."

"잠깐만! 내 말 좀 들어봐. 모든 패러글라이딩은 탈 수가 없어. 이제 안 해. 그러니깐 패러글라이딩은 잊어버리고 이거 봐봐(팸플릿을 보여 준다). 보트 타고 환상적인 바다 풍경을 구경하면 좋을 텐데… 보트 투어 어때? 아니면 다른 액티비티도 얼마든지 많으니까 소개해 줄게."

"왜 패러글라이딩은 안 하지?"

"모든 파일럿이 파업을 하고 있어, 내일도, 모레도 패러글라이딩은 계속 안 할 거야. 파업은 언제 끝날지 몰라. 그러니깐 보트 투어를 해. 싸게 해 줄게."

"그만! 내가 여기 온 목적은 패러글라이딩밖에 없어. 그런데 탈 수 없다면, 그냥 갈게. 귤레 귤레(Güle güle)."

우리 가족은 이미 패러글라이딩에 마음이 꽂혀 있었다. 물론 고소 공포에 대한 불안함 때문에 타지 않겠다는 린은 제외한다.

다시 차에 타고 시동을 걸자 아내가 묻는다.

"정말 그냥 갈 거야?"

"이 한 가지 목적을 위해서 여기까지 왔는데, 그냥 돌아갈 수는 없지. 인근을 돌아다니며 다른 투어 회사를 찾아보자. 다른 회사에서도 똑같은 말을 한다면, 아까 그 친구의 말이 사실이겠지. 내 생각에는 패러글라이딩이 가능하다고 하는 회사가 분명히 있을 거야."

그리고 차를 돌려 시내 쪽으로 가다가 골목으로 들어가 해변으로 이어지는 막다른 길가에 있는 식당 앞에서 차를 세웠다. 그러자 사장으로 보이는 덩치 큰 털보 아저씨가 나오면서 말을 건다.

"메르하바! 들어와서 차이 한잔 어때?"

"메르하바! 나는 패러글라이딩 투어하러 왔는데, 투어 회사가 어디에 있는지 가르쳐 줄 수 있어?"

"음… 파일럿들이 파업 중이라 패러글라이딩이 뜨고 있지 않지만, 내가 도와줄 수 있어. 잠깐만 기다려 봐."

그리고 털보 아저씨는 여러 곳에 한참 동안 전화를 하고 나서 내게 말했다.

"좋은 소식이야! 패러글라이딩이 가능하다는 연락을 받았어. 15분 정도 기다리면 투어 회사에서 파일럿을 데리고 올 수 있다는데, 기다릴 거야?"

"오케이. 텍섹큐르 에데림(고마워)! 기다릴게. 그런데 투어 비용은 얼마지?"

"4명에 3천 리라. 이 금액으로 패러글라이딩을 타고, 사진과 동영상 찍는 옵션도 포함되어 있어."

"사진 옵션이 얼만데? 빼면 안 돼?"

"안 돼. 필수야. 파일럿들이 옵션 없으면 비행 안 한다고 할 거야."

"오~ 케이! 텍세큐르 에데림!"

잠시 후, 검정 선글라스 아재가 오토바이를 타고 와서 우리 앞에서 멈추더니 나를 보며 말했다.

"마이 프렌드! 너 여기 있었구나. 돌아다녀봤자 시간만 낭비할 뿐이야. 파일럿들이 파업 중이라고 했잖아. 그러니깐 저렴하게 요트 투어나 해. 환상적일 거야."

린이 내게 말한다.

"아빠. 아까 처음에 봤던 선글라스 아저씨야. 여기까지 쫓아왔어. 왜 온 거지?"

사실 나는 방금 전에 그래비티 투어에서 봤었다는 선글라스 아재를 알아보지 못했다. 그런데 린의 말을 들어보니 그런 것 같아서 선글라스 아재에게 말했다.

"어이~ 친구! 패러글라이딩 탈 수 없으면, 난 그냥 갈 거야. 다른 것들은 소개하지 마. 알았지?"

그러자 선글라스 아재는 몇 번 더 나에게 말을 시도하다가 안 되겠는지 그냥 가버린다.

식당에서 털보 사장이 나오기에 물어보았다.

"방금 전에 누군가가 와서 패러글라이딩을 탈 수 없다고 하던데, 뭐가 뭔지 모르겠어. 정말 패러글라이딩 탈 수 있는 거 맞아?"

"분명히 탈 수 있어. 오늘 날씨가 이렇게 좋은데. 얼마든지 탈 수 있어. 조금만 더 기다려 봐. 그런데 너희들 어느 나라에서 온 거야?"

"사우스 코리아."

"그래? 일찍 말하지 그랬어. 여기에 한국인 있어. 잠깐만 기다려. 데리고 와서 소개시켜 줄게!"

잠시 후 주방에서 30대 초반으로 보이는 한국인 여자가 나오며 말한다.

"안녕하세요. 한국에서 오셨어요?"

"네. 진짜 한국분 맞네요? 반가워요. 패러글라이딩 타러 욜류데니즈에 왔는데, 처음 갔던 투어에서 패러글라이딩 안 한다고 해서, 탈 수 있는 곳을 찾다가 여기에 왔어요. 여기서는 정말 패러글라이딩 탈 수 있어요?"

"방금 전에 선글라스 낀 아저씨가 데리고 오신 거 아니었나 봐요? 난 그 아저씨 손님인 줄 알고 일부러 아는 척 안 했는데…. 제가 잘못 알고 있었네요. 우선 차이 한잔하세요."

"고맙습니다."

"그 아저씨 말대로 지금 욜류데니즈에서는 패러글라이딩을 탈 수 없어요. 파일럿이 파업 중이란 말이 맞아요. 하지만 우리 사장님이 잘 알고 지내는 파일럿에게 특별히 부탁한 거 같아요."

"아하. 다른 투어 회사에서는 안 된다고 하는데, 털보 사장님께서 가능하다고 한 이유를 이제야 정확히 알겠네요. 그럼 투어 회사의 파일럿이 오는 게 아니겠네요?"

"파일럿은 얼마든지 많아요. 파업에 참여하고, 안 하고는 파일럿 마음인 것 같아요. 여기까지 왔는데, 패러글라이딩을 못 타고 그냥 돌아가면 안 되죠. 하늘에서 내려다보는 바다 풍경이 정말 아름답고 멋진 곳이에요. 욜류데니즈에서 타는 패러글라이딩이 세계에서 가장 아름다운 곳으로 손꼽히고 있으니깐, 더 이상 설명할 필요는 없을 것 같아요. 아, 참! 패러글라이딩 가격은 얼마라고 하던가요?"

"4명 합해서 3천 리라(약 60만 원) 달래요."

"음…. 그 정도면 보통 가격이네요. 사진과 동영상 옵션이 포함된 가격일 거예요. 파일럿을 어렵게 섭외한 거니깐, 몇만 원 하는 옵션은 해 주시는 게 서로에게 좋을 것 같다고 생각해요. 스위스에서 패러글라이딩을 타려면 가격이 여기의 두 배는 된다고 해요. 그에 비하면 저렴한 거죠. 근래 터키 경제가 안 좋아서 환율이 우리나라에 굉장히 유리해졌기 때문에 한국인들이 부담 없이 돈을 쓸 수 있지만, 몇 년 전까지만 해도 터키를 여행하려면 두세 배 이상 비싼 물가 때문에 돈이 많이 들었어요. 그런데 이제는 상황이 완전히 달라져서 여행 비용에 큰 부담을 갖지 않고 여행할 수 있는 참 좋은 나라가 되었어요."

지금은 1리라가 200원 정도 하는데, 7~8년 전에는 1리라가 600원이 넘었다는 사실을 나중에 알게 되었다. 그녀의 말대로 현재 터키 여행은 비용면에서 부담 없이 즐길 수 있는 상황인 것이다.

"아, 그리고 어디에서 활공하는지 모르시죠?"

"네."

"파업 중이라 바바닥(Babadağ)산에는 갈 수 없고, 이십 분 정도 더 먼 곳으로 갈 거예요."

"바바닥산은 왜 못 가죠?"

"그게 그러니까… 이 지역의 패러글라이딩 사업이 잘되니까, 정부가 큰 회사에 그 산의 운영권을 팔았어요. 그러면서 운영권을 가진 회사가 활공장 입장료를 비싸게 받게 되었고, 그만큼 패러글라이딩 가격도 많이 비싸졌어요. 결국에 입장료 때문에 파일럿 수입은 줄고 여행자들의 부담은 커진 거죠. 요금을 많이 올렸다고 해서 활공장의 편의 시설 등의 서비스가 좋아진 것도 없어요. 화장실은 여전히 지저분하고, 생수도 안 줘서 파일럿들이 챙겨 가지고 가요. 장시간 이동하고 산에서 기압의 변화가 크게 일어나는 투어라서 물은 필수거든요. 운영권을 가진 회사의 이런 불합리한 운영 때문에 투어 회사와 파일럿들이 파업을 선언했어요. 운영권을 박탈하고 예전처럼 활공장을 투어 회사들이 관리할 수 있도록 해 달라구요."

듣고 보니 하늘에 패러글라이딩이 하나도 보이지 않는 걸 깨달았다. 이때 차이를 마시던 예린이가 배고프다고 하다

"간식으로 뭐 좀 드실래요?"

"우리 입맛에 가장 잘 맞는 음식이 뭘까요? 추천 좀 해 주세요."

"이 샌드위치를 주문하세요. 아마 아이들이 좋아할 거예요."

린과 예린은 추천해 준 샌드위치가 맛있다고 먹다가 새끼 고양이가 다가오자 샌드위치 부스러기를 주면서 한가한 시간을 즐겁게 보냈다.

잠시 후, 파일럿들이 탄 승합차가 도착하자, 털보 사장님은 우리를 승합차에 태우고 출발했다.

승합차는 욜류데니즈 시내를 벗어나자마자 가파른 산을 오르기 시작한다. 운전기사는 바로 옆 낭떠러지를 의식하지 않고, 꼬불꼬불한 길을 휘저으며 무서운 속도로 질주한다. 게다가 거친 운전을 하면서 파일럿들과 수다를 떠는 여유를 부리는 모습에 난 혀를 내둘렀다. 거친 드라이빙

은 마치 롤러코스터를 타는 것보다 위험하고 무서웠다. '혹시 패러글라이딩의 고소 공포를 잊도록 해 주려고 정신줄을 놓게 만드는 전략이 아닐까?'라는 생각도 해 보았다.

내가 불편한 기색을 보이자 털보 사장님이 이렇게 말한다.

"우리 운전기사는 이 길을 수 없이 많이 다녀서 잘 알기 때문에 이렇게 고속으로 운전할 수 있어. 우리는 카박 비치에서 가까운 산으로 올라가고 있어. 욜류데니즈에서 30분 정도 소요되고 해발 2,000m가 넘는 높은 산 정상이야. 바바닥 정상에서 활공하면 좋은데 활공장 사용료가 너무 비싸. 지금까지 그 활공장은 거의 무료로 사용했는데, 운영권을 산 회사가 입장료를 너무 비싸게 받아 손님들이 많이 줄어서 파일럿들이 단체로 파업하고 있어. 운영권을 따낸 회사 뒤에는 마피아가 있는 것 같아. 여하튼 우리는 이런 이유로 바바닥에 가지 못하고 카박 비치에 가까운 산으로 가고 있는 거야. 여기 풍경이 절경이니깐 무서워하지 말고 차창 밖을 내려다 봐. 저기 멋진 집들 보여? 여름이면 돈 많은 유럽인들이 몇 달씩 살다가 가는 집이야. 풍경이 아름답기 때문에 휴양지로 인기가 좋아서 절벽 위에다 새로운 집을 계속해서 짓고 있어."

털보 사장님이 여러 가지 설명을 하는 동안, 파일럿들은 터키 특유의 수다를 떨면서 웃으며 시간을 보낸다.

☪ 패러글라이딩 비행
-블루 라군을 보며 창공을 날다

마침내 활공장에 도착했다고 하는데, 좀 이상하다.

돌투성이에다 가시덤불 나무가 잔뜩 늘어선 비탈진 산 능선이 활공장이란다. 어이가 없고 당황스러웠지만 어쩔 수 없는 노릇이었다. 고소 공포를 느낄 겨를도 주지 않을 만큼 상당히 열악한 환경이다. 정상적이지 못한 경로로 패러글라이딩을 하게 된 것이 아닌가 의심스럽다. 하지만 여기까지 왔는데, 물릴 수도 없는 상황이다. 털보 사장님은 파일럿과 가족을 한 명씩 짝을 지어 주고, 활강 준비를 하도록 돕는다. 파일럿은 담배 연기로 바람의 방향과 풍속을 체크한다. 그리고 출발할 때 뛰다 앉는 법, 도착 시 착지 요령과 몇 가지 주의 사항을 설명으로 이어갔다. 안전 수칙까지 모두 듣고 나서 제일 먼저 출발 준비를 끝낸 예린이와 파일럿이 뛰기 시작한다. 그러나 실패다. 열심히 뛰지 않아서다.

이번엔 내 차례다. 파일럿의 "Run~! Run~!" 하는 소리에 막 뛰기 시작했다. 가시덤불이 앞을 가로막더라도 정신없이 그 위를 밟고 뛰었다. '어 ~ 어?' 뛰는데 발이 땅에 닿지 않고 허공을 휘젓고 있었다. 그러더니 몸이 붕 하고 하늘에 떴다. 나도 모르게 날기 시작했다.

'아이고, 무서워라~!' 산 아래 바다를 보자 처음엔 무서워서 눈이 질끈 감겼다. 손은 줄을 꽉 쥐고, 온몸에 힘이 바짝 들어갔다. 비명도 지르지 못하고 있다가 감았던 눈에 힘을 빼고 살며시 실눈을 떠서 바다 수평선을 보았다. 아래쪽은 감히 내려다보지 못하고 저 멀리 바다 끝과 창공만 보았다. 뒤에서 조종하고 있는 파일럿은 나를 즐겁게 해 주려고 호쾌하게 웃으며 응원의 말을 한다. 그 전에 우선 몸에 힘을 빼라고 한다. 손은 줄 아래쪽을 잡고, 바다를 보란다.

잠시 후 용기를 내어 아래쪽 바다를 보았다. 정말 푸른 바다다. 이곳의 바다를 코발트색이나 터키석에 비유한 이유를 충분히 알게 되었다. "쉬이익~!" 귓가를 스치는 바람 소리가 활공하고 있는 것이 현실임을 깨닫게 해 준다. 어느 정도 비행하니 서서히 적응이 되면서 공포는 사라지고, 풍경을 유유히 볼 수 있는 여유가 생겼다. 그러자 파일럿은 동영상을 찍으며 인터뷰를 한다. 이제 완전히 적응되었다고 느꼈을 때, 파일럿

활공장의 가시 덤불

패러글라이딩 활공

이 재밌는 걸 보여 주겠다고 한다. 공중제비 돌기였다. 2번 돌고 나니깐 속이 울렁거리고 메스꺼워 파일럿에게 그만하라고 부탁하였다. 그때부터는 빨리 착륙하기만을 바라게 된다. 곧 카박 비치에 가까워지면서 착륙을 시도했는데, 불안정하게 착륙했다. 다행히 다치지는 않았다. 곧이어 린도 착륙하고, 잠시 후 도도한 표정으로 예린이도 도착했다. 아내는 그때까지 출발하지 못했는지 보이지 않다가 산 정상에서 희미하게 나타났다. 한참을 내려오다가 공중제비를 몇 번이나 돌더니 서서히 착륙하기까지 30분 넘게 소요되었다. 가족 모두가 무사히 도착해서 다행이다. 아내가 나중에 얘기해 주었는데, 출발이 늦었던 이유가 있었다고 한다. 처음엔 뛰다가 신발이 벗겨져서 포기했고, 두 번째는 출발할 수 있을 만큼의 바람이 불지 않아 한참 동안 기다렸다고 한다.

환상적인 에어쇼를 보여 주었던 패러글라이딩은 우여곡절로 시작하여 무사히 끝났다. 욜류데니즈에 돌아오는 길도 만만치 않은 산악 도로라 멀미까지는 아니라도 몸의 컨디션을 떨어뜨렸다. 어느새 해는 저물어 가고 있었고, 피로도 쌓여 가고 있었다. 저녁 7시가 지나 욜류데니즈에 돌아왔고 식당에서 경비 정산을 하고 나서야 투어의 모든 과정이 끝났다. 털보 사장님이 없었다면 경험하지 못했을 욜류데이즈의 패러글라이딩이었기에 감사하는 마음으로 약간의 팁을 주고, 패러글라이딩 파업에 대한 오해가 없도록 정확한 통역을 해준 터키 10년 차 한국인 여성에게도 감사의 인사를 하고 욜류데니즈를 떠났다.

☾ 카야쿄이와 고대 석굴 무덤

패러글라이딩 투어를 하면서 예상보다 많은 시간을 소비하여 오후의 다른 일정은 자연스레 못하게 되었지만, 카야쿄이와 고대 석굴 유적에 들렀다가 페티에 생선 시장에서 저녁 식사를 하고 숙소에는 밤늦게 가기로 하였다. 숙소에는 밤 10시 이후에나 도착할 수 있다고 미리 전화를 해두었다. 10여 분간 어두운 꼬부랑 산길을 조심히 운전해서 갔더니 돌벽만 남은 유령마을 같은 카야쿄이에 들어섰다. 카야쿄이란 돌의 마을이라는 뜻이고 죽은 자의 도시라고도 불린다. 리키아의 도시인 카르밀라소스가 있는 곳으로 터키와 그리스의 전쟁이 있기 전까지 3천여 명의 그리스 사람들이 살던 마을이었다.

카야쾨이 빈집

아민타스의 석굴 무덤

올류데니즈부터 걸어서 이곳까지 오는 약 8㎞의 트레킹 코스가 훌륭하다던데, 낮에 시간이 없었던 점이 아쉽다. 더구나 깜깜한 밤이라서 풍경은 전혀 볼 수 없다. 카야쾨이의 유명세를 알고도 그냥 지나치기가 아쉽다는 생각이 들어, 가로등 불빛이 있는 곳을 따라 마을을 대충 둘러보고 싶은 생각으로 길을 나서자고 하는데, 아내와 예린이 무서워서 못 가겠다고 버티었다. 게다가 길가의 고양이가 이상하게 울어대는 바람에 모녀의 공포는 극에 치닫고 있는 모습을 표정으로 보여 준다. 하는 수 없이 마을 골목으로 들어가지는 못하고 도로 주변에 있는 돌벽만 남은 텅 빈 집들을 둘러보다가 랜턴을 켜고 집터에 남아있은 돌벽을 만져 보았다. 돌과 콘크리트와 같은 재료로 지어진 것 같았다. 폐허가 된 지 100여 년의 세월이 흘렀다기에 벽이 부스러질 것으로 생각했는데, 바위처럼 단단하다. 망치로 깨야만 부서질 것 같은 강도에 놀랐다. 대체 그리스인들은 어떤 건축 기술을 갖고 있었을까? 그들은 일반 주택을 지을 때도 고대에서 중세로 계속 이어져 내려오는 뛰어난 건축 기술을 사용한 것 같다. 보통 이렇게 튼튼한 외벽을 가지고 있는 집이라면 리모델링만으로 몇 대가 살아도 문제가 없을 것으로 보였다.

고대 석굴 무덤에도 잠시 들렀다. 차에서 내려 가까이 가 보려고 하는

데, 이곳에서도 겁에 질린 모녀가 길을 막는다. 어디든지 밤은 어둠의 기운이 스산함을 느끼게 하고 그것을 두려워하는 사람은 겁에 질려 그 자리를 빨리 떠나고 싶어 한다. 주택가와 가까이 있어 그리 무섭지 않을 것 같은데도 말이다. 절벽을 조각하여 만들어진 것으로 보이는 무덤은 상상 이상의 오랜 역사를 품고 있다. 기원전 4세기 리키아의 도시 텔메소스가 번영하던 시절에 만들어진 아민타스 석굴 무덤은 요르단 페트라 유적의 축소판이라고 할 수 있는 것처럼 절벽을 신전 입구 모양으로 조각해 놓았다. 가로등이 가장 큰 무덤을 훤히 비추고 있는 것이 이오니아식 기둥의 석굴 무덤이다. 그리스어로 '헤르마기오스의 아들. 아민타스의 무덤'이라고 새겨져 있는데, 그가 누구인지는 확실치 않다.

페티예 시내는 밤에도 활기가 넘친다는데, 겨울이라 그런지 조용한 편이다. 생선 시장 인근 갓길에 차를 세웠음에도 바로 앞에 있는 생선 시장을 찾지 못해 지나가는 사람에게 물어서 찾아 들어갔다. 작은 골목을 통해 생선 시장에 들어서자 이곳만큼은 활기가 넘치고 있다. 여기저기서 부르는 호객 행위에 정신을 차릴 수가 없었다. 좌판 위에 펼쳐놓은 생선들은 구미가 크게 끌리지 않아 그냥 돌아가고 싶었다. 페티예를 소개하는 TV 여행 프로그램에서는 생선을 고르면 곧 맛깔스럽게 요리를 해 주고 리포터가 맛있게 먹는 모습에 끌려서 마음먹고 왔는데 예상을 한참 벗어나 있었다. 우리의 여행 성격과 잘 맞지 않는 것인지도 모른다. 그래도 이곳까지 왔으니 저녁 식사로 뭐라도 먹고 떠나야 했다. 우리는 제법 한국말을 할 줄 아는 아저씨의 생선가게 앞으로 갔다. 생선을 고른 후, 아저씨의 형이 운영하는 식당으로 안내해 줘서 따라갔다. 기본 샐러드와 빵이 먼저 나오고 추가로 단품 요리를 주문하여 먹다 보니 잘 요리된 생선이 나왔다. 열심히 달렸던 하루였던지라 배가 고파서 다들 맛있다며 정신없이 먹었다. 허기진 배를 조금 채우자, 역시 우리 입맛과는 살짝 맞지 않는 것이 느껴지기 시작했다. 어찌 되었든 터키 여행의 버킷리스트 중 하나라고 할 수 있는 곳에서 식사한 것으로 만족하였다. 페티예를 떠나기에 앞서 인근 주류 판매 가게에 들러 터키 맥주를 넉넉히 사서 숙소가 있는 파타라로 향했다. 1시간 거리의 파타라에 숙소를 정한 가장 큰 이유는 산타클로스 할아버지의 출생지라는 것과 전설 같은 고대 등대가 있다는 점 때문이었는데, 작은 마을이라 숙소 환경이 걱정되었다. 숙소의 정확한 위치는 파타라 고대 유적지 입구라고 할 수 있는 겔레미쉬 마을에 있고 주택을 개조한 펜션이다.

밤 10시 반이 되어 파타라에 도착하였다. 오후에 미리 전화를 걸어 도착 예정 시간을 말해 두었더니 주인아저씨가 기다리고 있다가 반갑게 맞아주었다. 아저씨는 짐을 2층까지 들어다 주며 집에 대해 간단히 설명해 주고 본인의 집으로 갔다. 터키 호텔의 주인들이 친절한 것은 터키인들이 갖고 태어난 성품 때문인 듯싶다. 호텔 주인들이 얼마나 살가운지는 터키인들과 마주한 사람이라면 누구든 인정할 것이다. 호텔 예약을 할 때 보면, 호텔 평가에 주인이 친절하다는 내용이 많아서 주인이 친절한 건 당연한 건데 쓸데없는 말을 써 놓았다고 생각했다. 실제로 터키 여행을 하다 보니 그런 평가가 이해가 된다.

주택은 바닥과 벽을 대리석으로 치장하여 고급스럽고 깔끔한 데다 2층을 통째로 쓰도록 되어 있다. 지금껏 숙박한 숙소 중에서 가장 품질 좋은 숙소로 평가받는다. 하루 일정을 돌이켜 보니 너무 빡빡한 계획을 세웠던지라 모두 소화해 낼 수 없었지만, 중요한 두 가지, 파묵칼레 트레킹과 패러글라이딩을 하였기에 충분히 만족할 수 있는 하루였다. 계획에는 틀로이 폐허 유적지를 탐방하고 사클르켄트 계곡에 들어가 트레킹도 할 생각이 있었다. 그러자면 하루 정도 더 머무르는 계획을 세웠어야 한다.

2 월 9 일

　아침 6시에 일어나자마자 파묵칼레에 갔다. 파묵칼레는 온통 하얀색으로 뒤덮여 있어서 나는 눈으로 덮여있는 줄 알았는데 알고 보니 전부 석회였다. 파묵칼레의 길을 따라가며 보는 경치는 아주 멋있었다. 온통 하얀색으로 뒤덮여 있다 보니 높은 산의 만년설을 보는 듯한 환상적인 경치였다. 그렇게 길을 따라가다가 흐르는 온천물에서 족욕을 했다. 발의 피로가 풀리는 느낌이었다. 김예린은 족욕하러 오다가 발이 완전히 잠길 만한 얼음 웅덩이에 빠져서 엄마가 신발을 말리고 장갑을 양말 대용으로 신으라고 하시는 등 고생을 하셨다. 족욕을 마치고 다시 길을 따라가는데 열기구들이 떠올랐다. 파묵칼레의 멋진 경치에 열기구들까지 떠오르니 사진을 어떻게 찍어도 멋있게 나왔다. 파묵칼레엔 유적들도 많았는데 대부분이 석관과 같이 죽음에 관련된 유적들이었다. 밤에 오면 무서울 것 같았다. 파묵칼레의 유적들을 보고 온천물을 따라서 맨발로 석회층을 걸어 내려왔다. 그런데 중간부터 온천물이 차가워져서 발이 시려도 녹이지 못하고 참고 걸어와야 했다. 그렇게 참고 걸어오다 보니 어느 순간부터는 견딜 만해졌다. 그렇게 파묵칼레를 통과하고 숙소로 돌아와 짜장밥을 먹었다. 그런데 아침을 굶고 11시 반까지 버티며 활동까지 해서 짜장밥으로는 배가 채워지지 않았다. 그래서 소고기죽도 먹고 짜장면도 먹고 나서야 배가 불렀다. 그렇게 식사를 마치고 차에 짐을 실은 후 3시간 동안 차를 타고 페티예 옆 마을에 패러글라이딩을 하러 갔다. 갔는데 대머리 선글라스 아저씨가 패러글라이딩은 이제 탈 수 없다며 계속 호객 행위를 했다. 그래서 패러글라이딩 전문점으로 도망갔는데 여기까지 오토바이를 타고 쫓아와서 요트나 타라고 권유

했다. 하지만 결국 한국인 직원을 만나 자세한 이야기를 듣고 패러글라이딩을 탈 수 있었다. 패러글라이딩을 타러 1,200m 높이의 산에 올라가는 데만 약 20분이 걸렸다. 20분을 차를 타고 이동한 뒤 전문가의 도움을 받아 패러글라이딩을 했다. 처음 떴을 때는 내가 하늘에 달랑 의자 하나에 의지해서 날고 있다는 게 실감이 안 나고 신이 났다. 타면서 뒤에 있는 전문가 분이 계속 셀카봉으로 사진도 찍어 주셨다. 아래를 내려다보니 바다색이 무척 예쁘고 산도 멋있었다. 말 그대로 하늘을 나는 기분이었다. 중간에 공중제비도 돌았는데 이때가 가장 재미있었다. 바람 때문에 얼굴이 납작해지는 기분이었고 눈도 제대로 뜨질 못했지만, 정말 재미있었다. 해안가에 착지하고 파도를 구경하며 가족들이 착륙하는 걸 기다렸다. 엄마가 나는 것을 봤는데 공중제비를 3번이나 돌았다. 나는 한번 돌았는데.... 엄마가 부러웠다. 패러글라이딩을 마치고 사진들을 다운받은 후 차를 타고 숙소에 돌아가는 줄 알았으나 중간에 멈춰서 돌무덤을 보러 갔다. 시간이 오후 8시를 넘어간 데다 겨울이어서 완전 깜깜했는데 무덤을 보러 가니 김예린이 무척 겁을 먹었다. 내가 겁을 주니 펄쩍 뛰면서 무서워했다. 나도 조금 무서웠지만, 김예린이 무서워하는 것을 보니 재미있었다. 돌무덤을 다 구경하고 숙소에 도착했는데 너무 피곤해서 바로 잠들어버렸다.

Part 7

역사상 최초의 민주주의, 리키아 동맹

6일 차

"여행은
또 다른 나를 발견하고 성장할 수 있는 계기가 된다."

산타클로스의 고향
파타라

아침을 알리는 장닭 울음과 아잔 소리에 잠이 깼다. 새 지저귀는 소리가 끊이지 않는 파타라의 아침이다. 이제 아잔 소리도 새벽을 알리는 자연의 소리처럼 조금씩 익숙해진다.

오늘도 긴 여정을 떠나야 하기에 일찍부터 서둘러야 한다. 펜션은 주방 시설이 제대로 갖춰져 있어서 몇 가지 반찬과 햇반으로 아침을 해 먹고 파타라 해변으로 갈 준비를 하였다. 차에 짐을 싣고 있는데, 길 한가운데서 팔자 좋게 널브러져 빤히 쳐다보는 고양이와 트랙터를 타고 부지런히 일하러 나가고 있는 앞집 농부의 모습이 대조를 보인다. 유명 관광지에서 볼 수 없는 한적한 터키 시골의 전원 풍경이다. 비록 오늘은 쌀쌀한 날씨지만, 겨울에도 온화한 날씨를 보여 주는 이곳엔 야자나무를 비롯한 열대 식물들이 곳곳에 서 있다.

먼저 게레미쉬 마을 언저리를 돌아 약 2㎞ 정도를 가면 파타라 유적지 입구에 이르러 매표소가 보인다. 뮤지엄 패스 사용이 가능하지만, 영업을 시작하지 않은 이른 시간이라 직원이 없어서 그대로 통과했다. 조금 지나서 오른쪽에 1세기 로마 시대에 세워진 세 개의 아치가 있는 메티우스 모데스투스(Mettius Modestus) 개선문이 보인다. 서기 100년경 로마의 속주였던 리키아 팜필리아의 총독 메티우스 모데스투스를 기념하기 위해 만든 개선문인데 도시의 대문 역할을 하는 상징적 건물이라 복원이 잘되어 있다. 이 문 옆에는 몇 기의 석관묘들이 보인다. 돌을 목조 형식으로 다듬은 전형적인 리키아 양식의 무덤으로 배 모양을 닮았다. 리키아 사람들은 인생을 배의 항해와 동일하게 생각하면서 석관묘를 배

처럼 만들었다고 한다. 도로
오른쪽으로 펼쳐지는 유적지
들을 뒤로하고, 터키에서 가
장 길다는 고운 모래가 펼쳐
진 파타라 해변으로 향했다.
이 해변은 바다로 이어지는
데크로 만든 길과 야자나무
와 갈대로 지붕을 덮은 매점
같은 조그만 휴게소가 동남아
시아의 휴양지를 연상시킨다.
반면에 아무것도 없이 모래사

1. 메티우스 모데스투스의 개선문
2. 무덤
3. 신전
4. 온천
5. 신전
6. 바실리카
7. 고대 등대
8. 베스파니아누스 목욕장
9. 블레우테리온
10. 극장
11. 아크로폴리스
12. 저수조

파타라 안내도(도보 이동 경로)

장만으로 길게 뻗은 파타라 해변을 보고 있자니 감상에 젖는다.

　조용히 들리는 파도 소리에 태초의 모습이 이와 같지 않을까? 아니면
무인도가 이런 풍경이 아닐지 상상해 본다.

　고운 모래밭으로 잔잔히 밀려오는 파도를 따라 뛰어다니는 린과 에린
은 드넓은 해안에 보이는 유일한 사람이다. 그래서인지 갑자기 어색하고
신비로운 풍경으로 비친다. 저 녀석들은 어디에서 왔고 나는 무슨 생각
으로 아내와 여기에 와 있을까? 공즉시색 색즉시공을 깨닫고자 하려는

듯 잠시 공허한 상념의 세계에 빠져들었다.

구름 한 점 없이 맑은 날, 한적한 파타라 해변에서 한 가족이 거니는 발자국은 그림 같은 풍경이 되고 가슴에 스며드는 기억이 된다.

멀리 동서로 해변을 막고 있는 산언저리에서 기울어가는 정월 보름달과 떠오르는 태양이 교차하면서 음과 양의 세계를 바꾸고 있다. 이제 태양의 신인 아폴론이 지배하는 시간이 된 것이다. 본래 파타라는 태양의 신 아폴론의 출생지로 알려져 있다. 따라서 파타라라는 지명은 태양신 아폴론의 아들인 파타로스에서 온 것이라고 한다. 고대 그리스의 역사가 헤로도토스는 파타라에 위치한 아폴론 신전에서 활발했던 신탁을 언급하기도 하였다. 한편, 지리적으로 아름다운 천혜의 항구 기능을 가진 파타라는 일찍이 해상 무역을 통해 아나톨리아의 내륙과 교역이 활발하여 기원전 4세기 초에 이미 주화를 발행하였다. 기원전 333년 알렉산더 대왕이 침공했을 때, 파타라는 성문을 열어 주어 도시를 온전히 보전할 수 있었다. 알렉산더 대왕 사후에는 그의 장수 프톨레마이오스가 이집트 프톨레마이오스 왕조를 세우고 이 지역까지 지배하게 된다. 그는 도시를 화려하게 단장하고 확장하여 아프리카와 아시아를 잇는 주요 항구 도시로 건설하고 무역업에 종사하는 자들과 소아시아를 여행하는 사람들에게 편안한 숙박 시설을 제공함으로써, 당시 6개의 리키아 동맹 가운데 가장 부유한 도시로 발돋움할 수 있도록 하였다고 전한다. 기원전 190년에는 안티오코스 3세가 파타라를 정복했고, 그 후에 리비우스는 조상들의 수도라고 칭하면서 파타라를 다른 도시들보다 격상시켰다. 그리고 서기 43년, 로마 제국에 편입되면서 팜필리아주에 속하게 된다. 로마 제국은 이곳을 배가 쉽게 정박할 수 있도록 편리한 항구 도시로 만들어 해상 무역을 통해 항구에 곡물을 저장하고 내륙에 물품을 전달하는 역할을 하도록 했다. 비잔티움 시대에는 뮈라에서 활동하던 성 니콜라스가 파타라에서 출생(서기 270년)하였다고 전해지는데, 우리에게 산타클로스라고 알려진 인물이다. 이때 무역상들이 자주 왕래하였고, 바울의 여정을 따라 성지를 순례하는 순례자들을 위한 중요한 도시로 숙박을 제공하였다. 하지만 화려했던 이 도시는 셀주크 터키에게 점령당하게 되면서 역사의 뒤안길로 사라지고 말았다.

파타라 해변을 빠져나와 고대 등대가 있던 곳으로 가기 위해 차를 타고 유적지 앞 주차장에서 내렸다. 유적지에서 제일 먼저 눈에 들어오는 것은 폐허로 남아 있는 고대 극장이다. 기원전 2세기경에 처음 건설된 반원형 극장은 약 7천 명을 수용할 수 있는 규모인데, 로마 티베리우스 황제 때 보수되었다. 우리는 지난 이틀 동안 대극장을 보아 왔던 터라 이 극장에 마음이 끌리지 않았다. 게다가 시간도 아껴야 해서 입구에서 보기만 하고, 블레우테리온 안으로 들어가려고 했는데 문이 잠겨 있었다. 이때 어디서 나타났는지 관리하는 직원이 오더니 문을 열어 주면서 관람하는 동선까지 알려 주고 간다. 블레우테리온은 리키아 동맹의 의회 건물에 해당하는데, 파타라가 리키아 동맹 초기부터 수도 역할을 했기 때문에 의회 건물이 이곳에 세워진 것이다. 프랑스 철학자 몽테스키외는 리키아 동맹을 연방공화국의 훌륭한 모델로 보고, 이 의회를 역사상 최초의 완벽한 민주주의의 본보기라고 칭송했다고 한다. 이에 고무된 터키 정부가 이 건물을 복원하기 위해 심혈을 기울였는데, 노력이 과했던지 신축 건물처럼 보여 어색하기 그지없다. 안에 들어가면 극장처럼 무대를 반원으로 둘러싼 관객석이 있다. 아무도 없는 고즈넉한 분위기에 아내와 나는 마치 고대 귀족이 된 것처럼 관객석 중앙에 있는 귀빈석에 앉았다. 그 사이에 린과 예린은 무대에 올라가 우리를 올려다보며 고대인들이 했을 것 같은 공연을 선보였다. 아내는 린과 예린이 고대에 태어났다면 인기 연예인이 되었을 거라며 칭찬을 아끼지 않는다.

블레우테리온 앞에는 고대의 배를 재현해서 만들어 놓았다. 목선으로

파타라 대로

메티우스 모데스투스

고대의 배

파타라 고대 등대

만 생각했던 고대의 배는 굵은 갈대 줄기 같은 것을 다발로 묶고 엮어서 만들었고, 배 위에는 돛대가 있고 햇볕을 차단하여 그늘이 들도록 발을 설치해 놓았다. 이렇게 만들어져 있는 고대의 배가 놀랍고 신기하여 한참을 보다가 파타라의 대로에 들어섰다.

이 도로는 포장 재료로 깔린 판석 상태가 아직까지 양호하고, 양옆으로 아직까지 남아 있는 기둥들이 길게 늘어서 있다. 어떤 이유인지는 모르겠지만, 한쪽은 대리석이고 다른 한쪽은 화강암으로 만들어져 있다. 기둥 뒤로는 인도와 상가들이 있었을 주택의 흔적이 남아 있다.

고대 등대로 가기 위해 계속 걸어가면 대로의 끝은 물이 들어차 있고, 그 이후는 습지다. 멀리 폐허가 된 욕장에서 시선을 반대편으로 하여 서쪽 방향으로 1㎞ 정도 걸어가니 고대 등대가 보인다. 정사각형 2층 기단에 절반만 남은 원형 등대는 고대인들의 지혜와 과학이 녹아 있었을 것이다. 첨성대가 별을 보는 목적으로 특화된 건축물인 것처럼, 바다를 항해하는 배들의 길을 안내하는 것이 등대의 목적이다. 고대에 등내가 있었다는 것은 그만큼 밤에도 바다를 항해하는 배가 많았다는 해석이 가능하다. 등대 앞 빈터는 등대의 잔해들인 돌들이 횡렬로 정렬되어 있다. 이것은 복원을 위한 준비 과정일지도 모른다. 장난감도 아닌 돌들을 블록 쌓기를 하듯이 맞출 수는 없을 터인데, 얼마나 많은 공이 들어가야 할까? 여러 궁금증을 갖고 등대 내부로 들어가 계단을 올라가서 등대 위에 섰다. 파타라 해변과 해안가 안쪽으로 고대 항구가 있던 늪지가 보인다. 마치 놀이터라도 되는 듯 린과 예린이 등대 내부를 드나들며 뛰어다니는 모습을 한참 동안 보고 있자니, 생동감 넘쳤을 역사 속의 항구의 모습이 오버랩되었다. 화려한 영화를 누렸을 고대 파타라 문명은 안개처럼 사라지고 흔적만 남은 등대가 빛바랜 사진처럼 보인다.

잠시 들렀던 고대 등대를 뒤로하며 파타라를 떠났다.

레툰

레토 여신의 도시

파타라를 떠나 20분 만에 리키아 연맹 중 신성한 의식의 중심지였던 레툰에 도착했다. 차에서 내리자, 2월임에도 따뜻하게 내리쬐는 햇볕에 나른함이 느껴지며 완연한 봄날 같다. 가끔 길가에 나타나는 사람은 대부분 노인이고, 농로에 트랙터가 다니는 풍경이 우리의 농촌과 비슷한지라 정감이 느껴진다. 특별한 안내 표지판도 없는 레툰 유적지 입구에서 직원은 뮤지엄 패스를 확인하고 들여보내 준다. 눈앞에 처음으로 보이는 것은 보존 상태가 양호한 기원전 2세기의 대극장과 그 앞에서 한가로이 풀을 뜯고 있는 양 떼의 모습이다. 우리나라에 이런 모습이 있다면 국가적으로 난리가 날 상황이지만, 터키에서 벌써 몇 번째 이런 광경을 보게 되는지 모른다. 유적의 보존에 앞서 아내가 싫어하는 것은 양 떼가 가리지 않고 남겨 놓은 배설물이다. 냄새뿐만 아니라 밟지 않기 위해 땅을 잘 보면서 걸어가는 일이 고역이라고 한다. 그러니 유적지에 대한 관심도는 뚝 떨어져 있다. 비록 상황은 이러하지만 레툰 유적지는 우리에게 재밌는 고대 신화 이야기를 선사해 준다.

이 도시의 이름인 레툰은 제우스와 바람을 피워 아르테미스와 아폴론을 낳은 여신 레토를 기념하여 붙인 것이다. 제우스에 의해 레토가 임신하자, 그것을 질투한 제우스의 아내 헤라는 모든 나라의 왕에게 레토가 아이를 낳을 거처를 제공하지 말라는 엄명을 내린다. 그러자 헤라가 두려워서 아무도 레토가 해산할 수 있도록 받아주지 않는다. 레토는 해산 장소를 찾지 못해 떠돌다 아무도 살지 않는 황무지 델로스섬에서 쌍둥이를 낳았는데, 그 쌍둥이가 아르테미스와 아폴론이었다. 이후 레토는 쌍둥이를 데리고 이곳 리키아에 와서 정착하였다. 그 후 레토는 레툰을, 아르테미스는 크산토스를, 아폴론은 파타라를 세웠다고 전해진다. 또 다른 이야기는 레토가 리키아 왕국의 땅으로 들어와 파타라에서 아폴론과 아르테미스를 출산했는데, 해산한 아기들을 씻기 위해 물을 찾던 중 늑대들이 길을 안내하여 크산토스강 상류까지 오게 된다. 이때 크산토스강 상류에서 목동들이 레토를 방해하는데, 레토가 이들을 거북이와 개구리로 둔갑시켜버렸다고 한다. 그래서 고대 도시의 레토 신전 연못에 사는 거북이와 개구리는 레토가 둔갑시킨 그 목동들이라는 전설이 있다.

이들 전설에서 보듯, 이 고대 도시의 주요 볼거리는 레토와 아르테미스, 아폴론의 신전이다. 레토와 아르테미스는 물과 관련이 깊은 여신이라 그들의 신전도 수로가 있는 저지대에 있다. 기원전 3세기에 만들어진 레토 신전은 기둥 2개와 기초가 남아있는 편이지만, 기원전 4세기에 지은 아르테미스와 아폴론 신전은 형체를 알아보기가 힘들 정도로 폐허가 되어 있다. 그래도 헬레니즘 시대에 건설한 아폴론 신전 바닥에는 3명의 신을 나타내는 유명한 모자이크가 있다. 왼쪽의 활과 화살은 사냥의 여신인 아르테미스, 가운데 모자이크는 레토, 오른쪽의 하프는 음악의 신인 아폴론을 상징한다. 물론 모자이크 원판은 페티예 박물관에 있고 이것은 복제품으로 대체한 것이다. 아폴론도 레토 다음으로 중요한 위치를 자치한다. 아폴론 숭배는 파타라에서 시작되어 멀리 퍼져 나가면서 여러 지역에서 아폴론이 태어난 곳으로 삼는다.

레토(서쪽)와 아폴론(동쪽) 신전 가운데에는 아르테미스 신전이 있다. 히타이트인들의 종교 생활에서 발달한 여러 신은 아나톨리아에서 그리스로 전래되었다. 그 예로 아르테미스 신은 키벨라 대모신에서 이름이 바뀌며 이어진 것이다. 리키아에서는 아버지의 이름이 아니라 어머니의 이름을 이어받는데, 다른 나라에서 볼 수 없는 독특한 풍습으로 전해진

레토 신전

대극장에서 풀을 뜯는 양 떼

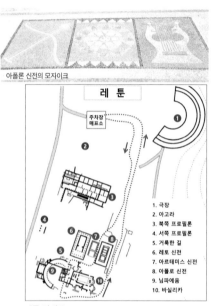

아폴론 신전의 모자이크

레툰 안내도(도보이동 경로)

1. 극장
2. 아고라
3. 북쪽 프로필론
4. 서쪽 프로필론
5. 거룩한 길
6. 레토 신전
7. 아르테미스 신전
8. 아폴론 신전
9. 님파에움
10. 바실리카

다. 그래서 리키아인들에게 어느 가문의 사람이냐고 물으면, 자신의 이름을 말한 뒤에 어머니의 성을 말한다.

만일 한 리키아 여인이 리키아 왕국에서 사는 노예 사이에서 자녀를 낳으면, 그 아이는 자유인이었다. 그러나 가장 중요한 직책에 있는 리키아인 남자라 해도 외국 여자나 흑인 노예인 여자 사이에서 자녀를 낳으면, 그 자녀는 리키아 왕국 자국민으로서의 혜택을 전혀 받을 수 없었다고 한다. 여신의 영향이 컸다는 것은 모계 중심 사회인 리키아에서 여성의 위치가 어떠했는지를 보여 주는 단면이기도 하다.

신전을 모두 둘러보는 데는 20분 남짓으로 충분했다. 물이 가득 고여 습지가 된 아고라의 기둥을 쓸쓸하게 지켜보다 대극장이 보이는 입구로 돌아가는데, 들어올 때 보았던 양 떼는 어디로 갔는지 사라졌다. 다음 목적지인 크산토스에 가기에 앞서서 마트에 잠시 들렀다. 농촌 마을 마트에서도 지역 냄새가 물씬 풍긴다. 몇 가지 과일(토마토, 오렌지, 포도)과 간식 그리고 터키 맥주를 넉넉히 바구니에 담고서 계산하는데, 관광지보다 물가가 상당히 저렴하였다.

*리키아의 수도
크산토스

    크산토스 안내 표지판이 보이자 곧 언덕으로 올라가는 오르막길을 만난다. 이때, 왼쪽에 표지판이 없는 아치문이 보이고, 오른쪽은 네레이드 기념물(Nereids Monument)의 주춧돌 몇 개가 보인다. 이 네레이드 기념물은 영국이 통째로 뜯어 가서 대영박물관에 전시되어 있는데, 현재 가장 인기 있는 전시품 중의 하나라고 한다. 레툰에서 차로 10여 분만에 크산토스 유적지에 도착했다. 매표소 앞에서 차를 세우자 대여섯 마리의 개가 느리게 다가온다. 오전 잠을 즐기고 있던 녀석도 살짝 실눈을 뜨며 우릴 쳐다보다가 기어이 일어나 걸어온다. 어딜 가든지 개들이 우리를 반기고 여행 가이드가 되어 앞서서 걸어가니 안내받는 모양새로 비친다. 유적지는 특별한 울타리도 없고 일반 도로가 가로지르고 있다. 유적지를 대충 둘러봐도 극장과 돌기둥 같은 석묘를 빼면 아무것도 알아볼 수 없는 폐허라 어디에서 무엇을 봐야 할지 막막하다. 기념품 가게를 겸하고 있는 매표소에 가서 뮤지엄 패스를 보여 주며 팸플릿을 달라고 했더니 예상대로 없다고 한다. 별수 없이 준비한 가이드북을 챙겨 들고 안내판 지도를 확인한다. 그사이 린은 주차장 앞에 덩그러니 놓여 있는 고대 대리석 의자에 달려가 앉아서 크산토스 귀족 행세 놀이를 하고 있다. 대충 들여다보아도 고대 유물로 보이는 대리석 의자에서 3천 년 전의 숨결이 느껴졌다. 천천히 대극장 앞으로 걸어갔다. 잠시 극장 앞에 멈춰 서서 아내가 가이드북을 보고 읽어주는 크산토스인의 이야기를 들어보았다. 그 이야기를 듣고 있노라니, 이곳에서 자주독립을 위해 투쟁하며 살다가 사라진 크산토스인들이 저항하는 모습이 신기루처럼 보였다.

크산토스

크산토스

1. 아고라
2. 극장
3. 아크로폴리스
4. 하르피이아 무덤
5. 펠러 무덤
6. 성벽
7. 비잔티움 수도원
8. 펠러 무덤
9. 드로모스 기념비
10. 콜로네이드 거리
11. 바실리카
12. 아고라
13. 신전
14. 리키아인 주거지
15. Esen Çay
16. 네레이드 기념비
17. 아치문(개선문)
18. 로마 열탕
19. 네크로폴리스

크산토스 안내도

크산토스의 역사는 기원전 12세기까지 올라간다. 리키아인들은 히타이트 제국을 침범했던 해양 민족 중 하나였고, 트로이 전쟁에도 참전했으며, 크레타섬에서 왔다고 전해진다. 기원전 540년 페르시아의 침략에 저항하다가 이길 승산이 없어지자 크산토스 남자들은 부녀자와 아이들, 노예와 재산을 모두 요새에 몰아넣어 불태워 버리고, 페르시아 군대에 끝까지 항전을 벌이면서 한 사람도 살아남지 않고 전멸당했다. 이때 살아있던 크산토스인이 있었는데, 그들은 혹서기의 더위를 피해 도시를 떠나 높은 산에 이주해 있던 80여 가

구였다. 그들이 돌아와서 이 비극을 알게 되었고, 다른 곳에서 온 이주민들과 함께 도시를 재건하였다. 이러한 크산토스인의 독립 의지는 여기서 그치지 않는다. 기원전 42년에는 로마 브루투스의 침략을 받았는데, 도시 전체가 똘똘 뭉쳐 마지막까지 싸우다가 항복 대신 집단 자살을 선택한다. 결국 살아남은 사람은 브루투스가 포로로 잡은 150여 명이었다. 폐허가 된 도시는 1년 후 재건되었다. 이런 대단한 독립 정신 때문인지 로마의 속주가 된 이후에도 크산토스는 언어와 풍습을 그대로 간직하였다고 한다. 리키아를 대표하는 수도로서 강렬한 인상을 전해 주는 이야기다.

레툰이 리키아의 종교 중심지라면, 크산토스는 23개의 리키아 동맹[9] 도시 중에서도 가장 큰 규모로 리키아를 대표하는 도시였다. 여러 비문을 봤을 때 이 지역에서 시작된 훌륭한 장묘문화는 고대 리키아와 인근 지역에 직접적인 영향을 준 것으로 보인다. 특히 리키아의 대표적 유적인 암굴묘, 기둥 형태의 석관 등은 헬레니즘 문명권의 장례 예술에서 그 특징이 두드러진다. 고대 세계의 7대 불가사의 가운데 하나인 할리카르나소스의 마우솔레움도 크산토스의 네레이드 기념비를 계승한 것이다. 이곳의 비석에 새긴 명문은 리키아 민족의 역사뿐만 아니라 그들의 언어인 인도유럽어의 고대 형태를 알려주는 중요한 문화유산이자 역사적인 자산이 되고 있다. 시가지에는 비잔티움 시대까지 주민들이 여전히 거주하고 있었는데 이들은 여러 개의 바실리카를 건축했다. 아랍인들이 마을을 폐허로 만든 7세기까지도 바실리카는 유일하게 남아있었다. 그 외에도 로마 시대에 건축된 원형 극장과 아고라 등의 아크로폴리스 유적

---

9) 리키아는 현재의 물라, 안탈리아 등에 해당하는 터키 서남부 지역의 옛 이름으로 여러 문명을 꽃피운 오랜 역사를 지녔다. 리키아는 '트리밀리아'라는 이름을 갖고 있는데, 그것은 파타라에서 고대 도로 표지판이 발견되면서 알려졌다. 오늘날 디르밀이라는 터키 마을이 고대의 트리밀리, 즉 리키아로 판명되었다.

과 비잔티움 시대의 교회가 잘 보존되어 있고, 교회 터 바닥의 모자이크들은 아직도 선명하게 남아있다. 이렇게 리키아는 헬레니즘과 로마 문화를 자신들의 문화와 융합하였다.

이 지역의 젖줄과 같은 크산토스강을 보기 위해 대극장을 지나 남서쪽 끝에 위치한 절벽으로 갔다. 고대에는 큰 강이었을지 모르나 지금은 조그만 하천으로만 보이고, 그 일대는 온통 비닐하우스들이 빼곡하게 들어차 있다. 크산토스라는 이름은 그리스어로 노랑(황금색)색을 뜻하는데 유적 옆을 흐르는 이 강에서 가져온 것이다. 이 일대는 일조량이 좋아서 태양의 땅이라고도 불리는 것을 보면 고대에도 최고의 경작지였을 것이다. 주차장으로 돌아오는 길에 대극장을 지나서 가장 눈에 잘 띄는 사각기둥 같은 무덤 앞에 섰다. 하르피이아(Harpia, 영어로 사이렌(Sirens)) 무덤이라고 불리는 이 기둥식 무덤은 복제품이다. 무덤의 남쪽과 북쪽에 새겨진 여인 얼굴의 새 부조는 그리스 신화에 나오는 상상의 동물로 여겨지고 있는데, 죽은 자의 영혼을 옮겨 주는 바다의 여신으로 추측되고 있다. 그래서 이름도 하르피이아로 붙여졌다. 극장 너머에는 폐허가 된 아크로폴리스가 있고, 극장 북쪽에는 로마 시대의 아고라 터와 비문이 새겨진 기둥식 무덤이 남아 있는데, 깊게 새겨진 비문의 글자를 보고 고대의 문화 수준을 조금이나마 이해할 수 있을 것 같았다. 로마 아고라에서 동쪽으로 길을 건너가면 비잔티움 시대의 바실리카와 리키아식 무덤이 있다.

연이어 폐허만 남은 고대 도시들을 봐서 그런지, 린과 예린이가 지루함을 느끼기 시작하더니 예고했던 일정 중의 하나인 올림포스산에 오르는 케이블카를 언제 타러 가는지 물어본다. 그제야 오늘도 갈 길이 먼 것을 깨닫고 서둘러서 크산토스를 떠나기로 하였다.

카푸타스 비치, 뮈라, 뎀레

☪ 카푸타스 비치

파란 하늘과 짙푸른 바다색이 섞여 그 경계가 모호한 풍경을 따라 꼬불거리며 오르내리는 지중해안 도로를 달리는 맛은 바닐라 아이스크림처럼 달콤하고 시원하다. 이 천혜의 자연을 감상하며 신나게 질주할 때 창문으로 들어오는 따뜻한 햇볕이 사람을 노곤하게 만드는지라 아내부터 눈꺼풀이 무겁다며 스르르 눈을 감더니 린과 예린까지 꿀잠에 빠진다.

20여 분 만에 칼칸에 이르렀다. 칼칸은 오스만 시대에 아름다운 곳이라는 뜻의 칼라마키라고 불리던 작은 어촌에 불과했는데, 현대에 유럽 여행자들의 관심을 끌면서 지중해풍 휴양지로 바뀌었다. 흰색 자미와 붉은 꽃, 파란 바다가 어우러지는 그림 같은 풍경, 아기자기한 가게들이 늘어서 있는 골목, 항구와 해변 근처에는 한가로이 줄지어 서 있는 카페 전망이 훌륭하다는 정보에 도시를 한 바퀴 휙 돌아서 걸어 보고 입맛에 맞는 식당이 있다면 점심 식사까지 겸할 생각을 하고 있었다. 그런데, 아내와 아이들은 몇 번을 깨워도 일어나지 않는 깊은 잠에 빠져 있다. 이런 상황이라면 계획을 조금 달리해야 한다. 지중해 해안 도로를 따라 바다 풍경을 감상하는 드라이브가 여행의 포인트였는데, 이렇게 잠만 잔다면 드라이빙 시간이 무의미해질 것 같아서 곧바로 뎀레까지 질주하기로 한다. 그런데 해안 절벽 길을 조금 가다 보니 지중해 해안 도로의 방점이라 할 수 있는 카푸타스 비치가 눈 아래로 들어온다. 다른 해변은 가 보지 않더라도 이곳만큼은 명성 때문에 그냥 지나칠 수 없어서 차를 세우고 내려가 보기로 했다. 실눈을 뜨며 분위기를 살피던 가족들은 그림 같은 카푸타스 비치를 내려다보더니 차 문을 열고 나온다. 카푸타스 비치의 환상적인 풍경에 클레오파트라도 반해서 해수욕을 하였다고 전해져 오는 말이 사실인 듯, 가족들은 잠이 확 깨나 보다. 날이 따뜻해지면 찾아오는 방문객들로 인산인해를 이룬다고 하지만, 지금은 차 한 대만 주차되어 있을 뿐, 해변에는 단 한 명도 없다. 린과 예린은 높은 계단을 단번에 내려가 해변으로 갔다. 잔잔히 일렁이는 파도에 아이들이 물수제비를 하는 동안 아내와 나는 감청색 바다와 햇볕에 반짝이는 은빛 파도를 보며 조그만 자갈이 깔린 비치를 걸었다.

"아빠~! 물수제비가 안 돼~! 아빠가 한번 해 줘."

예린이가 큰소리로 나를 부른다.

"오케이~! 알았어."

물수제비는 평평한 돌로 해야 잘된다. 그런데 이 많은 돌 중에 평평한 돌이 없다. 둥근 돌로 해 봤지만, 단 한 번도 뜨지 못하고 물속에 그냥 푹 처박히기만 한다. 더구나 파도가 있어서 더욱더 어렵다.

"예린아! 여긴 안 되겠다. 돌이 평평하지 않고 파도가 있어서 튀지 않아. 여기는 해수욕만 하는 곳인가 봐."

옆에서 조약돌을 줍던 린이 말한다.

"아빠. 제가 지금까지 본 바다 중에서 가장 아름다운 바다예요. 바다 색깔이 진한 파란색이라 너무 신비해요. 여름이면 여기서 수영해 보고 싶은데. 이집트 사람인 클레오파트라가 왜 여기까지 와서 놀았는지 이해가 가네요." (린)

"그래? 네가 차에서 자고 있어서 지나가려다가 깨워 본 건데, 그냥 지나쳤으면 엄청 아쉬울 뻔했다. 그치?"

"네. 근데 이제 그만 가요. 바람이 차가워서 추워요." (린)

돌아가려면 내려왔던 높은 계단을 올라가야 하는데, 며칠째 이어진 여행으로 다리에 힘이 빠졌는지 모두가 힘들어한다. 차를 타고 뭐라를 향

카푸타스 비치

카쉬 오도스 하버

해서 출발하자, 다시 모두 낮잠에 빠진다. 운전하는 나까지 지중해 햇살을 이기지 못하고 나른해져서 갓길에 차를 세우고 약 20분 동안 눈을 붙였다. 눈을 떴을 때 요트 선착장이 있는 바다와 고즈넉하고 편안해 보이는 풍경과 독특한 매력을 뽐내는 마을이 보였다. 카쉬[10]였다. 이 도시도 고대 리키아의 유적이 산재해 있지만, 휴양지로 더 유명한 곳이다. 여하튼 이 일대 지중해 해안은 대부분 휴양지 같아 보인다.

---

10) 카쉬는 리키아 동맹의 일원이었던 고대 도시 하베소스가 있던 곳으로 고대 그리스 사람들은 이곳을 안티펠로스라는 이름으로 불렀다. 터키와 그리스의 인구 교환이 있기 전까지 그리스 사람들이 주로 거주하던 곳으로 지금도 터키 내륙보다는 그리스 섬마을의 정취가 강하다.

☪ 뮈라

뮈라는 리키아 지방의 중심 도시로 몰약 때문에 붙여진 지명이라는 설이 있으나 역사적인 증거는 미미하다. 꿀 같은 낮잠 후에 다시 차를 타고 내륙으로 들어가 산길을 달리다 바다가 보이는 산마루를 넘자 넓은 평원이 나타난다. 뮈라와 뎀레가 있는 평원이다. 이 평원은 비닐하우스가 빽빽이 들어차 있어서 평범한 농토를 찾아볼 수가 없다. 굽이지고 경사가 심한 도로를 엔진 브레이크로 속도를 조절하며 한참을 내려가니 곧 뮈라 유적지 입구가 보인다. 비수기라 관광객이 없지만, 기념품 가게와 과일 주스를 파는 가판대가 길게 늘어서 있는 걸 보면 평상시에는 관광객이 많을 것으로 보인다. 과일 가판대에서 압축기로 즉석에서 즙을 낸 석류 주스로 목을 축인 후, 뮤지엄 패스를 매표소 직원에게 보여 주고 빠르게 유적지로 들어갔다. 바로 눈에 들어오는 것은 절벽에 만들어진 동굴 무덤이다. 소위 '바다 묘지'로 불리는 절벽동굴 무덤군이다. 이 무덤은 사람들이 사는 건물의 모습과 비슷하게 입구를 장식했기 때문에 마치 고층 아파트를 보는 듯한 느낌이 살짝 든다. 여러 색깔로 채색된 무덤은 부조로 조각한 인물상 위에 여러 색깔을 칠함으로써 매우 화려한 장식을 한 것으로 소아시아의 무덤 중에서도 가장 아름다운 건축 양식을 보여 준다. 페티예에서 아민타스 석굴 무덤을 제대로 보지 못한 아쉬움을 이곳 절벽동굴 무덤이 대신 달래주었다.

"아빠. 고대 사람들은 죽은 사람을 위해서 무덤을 집으로 만들어 줬나 봐요? 살아있지도 않은 사람을 위해서 전망 좋은 바위산에 무덤을 만든 것이 신기해요. 죽어서 전망을 보면서 살 것도 아닌데…" (린)

"나도 같은 생각이야. 죽은 사람을 산 사람처럼 생각하고 이렇게 전망 좋은 곳에 무덤을 만들었나 봐. 옆에 있는 대극장의 무대도 훤히 잘 보여서 공연도 볼 수 있었겠다. 그치?"

"사람이 죽으면 땅에 묻거나 화장하는 줄만 알았는데, 집처럼 만든 굴에 시체를 넣는 것은 상상도 못했어요." (린)

뭐라 돌 얼굴

"그러게. 무덤이 나라와 지역마다 다르다고는 하지만, 집처럼 생긴 동굴 무덤을 보니깐, 나도 신기하다."

그리고 무덤 동쪽에 있는 극장을 둘러보았다. 이 극장은 관리가 잘 되지 않는 듯 쓰레기와 배설물의 흔적이 있어 썩 좋아 보이지는 않는다. 하지만 고대에 바다를 향해 세워진 극장은 대단히 인상적이었을 것이다. 극장을 제외하면 별다른 유적은 보이지 않았다. 다만 인근에는 그리스인들이 살다가 터키와 인구 교환으로 그리스인은 떠나고 터키인이 들어와 이곳에서 농사를 짓고 있다는데, 이런 연유로 그리스인의 빈집과 교회가 남아있다.

뭐라 극장

짧은 시간 동안 뭐라 유적지 탐방을 마치고, 산타클로스 할아버지가 살았다는 뎀레로 향했다.

☪ 뎀레

뮈라에서 뎀레까지는 차로 5분이면 충분하다. 성 니콜라스 교회와 박물관이 함께 있고, 그 옆에 큰 주차장이 있어서 편하게 주차할 수 있다. 뎀레에 도착하자마자 점심 식사를 할 수 있는 식당을 찾아보기로 했다. 니콜라스 교회는 뎀레 중심가에 위치하고 있어 금방 피데 가게를 찾을 수 있었다. 주인은 전형적인 터키 아주머니였는데, 언어가 전혀 통하지 않아 메뉴를 고르는 데 곤란을 겪었다. 이때 옆 테이블에 영어를 할 수 있는 여학생의 도움을 받아 피데를 주문하였다. 기다리는 동안 오늘의 일정과 자료를 보다가, 올림포스산 케이블카의 운영 시간이 4시까지라는 사실을 알게 되었다. 2시간 정도밖에 시간이 없었다. 점심 식사에 시간을 낭비할 수 없어서 당장 성 니콜라스 교회를 방문하기로 하고, 피데는 포장해 달라고 하여 차를 타고 가면서 먹으면 시간을 벌 수 있을 것 같았다. 옆 테이블의 터키 소녀에게 내 생각을 설명하고 통역을 부탁하자, 그 말을 전해 들은 주인은 빙그레 웃으며 잘 준비해 놓을 테니 걱정하지 말고 교회에 다녀오라고 화답해 주었다. 이왕 포장하는 김에 피데 2개를 추가로 주문하고서 곧바로 성 니콜라스 교회 입구로 달려가 뮤지엄 패스를 보여 주고 교회 안으로 들어갔다. 교회 내부는 현대의 기술보다 더 훌륭했을 것으로 보이는 다양한 색채의 대리석 바닥이 화려하다. 벽면에는 성경 속 이야기가 담긴 성화가 곳곳에 남아있어, 당시 이곳에서 예배를 보던 기독교인의 모습을 상상해 볼 수 있다. 이 교회는 바실리카 양식의 건물로 성 니콜라스를 기념하기 위해 6세기에 세워졌다. 가운데 돔을 중심으로 사방이 연결된 정방형의 건물로 전형적인 비잔틴 양식이다. 동쪽에는 모두 10개의 반원형 계단으로 된 좌석이 있고, 그 앞에 네 개의 기둥으로 둘러싸인 제단이 설치되어 있다. 성 니콜라스 교회 밖으로 나오면 성 니콜라스 동상이 서 있다. 수많은 방문자가 발등을 만지며 쓰다듬었기에 광택이 흐르는데, 린과 예린 그리고 아내도 번갈아 가며 손을 얹고 소원을 빌었다. 나도 터키를 여행하는 동안 안전사고가 없도록 도와 달라는 기도를 하였다. 교회 유적지를 나와 가족들은 주차 장으로 가고 나 혼자 식당으로 서둘러 갔다. 식당 문을 열고 들어가자, 먼저 터키 소녀가 반기면서 주문했던 피데를 건네주고 계산하는 일을 도와주었다. 그 소녀는 언젠가 기회가 되면 한국에 꼭 가고 싶을 만큼 케이팝을 정말 좋아한다고 한다. 여행하면서 한류의 유명세 덕을 톡톡 히 본 느낌이다.

산타클로스가 된 성 니콜라스

서기 270년, 성 니콜라스는 파타라에서 유복한 곡물 상인의 아들로 태어났다. 그는 신앙심이 깊어지자 부친의 유산을 가난한 사람들에게 나누어주고, 성직자가 되어 여러 선행과 기적을 베풀었다. 어느 날 뮈라 주교를 선출하기 위해 회의를 할 때, 전날 밤 신부들의 꿈에 '민중을 이기는 자'를 주교로 정하라는 계시를 받는다. 니콜라스란 이름은 승리와 민중을 뜻하는 합성어로 된 '민중을 이기는 자'라는 뜻이다. 성 니콜라스는 서기 300년경에 뮈라의 주교로 선출되었다. 난파당한 뱃사람들을 보살펴주고, 뮈라에 기근이 일어났을 때는 이곳을 지나가던 곡물 운반선으로부터 곡식을 구해서 주민들에게 나눠주는 일들로 니콜라스는 오늘날 지중해 지역 선원들의 수호성인으로 추앙되고 있다. 바다를 항해하는 여행과 개척의 수호성인인 성 니콜라스의 이름을 붙이는 것은 자연스러운 일이다. 고대 그리스에서 나그네들의 수호신은 헤르메스였다. 헤르메스의 직분을 물려받은 성 니콜라스는 헤르메스의 또 다른 직분이었던 상인들의 수호성인이 되었다.
그리스인들은 아직도 미국이나 오스트레일리아 같은 곳으로 이민을 가서 정교회를 세우게 되면 그 이름을 성 니콜라스 교회라고 짓는다. 또한, 세계 오지에 선교를 위해 지은 첫 번째 교회도 성 니콜라스란 이름을 갖고 있다. 우리나라에 처음 세운 서울 아현동 한국 정교회의 이름도 성 니콜라스다. 중세 이후로 유럽은 12월 6일을 성 니콜라스의 축일로 기념하게 된다. 이후, 뉴욕에 정착한 네덜란드인들이 미국 개신교계에 성 니콜라스 이야기를 전하면서 발음이 영어식으로 변형되어 오늘날의 산타클로스가 되었다.

성 니콜라스 동상

성 니콜라스 교회 제단

*신들이 살았던 땅
올림포스산

뎀레를 떠나 올림포스산으로 향했다.

올림포스산 케이블카 운행 시각이 4시까지라서 1시간 반 동안 쉼 없이 달려야 했다. 그렇게 쉬지 않고 운전하여 3시 45분쯤 기어이 올림포스산 입구에 도착했는데, 도로의 차단기가 내려져 있다. 차의 경적을 울리자 차단기 옆에 있는 초소 안에서 직원이 창문을 열고 말한다.

"영업 끝났어. 못 들어가. 돌아가!"

"내가 알기로 영업 종료 시각은 4시야. 문 열어줘!"

"여기서 케이블카 승강장까지 가는 거리가 멀어서 못 탈 거야."

"그건 내 문제이니깐, 열어줘. 빨리 가면 탈 수 있어. 올림포스산 정상에 올라가려고 한국에서 여기까지 왔으니깐, 날 좀 도와줘."

내 말에 직원은 무전기를 들고 누군가와 통화하고 나더니 말한다.

"문 열어 줄 테니, 케이블카 승강장까지 서둘러서 가야 해! 승강장 직원이 기다리고 있겠다고 했어."

"오케이! 텍셰큐르 에데림!"

케이블카 탑승장까지는 약 6㎞ 정도의 거리인데, 소나무 숲이 우거지고 굽이진 산악 도로였다. 그 길을 쏜살같이 달려 3시 53분에 탑승장 앞에 도착하였다. 아내가 먼저 매표소로 뛰었고, 나도 카메라만 챙기고 뛰었다. 매표소에 먼저 갔던 아내가 허탈한 표정으로 날 보며 말했다.

"여긴 유로만 받는다고 해. 신용카드나 리라 현금은 안 받는다는데⋯. 당신 여기까지 오느라 고생했는데 어떡해?"

아내의 말을 듣고서, 난 주머니에서 지갑을 꺼내며 물었다.

"요금이 얼만데?"

"당신 유로 있어?"

"예전에 쓰다 남은 유로화를 지갑에 챙겨 왔거든."

"4명에 100유로라는데…."

나는 열심히 유로화 지폐를 세었다.

"와우! 정확히 100유로다."

스릴 만점에 가까운 기적 같은 상황이었다.

돈을 건네주며 티켓을 달라고 했더니, 직원은 싱긋 웃으며 표를 건네준다. 그리고 케이블카가 곧 출발할 테니, 승강장으로 서둘러 올라가라고 말한다. 케이블카에 탑승하자 금방 문이 닫히고 서서히 움직이기 시작한다. 케이블카는 지금껏 봐 왔던 것과는 차원이 다르게 컸다. 어느 정도 높이에 오르자 드넓은 지중해와 안탈리아 지방이 한눈에 들어온다. 고도가 점점 높아지면서 산의 나무는 잡목만 남고 눈높이로 보이는 산에는 눈이 쌓여있다. 이때 예린이가 말한다.

"엄마~ 올림포스산 높이가 얼만 줄 알아?" (예린)

"3,000m 이상은 되지 않을까?"

"아냐. 2,365m야." (예린)

"어떻게 알았어?"

"아까 방송에서도 나왔고, 저기 벽에도 쓰여 있잖아." (예린)

"아하. 그렇구나. 너는 방송이 잘 들렸어?"

"응. 대충 알아들을 수 있겠던데?" (예린)

"그래. 영어 공부한 보람이 있네."

"예린아~ 이제 구름을 뚫고 산에 오르면 신을 만나게 되는데, 무슨 신인 줄 알아?"

"올림포스산이니깐, 제우스 아냐?" (예린)

텔레코프(케이블카) 전망

"네가 그걸 어떻게 알았어?" (린)

"그리스 신이 나오는 애니메이션에서 봤어." (예린)

"애니메이션 본 보람도 있네?" (린)

"당근이지! 그러니깐 만화영화를 많이 봐야 해." (예린)

올림포스산 정상까지는 정확히 15분이 소요된다. 케이블카에서 내릴 때가 되자 안내 방송이 나온다. 산에서 내려가는 케이블카 막차가 15분 후에 출발하니 늦지 말라고 몇 번이나 알려준다. 겨우 15분 동안 올림포스산 정상에 머물기 위해 이 모험을 한 건가? 약간 씁쓸했지만, 그래도 케이블카를 탈 수 있었고 정상의 날씨가 좋아서 사방을 훤히 둘러볼 수 있었기 때문에 만족한다. 산 정상에 섰더니 알프스 설산 같은 느낌의 장엄한 대자연과 지중해까지 더해진 풍경이 한눈에 보인다. 한쪽 기둥에 있는 표지판에는 전 세계의 대도시까지 거리가 적혀 있다. 서울은 8,148㎞다.

대부분의 관광객은 정상을 한 바퀴 돌며 사진을 찍다가 불과 10분도 안 되어 춥다며 건물로 들어가 버린다. 높이 솟은 올림포스산의 감상은 4년 전에 융프라우에 올라갔을 때와 비교된다. 린이 말하길, 눈보라가

첬던 그때와 달리 좋은 날씨라 풍경을 제대로 전망할 수 있어서 환상적인 기분이라고 한다. 더욱이 지금까지 타 본 케이블카 중에서 가장 크고, 가장 높이 올라가는 것이 인상적인 데다가, 풍광까지 대단해서 마치 하늘에서 지상을 내려다보는 느낌 때문에 오래도록 기억에 남을 것이다.

혼히 올림포스산이라고 하면 아테네에 있는 산을 먼저 생각하는데, 이름만 같을 뿐이다. 그래서 터키와 그리스 올림포스산 중 어느 산이 신화 속의 올림포스산인지를 두고 학자들의 논의가 있었다. 결국 그리스의 올림포스산이 신화 속의 올림포스산이 되기는 했지만, 그리스를 중심으로 한 지중해 문화권 주변에는 올림포스라는 지명이 여러 곳에 있기 때문에 일부 학자는 올림포스가 단순히 높은 산을 의미하는 그리스어일 것으로 추정하기도 한다.

시간이 다 되어 아쉬움을 뒤로하고 하산하는 케이블카를 타야 했다. 이곳의 영업이 종료되기 때문에 근무하는 직원들부터 기념사진을 찍는 카메라맨까지 모두 케이블카에 타게 되어 사람들이 많아졌다. 산 아래에 도착하여 내리자마자 사람들은 순식간에 차를 타고 내려갔다. 시간이 오후 5시라 애매한 탓에 다음 일정을 어떻게 해야 할지 고민하느라 우리 가족만 덩그러니 주차장에 남았다. 호텔, 올림포스, 츠랄르 중에서 어디로 가야 할지 저울질하다가, 시간에 여유가 있어서 츠랄르 인근에 있는 키메라의 불꽃까지 1㎞ 정도의 산행을 하기로 결정하였다. 계획대로라면 츠랄르 해변으로 이어진 올림포스 유적도 가 볼 생각이었으나, 리키아 3개 도시(파타라, 레툰, 크산토스)의 유적을 본 것으로 만족하고 남은 시간은 키메라의 불꽃에 집중하기로 하였다.

☪ 츠랄르-키메라의 불꽃

츠랄르 마을을 통과하여 키메라의 불꽃[11]으로 가는 등산로 입구에 도착한 시각은 오후 5시 반이었다. 그런데도 어둡지 않아 짧은 산행에는 무리가 없어 보인다. 주차장에는 승용차 2대만 있을 정도로 한적하였다. 매표소 입구에서 어디로 가야 할지 몰라 두리번거리고 있을 때, 어디선가 직원이 나타나 입장료(4명, 32리라)를 내라고 한다.

"관광객이 한 명도 없는데도 돈을 받는구나!"

"그런데 이 돈 받고 직원들 인건비는 나올까?" (아내)

"정부에서 지원을 한다든지 그러겠지… 아니면 우리가 방문객이 없는 시간에 온 것일지도 모르지."

아무도 없는 등산로를 오르기 시작했다. 표지판에는 키메라의 불꽃까지의 거리를 1㎞로 표시하고 있다. 하지만 산에서 1㎞는 상당히 먼 거리다. 그래도 잘 만들어진 등산로에, 100m마다 뒤집어 놓은 플라스틱 봉에 남은 거리를 표시해 주니 마음이 편하다. 200m 남은 거리에서 하산하는 가족 3명이 유일하게 만난 사람이다. 20분 만에 키메라의 불꽃 인근에 다다르자 멀리 바위틈에서 불꽃이 보인다. 비스듬히 경사진 바위틈 여기저기에 불이 붙은 광경이 신기하다. 수천 년 동안 이어져 오고 있는 이 불은 한두 개가 아니라 바위산 위쪽으로 여러 개의 불이 산재해 있다. 어디서 나타났는지 고양이 한 마리가 지킴이라도 되는 듯 불

---

11) 터키는 이 불꽃을 불타는 돌이라는 뜻의 야나르타쉬(Yanar tas)라고 하지만, 고대인들은 키메라의 불꽃이라고 불렀다. 불의 신 헤파이스토스를 숭배하던 고대 도시 올림포스는 이곳에 헤파이스토스를 위한 신전을 세웠다. 키메라는 사자 머리에 뱀 머리 모양의 꼬리, 등에는 염소 머리가 달린 리키아 지방에 살던 불을 뿜는 괴물이다. 키메라는 사람과 가축을 죽이고 농작물과 숲을 태우며 해를 끼치다가 벨레로폰에 의해서 죽는다. 아르기베의 왕비 안테이아가 벨레로폰에게 반해서 유혹하려다가 실패하자 남편인 왕에게는 벨레로폰이 자신을 유혹하려 했다고 거짓말을 한다. 화가 난 왕은 장인인 리키아의 왕 이오바테스에게 벨레로폰을 대신 죽여 달라고 부탁하고, 이오바테스는 무서운 괴물인 키메라를 처치해 달라고 부탁해 벨레로폰을 죽일 계획을 세운다. 하지만 벨레로폰은 페가수스를 타고서 불을 뿜는 키메라의 입에 납을 떨어뜨렸고, 뜨거운 불길에 녹은 납은 키메라의 입을 막아 죽게 만든다. 이후 벨레로폰은 이오바테스의 딸과 결혼해서 그의 후계자가 되었다. 고대에 비하면 지금은 불꽃이 많이 줄었다.

옆에 다가와서 쪼그리고 앉아 주인 행세를 하는 듯하다. 이 깊은 산속에 살고 있으면 야생의 성격이 있어야 할 텐데, 집고양이마냥 우리의 동선을 따라다니며 온순하게 친근감을 보인다. 불을 구경하던 린과 예린은 땅속에 뭐가 있길래 불이 나는지 궁금하다며, 한참 동안 둘이서 논쟁을 벌이다가 땅속에 가스가 매장되어 있을 것이라는 결론을 내리고서는 나에게 맞는지 물어본다.

"만일 가스가 매장되어 있다면 현대인들이 가만히 놔두었을까? 내 생각에는 일종의 석회석 같은 것이 매장되어 있을 거라고 생각해. 좀 더 정확히는 생석회(카바이드) 같은 것인데, 이것이 물과 반응하면 불이 붙는 메탄가스와 비슷한 가스(아세틸렌 가스)가 만들어져. 아빠가 어렸을 때 기억이 있는데, 어른들이 밤낚시를 할 때 카바이드가 있는 통에 물을 넣고 불을 피워서 밤새 조명으로 사용했어. 만일 여기 땅속에 있는 것이 생석회가 맞다면 비가 내릴 때 바위틈으로 물이 들어가서 가스가 더 많이 만들어지고 불은 더 커질 거야. 만일 불이 붙지 않은 상황이라면 가스가 공기 중으로 날아갈 거라고 생각해."

이때 옆에 있던 예린이가 말한다.

"아빠~ 여기 봐 봐. 물에서 기포가 올라오고 있어. 그럼 이 기포가 가스인 거야? 신기하네." (예린)

"어? 정말이네. 그럼 이게 아빠가 말한 그 가스?" (린)

"정말 그런지 불을 붙여서 실험해 보자. 여기에 불을 붙여 보면 가스인지, 아닌지 알 수 있겠지?"

나는 조그만 돌을 여러 개 주워다가 기포가 나오는 곳에 벽을 쌓았다.

"왜 돌로 가스를 막아?"

"가스가 공기 중으로 바로 날아가지 않도록 하는 거야."

그리고 나뭇가지를 꺾어다가 불꽃에서 불을 붙여 옮겼더니 불이 붙었

키메라의 불꽃   츠랄르 해변(올림포스 유적지 입구)

다. 설명한 것들이 실험으로 성공할지 확신할 수 없어서 조금 불안했는데, 체면을 살리게 되어 다행이었다.

"와~! 신기하다."

린과 예린도 불을 붙여 본다며 기포가 나오는 곳을 찾아서 돌을 쌓고 같은 실험을 하였다. 실험 시간이 길어져 날이 조금씩 어두워지는데, 불꽃놀이에 재미가 붙어 다들 내려갈 생각을 하지 않았다. 그만 가자고 채근하고 나서야 모두 자리에서 일어섰다. 불을 지키고 있는 고양이를 두고 오려니 마음이 짠해졌다. 아내가 말하길, 밤에 오면 더 멋있을 것 같다고 한다. 그리고 다음에 오게 되면, 고양이 먹이가 될 만한 간식도 꼭 준비하고 라면도 끓어 먹자고 제안하였다. 난 웃으며 생각은 자유라고 했다. 천천히 산을 내려오면서 몇천 년 동안 꺼지지 않고 있는 이 불이 왜 키메라의 불꽃이라 불리게 되었는지 린과 예린에게 그 이야기를 들려주었다.

츠랄르 입구에 내려왔더니 가로등만 켜져 있고 요금을 받던 직원은 퇴근했는지 인기척도 없이 휑하다. 아직 어둠이 내리지 않아 올림포스 유적지 앞에 있는 츠랄르 해변에도 잠시 들렀다. 이때는 너무 어두워져 올림포스 유적까지 걸어가 볼 엄두가 나지 않았다. 이렇게 계획한 하루의 일정을 마치고 나서야 1시간 거리의 안탈리아 숙소로 향했다.

이블리 미나렛   옛 항구 야경

☪ 안탈리아 야경

안탈리아 숙소는 구도심인 줌후리엣 광장 인근에 있다. 렌터카로 다니기에 복잡할 수 있는 시내에 숙소를 잡은 이유는 옛 항구를 비롯한 구도심의 야경과 아침 일찍 칼레이치 주변을 둘러보기에 편리할 것으로 보였기 때문이다. 호텔 직원이 주차장을 안내하고 짐도 들어다 주는 서비스를 하고, 여직원은 안탈리아 관광 지도를 보여 주며 대략적인 동선을 알려줘서 적잖은 도움이 되었다. 안탈리아 구도심의 번화한 거리를 구경하고, 저녁 식사도 인근 식당에서 할 겸해서 줌후리엣 광장으로 나갔다. 겨울밤이라 그런지 광장은 한적하고 가게들은 대부분 문을 닫아 칼레이치 시계탑까지 가게 되었다. 관광지로서 인기 높은 안탈리아도 겨울은 여행 비수기라 어쩔 수 없는 모양이다. 영업 중인 2층 식당을 발견하고 들어갔더니 식당에 손님은 없었다. 검증되지 않은 외국 음식은 항상 소화에 부담이 따르기 때문에 피하면서 아이들이 좋아하는 피자 종류를 주문하여 잘 먹고 나왔다. 호텔에 가는 길에 본 이블리 미나렛 끝에 걸려 있는 보름달이 인상적이었다. 처음 온 도시의 상징물과 달의 조합이 확률적으로 희박할 것인데, 우연처럼 마주친 것이 뜻깊은 선물로 받아들여진다. 안탈리아는 어감에서 전해지는 느낌이 맑은 파란 하늘과 푸른 바다를 배경으로 따뜻함과 시원함이 동시에 펼쳐지는 풍경이 있을 것 같고, 낭만과 사랑의 꽃이 활짝 피어나며 싱그럽고 아름다운 아가씨를 만날 것 같은 울렁이는 설렘과 보이지 않는 끌림이 일어난다. 설렘이란 많은 동기 부여를 일으켜 주고 에너지를 넘치게 한다. 그 설렘을 일으키게 하는 안탈리아에 우리 가족이 와 있다.

아침 7시에 일어나 샤워를 하려는데 물이 너무 차가워 머리만 감았다. 옷을 입고 아침으로 라면을 먹은 후 차에 짐을 싣고 숙소 앞 해변을 구경했다. 모래가 정말 고왔다. 바다를 구경한 후 고대의 등대를 보러 갔다. 등대에 올라가서 사진을 찍으려면 위험하지만, 벽돌 틈에 발을 딛고 올라가서 사진을 찍었다. 그런데 내려가려고 밑을 보니 계단이 있었다. 괜히 위험하게 올라간 것이었다. 등대에서 사진을 찍고 레툰에 갔다. 레툰에 양 떼가 있었는데 엄마가 유적지에 이렇게 양의 똥들이 많아도 되냐고 기겁하셨다. 양이 유적지에서 너무 자유롭게 돌아다니긴 했다. 레툰에도 대극장은 아니지만, 소극장이 있었다. 나는 극장이 되게 특이한 유적인 줄 알았는데 계속 다니다 보니 터키엔 어느 유적을 가나 극장이 있었다. 레툰에 갔다가 마트에 가서 군것질거리들을 샀다. 마트에 특이한 군것질거리가 있었는데 chamallow라고 분홍색 마시멜로가 있었다. 발음하면 참말로인데 아빠가 자주 쓰시던 사투리이다. 내 추측이지만 매혹이라는 뜻의 charm과 marshmallow를 합쳐 참말로가 된 것 같았다. 쇼핑을 마친 후 차를 타고 크산토스에 갔는데 엄마가 책에서 보신 여인의 얼굴에 몸통은 새인 아이를 안고 있는 괴물 벽화를 찾자고 하셨다. 무덤의 기둥 꼭대기에 그 벽화가 그려져 있었다.

올림포스산에 가는 길에 카푸타스 비치에 들러서 바다를 구경했다. 바다색은 초록색과 파란색의 그러데이션이였는데 바다색의 아름다움에 이토록 감탄한 건 처음이었다. 그 정도로 바다색이 아름다웠다. 아름다운 바다를 구경하고 뎀레에서 피자를 사 먹으러 갔다가 산타클로스 동상을 먼저 보러 갔다.

산타클로스 교회를 구경한 후 피자를 포장해 차에서 점심으로 먹으며 올림포스산에 갔다. 그런데 우리가 몇 분 늦어서 못 들어갈 뻔했는데 아빠의 부탁으로 겨우겨우 들어가서 케이블카를 타고 올림포스산에 올라갈 수 있었다. 올림포스산 정상에는 눈이 정말 많았다. 올림포스산 정상에서 사진을 찍는 도중 바람이 눈가루를 싣고 뺨을 때리는데 따가워서 눈을 제대로 뜨지 못하였다. 사진을 찍고 케이블카를 타고 내려와 마지막으로 츠랄르에 갔다. 츠랄르는 절대로 꺼지지 않는 불이 있어서 유명하다고 한다. 고대부터 이 불은 꺼지지 않고 계속 타올랐다고 기록에 남아있다. 그리고 츠랄르에는 키메라라는 괴물이 살고 있다고 하는데 키메라는 얼굴은 사자, 몸통은 양, 꼬리는 뱀인 괴물이다. 츠랄르에 있는 타흐탈르산을 오르니 꺼지지 않는 불꽃을 볼 수 있었다. 땅에서 계속 나오는 가스 때문에 불이 꺼지지 않고 유지될 수 있다고 한다. 꺼지지 않는 불꽃 옆에서 귀여운 고양이가 쉬고 있었는데 너무 귀여웠다. 꺼지지 않는 불꽃을 구경하다가 물방울 소리가 나길래 주위를 둘러봤더니 물웅덩이 속에서 가스로 이루어진 기포가 나오고 있는 게 보였다. 아빠가 거기에 돌을 덮고 불을 붙여서 꺼지지 않는 불꽃을 하나 더 만들었다. 옆 불꽃 곁에서 쉬던 고양이도 야옹거리며 우리 가족들을 따라와 불을 피우는 걸 구경했다. 너무 귀여웠다. 타흐탈르산에서 내려와 차를 타고 숙소에 갔다. 숙소에서 짐을 풀고 식당에서 저녁 식사를 한 후 집에 돌아와 일기를 썼다.

Part × **8**

모든 민족의 땅, 팜필리아

7일 차

"여행이란 보상이다.
열심히 일한 나에게 재충전과 체험의 기회를 주는
작은 상이다."

[*]싱그러운 곳
안탈리아

아잔 소리에 깨지 않고 잠을 푹 잔 것은 터키에 와서 처음인 것 같다. 시차도 어느 정도 적응이 되었는지 컨디션이 많이 좋아져서 몸이 상당히 가벼운 느낌이다. 떠날 채비를 마치고 호텔 레스토랑 오픈 시간에 맞춰서 스카이라운지로 올라갔다.

호텔 스카이라운지에 있는 레스토랑은 안탈리아[12] 구도심 풍경이 훤히 내려다보이는 특별한 공간이다. 하지만 오늘은 날씨가 흐려서 안탈리아의 따가운 태양은 볼 수 없다. 뷔페식 식단은 깔끔하고 보기 좋게 잘 차려져 있고 맛이 독특한 몇 가지 음식만 빼면 그럭저럭 입맛도 괜찮았다. 빛깔 좋은 음식이 맛있어 보여 구미가 당기는 대로 많이 먹은 탓에 속이 더부룩하니 개운하지 않아 컨디션이 그리 좋지 않을 것 같은 예감이 든다. 단 하루 일정으로 안탈리아 구도심과 박물관, 페르게, 아스펜도스, 시데를 차례로 둘러보고 가능하다면 콘야에서 세마 공연까지 볼 계획인데 잘될지는 지켜봐야 할 것이다.

☪ 줌후리엣 광장

아침 식사를 끝내자마자, 곧바로 안탈리아 구도심 투어에 나섰다. 아이야 호텔 골목을 빠져나가 줌후리엣 광장에 들어섰다. 아직 이른 시간인

---

12) 안탈리아는 터키의 최대의 휴양 도시다. 기원전 7세기부터 그리스의 이오니아인과 아이올리스인이 이주해서 살았고, 고대에는 팜필리아라고 불렸다. 페르가몬 왕국의 아탈로스 2세는 항구로 적합한 이곳에 도시를 건설하고 그의 이름을 따서 도시 이름을 아탈레이아로 하였다. 셀주크 제국이 지배하면서 안탈리아로 불리게 되었다.

아타튀르크 동상과 소녀들

시계탑

데다 날씨가 흐려 묘한 분위기가 느껴지는 가운데 전차가 종소리를 울리며 지나가자 다른 세계에 빠져드는 듯하다. 전망대 위에 서면 옛 항구와 구도심이 한눈에 보인다. 비잔티움 시대부터 바다와 내륙을 이어주던 항구를 보면 소란스러움보다 고요한 매력에 젖어 든다. 무너진 로마 시대의 성벽과 낡아 보이는 빨간 지붕이 곧 무너져 버릴 것 같아 불안한 마음이 들기도 한다. 광장 위쪽의 말을 탄 아타튀르크의 커다란 동상이 있는 풍경은 날씨 탓인지 몽환적인 분위기를 연출한다. 적막이 흐르는 분위기를 반전시킨 것은 동상 중턱에 앉아있는 4명의 터키 소녀들이었다.

"메르하~바! 아저씨~! 사진 찍어 주세요!"

소녀들이 나를 큰 소리로 부르며 손을 흔든다.

"터키인들은 애들조차 사교적인 걸까? 동상에 올라가 있는 걸 보면 좀 얌전하지 않은 애들인 것 같기도 하고…." (아내)

어찌 되었든 나는 곧 사진을 찍어주었다.

"오케이~ 치즈~"

"어느 나라에서 왔어요?"

"서울, 코리아~"

"우리 케이팝 정말 좋아해요~! 아저씨, 여기 올라와서 우리 함께 사진 찍어요."

"안 돼. 우리는 바빠서 그만 가 봐야겠어~! 좋은 하루 보내~ 귤레귤레."

"아저씨! 행복한 하루 보내요. 귤레귤레."

터키 소녀들이 본 한국인의 모습이 남달랐던 걸까? 나에게 하트를 날리며 친근감을 표시하고 경쟁하듯 말 한마디라도 더 하려고 하는 터키 소녀들 덕분에 가족 앞에서 괜히 우쭐해졌다.

"봤지? 아빠 아직 안 죽었어. 내가 외국에 나오면 통하는 인물이야."

"헐~ 그게 아니라 특이하게 생긴 사람을 봐서 그랬겠지!" (아내)

☪ 시계탑&칼레이치

광장에서 몇 걸음 더 걸어가면 시계탑이 나온다.

구시가지 성벽의 일부인 시계탑은 안탈리아의 상징과도 같다. 고대 도시를 둘러싸며 성벽을 이루던 80개의 탑 가운데서 현재 이 탑만 유일하게 남아있다. 터키 국기가 날리는 깃발과 시계는 지금껏 봐 왔던 시계탑과는 다르게 이색적인 모습이다. 도시를 굽어보며 홀로 우뚝 솟은 시계탑은 유구한 역사를 간직하고 있는 만큼 현재 구시가(칼레이치)로 향하는 관문 역할을 하고 있다. 시계탑 안쪽은 고대 성벽으로 둘러싸인 안탈리아의 관광 중심지인 칼레이치다. 칼리이치는 '성안'이라는 뜻이다. 칼레이치 안의 복잡한 골목에는 여행자 숙소인 예쁜 펜션들이 늘어서 있다. 항구 남동쪽 언덕에 남아있던 오스만 시대의 집들과 로마 시대의 항구를 복원하면서 국제적인 관광지가 되었다. 성벽은 헬레니즘 시대에 처음 만들어졌지만, 오늘날 남아있는 것은 로마 시대의 것이다.

☪ 이블리탑

시계탑 뒤로는 안탈리아의 상징인 이블리탑도 보인다. '틈이 있다.'라는 뜻을 가진 탑으로 푸른빛이 감돌기로 유명하다. 13세기 셀주크 제국의 술탄이었던 알라에딘케이바트가 세운 이블리탑은 모스크에 딸린 미나렛이었다. 하지만 현재 이슬람 사원은 없어지고 높이 38m의 첨탑만 남아 있다. 이 사원 또한 비잔티움 시대에는 교회로 사용하던 건물이었는데, 셀주크 시대에 이슬람 사원으로 사용하기 위하여 첨탑을 세운 것이다.

☪ 하드리아누스의 문

구시가지와 신시가지 경계인 도로를 따라 남동쪽으로 가면 유명한 하드리아누스의 문이 나온다. 로마 제국 5현제 가운데 한 명인 하드리아누스가 안탈리아를 방문한 기념으로 아테네의 하드리아누스의 문을 본떠 만든 것이다. 거대한 아치형 성문과 코린트 양식의 기둥, 그리고 아름

하드리아누스의 문

다운 조각이 새겨진 3개의 아치가 있다. 중앙 문 아래에는 두 줄이 움푹 들어간 마차 자국이 남아있고, 문의 양쪽으로는 사각형의 탑이 있다. 오른쪽 탑은 13세기의 셀주크의 술탄이 만들었고, 왼쪽 탑은 로마 시대의 것이다. 이 성문은 고대에 도심으로 들어가는 유일한 통로였는데, 현재는 지면보다 3m 정도 낮은 위치에 있다. 이것은 로마 시대의 유적이 현재의 칼레이치보다 땅 아래에 있음을 말해 준다. 중세 때 만들어진 건축물보다 화려함을 보여 주기에 한참 동안 구경하다 칼레이치 골목으로 들어가 칼레이치 박물관으로 향했다. 골목마다 상점과 펜션, 레스토랑, 바(Bar) 등이 빼곡히 들어서 있는데, 영업을 준비하느라 주인들이 분주하게 움직이고 있다. 이곳이 바가 많은 번화한 지역이었다는 걸 알고 있었다면, 어젯밤에 들러서 터키의 밤 문화를 즐길 수 있었을 거라며 아내가 무척 아쉬워한다. 흐린 날씨가 이어지더니 결국 가랑비가 내리기 시작하여 빠른 걸음으로 칼레이치 박물관에 갔다. 하지만 아직 영업을 시작하지 않고 있어, 기념품 가게를 누비다가 발걸음을 돌려 카라알리오울루 공원에 이르렀다.

☪ 카라알리올루 공원&흐들록탑

카라알리올루 공원에 이르자 드넓은 지중해 바다가 나타났다. 바다 앞으로 겹겹이 늘어서 있는 섬들이 지중해 분위기를 한층 더해 주는 가운데, 린은 공원에 왜 대포가 있는지 신기하다며 이리저리 둘러본다. 오른쪽으로 보이는 절벽 해안은 절벽의 높이가 고층 빌딩 높이보다 높은 데다가 길게 늘어져 있다. 그 한가운데 쑥 들어간 곳에 흐들록탑과 항구가 위치하고 있다. 14m 높이인 흐들록탑은 기원전 2세기에 건설된 것으로 높이 5.5m의 대포가 있다. 유력한 로마인의 무덤이거나 바다를 지키는 망루였다는 설이 있지만, 자세한 내력은 알려지지 않고 있다.

☪ 옛 항구

흐들록탑을 끼고 돌아 지그재그 계단을 내려가면 밋진 옛 항구 선착장 앞에 서게 된다. 2세기부터 지중해를 오가던 배들이 정박하던 칼레이치 선착장에는 여전히 여행자의 이목을 끄는 멋진 배들이 정박해 있다. 안탈리아를 이야기할 때면, 이 항구가 제일 먼저 떠오르게 된다. 바위 절벽이 둘러쳐진 안정감과 바닷물 속의 조약돌까지 깨끗하게 보이는 맑은 물, 중세풍 외형에 돛을 달고 각기 개성을 드러낸 다양한 배가 있는 풍경이 아름답기만 하다. 그 풍경 속에 연인으로 보이는 남녀가 방파제에서 사진을 찍는 모습은 한 폭의 그림이다.

지금은 이 항구를 대신해서 콘야알트 해변 쪽에 새로운 항구가 만들어졌기 때문에 이곳은 관광객들을 상대하는 투어 보트나 작은 요트들만 정박하고 있다. 바다에서 볼 수 있는 유람선 투어는 안탈리아 해변을 맛보기에 제격이라고 하는데, 계절이 겨울인 데다 날씨까지 흐린 탓에 유람선을 탈 수 없어서 아쉽다. 항구를 가로지르는 산책을 마치고 줌후리엣 광장으로 연결되는 엘리베이터를 타고 올라가면 항구 주위를 전망하는 테라스 카페와 식당들이 운치 있게 늘어서 있다. 2시간 동안 걸었던 안탈리아 구도심 투어는 여기까지다. 이제 호텔로 돌아가서 렌터카를 타고 안탈리아 고고학 박물관으로 가야 한다.

☪ 신들의 갤러리, 안탈리아 고고학 박물관

구도심에서 안탈리아 고고학 박물관까지는 차로 5분 거리다. 박물관 매표소 앞에 주차하고 박물관 투어를 이어갔다. 선사시대부터 고대 그리스, 로마, 셀주크, 오스만 시대의 유물까지 총망라한 이 박물관은 아나톨리아 지역에서 가장 풍부한 역사적 유물을 간직한 곳이라는 명성을 얻고 있다. 아름답고, 훌륭한 대리석 조각 작품을 보면 최고의 박물관이라 치켜세워도 손색이 없다. 인근 고대 도시에서 발굴한 유물을 모두 이곳에 모아놓은 듯 보이는데, 발굴지 표시를 보면 페르게가 가장 많아 보였고, 아스펜도스, 시데가 그 뒤를 따른다. 고고학 박물관 견학은 오후에 방문하게 될 이들 도시의 문화적 위대함을 사전에 알고 가게 되는 좋은 에피타이저가 될 것이다.

수많은 신들의 조각상 가운데서도 나의 눈을 독보적으로 사로잡은 것은 아프로디테였다. 보는 이에 따라 관능적으로 보인다고 할 수도 있겠지만, 여체의 아름다움을 사실적으로 잘 표현한 작품이다. 보면 볼수록 매력적인 모습에 고대인이 신체적인 면에서 현대인과 다를 바가 없거나 더 아름다웠을 것 같다는 상상에 빠지게 한다. 현대인들이 정적인 일상을 보내야 하는 일과와 달리, 고대인은 동적인 생활이 많았을 것이라 추측되므로 신체 발달이 잘되어 더 아름답지 않았을까? 또한, 정교한 대리

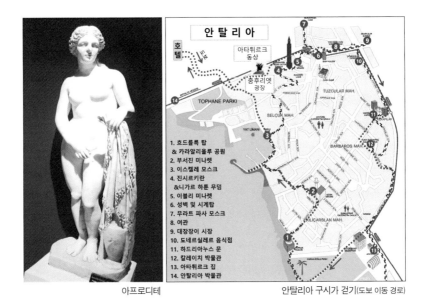

안탈리아

1. 흐드를록 탑
& 카라알리올루 공원
2. 부서진 미나렛
3. 이스켈레 모스크
4. 진시르키란
&니가르 하툰 무덤
5. 이블리 미나렛
6. 성벽 및 시계탑
7. 무라트 파샤 모스크
8. 여관
9. 대장장이 시장
10. 됴네르실레르 음식점
11. 하드리야누스 문
12. 칼레이치 박물관
13. 아타튀르크 집
14. 안탈리아 박물관

아프로디테

안탈리아 구시가 걷기(도보 이동 경로)

석 조각상만 놓고 비교하면 고대의 예술 수준이 현대보다 더 뛰어났을 것 같다는 생각은 나만 하는 것일까? 서구 열강이 세계를 주름잡던 시대에 가져간 문화재들이 전시된 영국, 프랑스, 독일의 박물관은 세계 최고라고 불리면서 여기에 전시된 조각상보다 더 훌륭한 작품들을 전시하고 있다. 하지만 그 작품들은 약탈해 간 것들이라 고향에서 멀리 떨어진 실향민처럼 보이는 데다, 출처와 동떨어진 도시에서 보게 되는 탓에 생뚱맞게 느껴지거나 현실감이 떨어진다. 하지만 이 박물관은 이 지역에서 출토된 유물을 전시하고 있어, 더욱 현실감 있게 느껴지므로 고대로 시간 여행을 하는 듯한 착각에 빠진다.

안탈리아 고고학 박물관을 나오면서 조각에 대해 깊이 생각하게 되었다. 악기를 연주할 수 있는 연주자가 되기까지는 지루함을 극복할 인내와 노력이 필요한데, 제대로 된 작품을 만들 수 있는 미술 조각가가 되는 것도 그와 마찬가지였을 것이다. 이런 훌륭한 작품을 만들기 위해서 고대 예술인들은 많은 학습을 했을 것이고, 그 노력의 결과물이 고대 도시에 전시되었을 것을 생각하면, 예술혼의 깊이가 현대인들보다 더 뛰어났을 것 같다. 현대인들도 이와 같은 작품을 만들어 낼 수 있을까? 물론 똑같은 복제품을 만든 것을 보면 가능하다고 할 수 있다. 하지만 독창적인 예술품은 불가능할지도 모른다. 흥미진진했던 박물관 관람을 마치고 나니 오전이 훌쩍 지났다.

박물관에서 페르게로 가던 중에 뒤덴 폭포에 잠시 들리기로 했다. 뒤덴 폭포는 알렉산드리아 폭포라고도 한다. 내륙에서 흐르는 강줄기가 바다에 이르러 갑자기 약 40m에 이르는 해안 절벽 아래로 떨어지는 해안 폭포인데 물보라를 일으키는 풍경이 볼만하다. 서쪽 방향으로 곳곳에 난간이 있는 전망대가 있어 폭포를 보기에 편리하다. 물론 칼레이치 항구 선착장에서 유람선을 타고 와서 바다 쪽에서 바라보는 풍광이 더 웅장할 것이다.

이제 안탈리아를 떠나 모든 민족의 땅이라는 의미의 팜필리아의 세 도시를 차례로 가게 된다. 팜필리아는 안탈리아에서 아나톨리아반도 남동부의 킬리키아까지 펼쳐진 해안 지역을 말하는데, 히타이트 제국이 멸망한 후에 이주한 그리스인들이 이미 정착해 있던 원주민들과 융합되어 살아가면서 이러한 이름이 붙었다.

팜필리아의 수도
페르게

 빗방울이 조금씩 흩날리기 시작하더니 페르게에 가까워질수록 가랑비치고는 제법 많은 비가 내린다. 뒤덴 폭포에서 25분 만에 페르게 유적지 입구에 도착하여 우산부터 꺼냈다. 매표소 앞에는 기념품 판매 좌판이 늘어서 있는데, 비 때문에 좌판을 비닐로 덮어씌우고 장사를 접은 모양새다. 하긴 우리 가족 말고 내 눈에 보이는 관광객은 겨우 5명 정도라 손님도 없는 셈이다. 안내도를 보면 좌측으로 대극장이 시선을 끌지만, 철조망으로 막아 관람을 금지하고 있다. 다음으로 눈에 띄는 것은 길게 뻗은 대경기장인데 접근하는 쪽은 관중석이 사라지고 평지가 되어 무성한 잡초 사이로 경기장 안에 들어갈 수 있는 길이 있다. 촉촉하게 비가 내리는 가운데 인적이 없다. 생명력이 넘쳤을 그 시대의 엉핑은 그 어디서도 찾아볼 수 없다. 길이 234m에 폭 34m인 이 경기장은 약 1만 4천 명을 수용하는 관중석을 갖추고 있고, 관중석을 지지하는 아치 안쪽에는 방들이 만들어져 있다. 아치들은 세 개마다 하나씩 운동장 안으로 들어갈 수 있도록 뚫려 있어 출입구로 쓰고 나머지는 상점으로 쓰였다. 페르게 시민들은 경기가 있는 날이면 이곳에서 경기를 즐기고 쇼핑도 하지 않았을까? 안쪽으로 들어갈수록 대전차 경기장의 원형을 제대로 볼 수 있을 만큼 상세해진다. 상태가 좋은 관중석 맨 윗자리로 올라서니 기다란 경기장의 모습이 한눈에 들어와 실제 모습을 상상해 보기에 충분하다.
 고대 그리스에서 유래한 전차 경기는 전쟁만큼 위험했지만, 황제부터 시민에 이르기까지 인기가 많았다. 전차는 병사를 태우고 말이 끄는 전투용 마차로 펼치는 전쟁의 기술이 운동 경기로 이어진 것이다. 빠르게 달리는 속도감과 서로 부딪치며 내는 굉음이 사람들을 흥분시켰을 것이고, 성별과 신분에 따른 좌석 구분이 없었다는 점도 인기에 한몫했다고 한다. 즉, 신분과 남녀 차별이 없는 공식적인 만남의 장소였다고 할 수 있을지도 모른다. 로마 시대의 대경기장은 현재 77곳이 남아있는데, 터키에만 30곳으로 가장 많이 남아있는 걸 보면, 고대 아나톨리아반도의 문화 수준이 다른 지역을 압도했을 것이다. 심지어 장례식에서도 전차 경기를 열기도 했다고 하니, 그 인기가 얼마나 높았을지 짐작이 간다. 마침 터키에 오는 비행기 안에서 영화 〈벤허〉를 시청했는데, 전차 경주 장면은 박진감이 넘쳐 흥분의 도가니로 몰아넣는 최고의 오락이었음을 잘 증명해 보였다. 폐허가 된 이곳도 〈벤허〉의 전차 경기장을 생각해 보니 과거 실제의 모습을 그려내기에 부족함이 없었다.

관중석 위에서 경기장 밖을 보면 전형적인 그리스 도시의 모습이 남아 있는 페르게 유적지가 보인다. 넓게 들판에 펼쳐져 있는 유적에서 과거 영화를 누리던 페르게의 모습은 그리스 신화로 볼 수 있다. 트로이 전쟁이 끝난 뒤, 그리스인이 이곳에 와서 페르게를 세웠고, 번영한 팜필리아의 중심 도시가 되었다. 팜필리아 도시들은 기원전 6세기부터 리디아의 지배를 받다가 페르시아 제국의 지배를 받는다. 그 후 기원전 333년 알렉산더 대왕이 왔을 때, 페르게 시민들은 성문을 열어 환영하였고 충성하는 동맹국이 되어 알렉산더 대왕을 도왔다.

안탈리아 고고학 박물관에서 보았던 페르게의 조각상이 압도적으로 많았던 것과 현재 남아있는 도시의 규모를 보면 페르게가 팜필리아의 중심 도시였다는 말을 금방 이해할 수 있다.

짓궂게 비가 내리던 터라 경기장만 보고 돌아갈까 했는데, 경기장에서 본 도심 유적의 규모가 넓고 커서 그냥 지나치기 아쉽다는 생각이 들었다. 가족들에게 의견을 물으니, 도시 유적으로 들어가면 볼 게 많을 것으로 보인다며, 모두 둘러보고 가자는 데 의견이 일치했다. 그러나 막상 도심에 들어서니 좌우로 들어선 건물 유적과 골목이 많아 모두 돌아볼 엄두가 나지 않는다. 그래서 대로를 따라 걷는 것으로 경로를 정하고, 로마 성문부터 아고라가 있는 신전으로 걸어가며 공중목욕탕, 수로, 지하 배수로까지 남아있는 도시 시설을 차례로 둘러보았다.

도시 입구인 로마 성문과 헬레니즘 성문, 말굽 모양의 성벽을 지나면, 이 도시의 공공사업에 기부한 사람들에 대한 기록이 있는 대리석 기념물이 길거리에 늘어서 있다. 조금 더 가면 오른쪽에 로마 시대의 공중목욕탕이 있다. 구들이 그대로 남아있어 열탕의 원리를 이해하고 목욕탕 욕조의 폐허를 통해서 당시의 엄청난 규모와 기술을 추측할 수 있다. 대로에는 대리석이 깔려 있고 가운데에는 물이 흐르는 수로가 있다. 즐비하게 늘어선 열주가 너무나 인상적이다. 바로 오른쪽이 정사각형으로 된 아고라 자리인데, 아고라 중앙에는 상업의 신 헤르메스의 신전이 있었다. 대로 끝은 물이 흘러내리는 분수대가 있고 그 너머는 아크로폴리스 자리다. 우리는 분수대까지 갔다가 돌아왔다. 비록 폐허가 되어서 완전한 모습을 볼 수 없는 페르게 유적이었지만, 디테일한 요소들이 곳곳에 남아있다. 그것을 보는 린과 예린은 호기심에 빠진 강아지마냥 이리저리 살펴보고 다니느라 꽤 많은 시간을 소비하였다.

점심시간이 훨씬 지난 오후 2시가 되자 린과 예린이 배가 고프다고 한다. 그렇지 않아도 오던 길에 식당을 찾아봤지만, 마땅히 눈에 띄는 곳이 없어 주차장에서 비상식량(컵밥, 어묵탕, 쥐포 등)으로 점심을 대신하고 아스펜도스로 향했다(35분 소요).

헬레니즘 문

열주로

경기장

페르게

Acropolis

1. 네크로폴리스
2. 로마 문
3. 목욕장
4. 가이우스 율리우스
   코르누투스의 궁전
5. 님파에움
6. 신전
7. 아크로폴리스 입구
8. 교회 유적
9. 아르테미스 신전
10. 헬레니즘 게이트
11. 아고라
12. 교회
13. 대로
14. 경기장
15. 대극장

■ 매표소
주차장

페르게 안내도(도보 이동 경로)

원형 그대로 보존된 원형 극장
아스펜도스

아스펜도스 극장 앞 주차장엔 승용차 2대만 있을 뿐이다. 지금은 이슬비가 와서 그런지 쓸쓸하고 찾는 사람이 없어 휑할지 모르지만, 이 극장을 꼭 보고 싶어서 아스펜도스에 왔다. 아스펜도스 자체도 로마 시대의 유적이 잘 남아있는 유서 깊은 도시다. 그리스 신화에 따르면 트로이 전쟁이 끝난 후 그리스군의 명의이자 아폴론 신의 아들로 알려진 '몹소스'라는 영웅이 여러 민족을 이끌고 와서 아스펜도스를 세웠다고 한다. 그 유적들 사이에 특히 아스펜도스 원형 극장이 가장 잘 보존되어 있는 것이다. 2천여 년의 역사 속에서 약 1만 5천 명의 관객을 수용할 수 있는 아스펜도스 원형 극장은 지난 1994년부터 해마다 아스펜도스 국제 오페라 발레 축제를 개최하고 있다. 이 극장은 이 지역 출신의 건축가인 제논이 설계하였고, 마르쿠스 아우렐리우스 황제 시대에 만들어졌다. 음향 시설이 없음에도 불구하고 무대 위의 노래가 관객석까지 잘 들려서 고대 로마 건축의 우수함을 여실히 보여 주고 있다. 극장 앞 매표소를 통과하면 오른쪽의 입구를 통해 극장 안으로 들어갈 수 있다. 여행하는 동안 폐허가 된 극장만 보다가 완벽히 복원된 극장에서 고대 로마 시대 극장의 모습이 어떠했을지 제대로 볼 수 있는 기회였다. 아내와 아이들이 반원형으로 된 관객석 최상층에 올랐을 때, 나는 관객석의 사진을 찍기 위해 무대에 섰다.

"아~! 아~! 잘 들려?"

"엄청나게 잘 들려. 아빠, 동영상 찍게 노래 한번 불러 봐." (예린)

"정말?"

"다른 사람들이 있나 봐 봐." (아내)

"저기 두 명 있었는데 나갔어. 빨리 불러 봐~" (예린)

관광객은 단 2명이기 때문에 어느 정도 소리를 내도 괜찮을 것 같았다.

"오케이…. 준비됐어?"

"시작해~!" (예린)

> 웬 아이가 보았네 들에 핀 장미화
> 갓 피어난 어여쁜 그 향기에 탐나서
> 정신없이 보네 장미화야 장미화
> 들에 핀 장미화

어디서 용기가 생겼는지 나지막하게 예린이를 위한 〈들장미〉를 불렀다. 예린이가 잘 들린다며 또 불러 달라고 한다. 극장의 소리 전달 효과가 어느 정도인지 이 정도면 확인이 된 것 같다. 예린이에게 자리를 바꾸자고 제안하였다. 예린이가 무대에 서고 나는 관객석 끝에 섰다. 작게 말하는데도 소리가 울리면서 잘 들렸다. 극장에는 공명 효과가 있어 웬만큼 노래를 부르기만 해도 잘 부르는 것처럼 보인다. 이 극장의 객석 일부는 그리스 전통에 따라 아크로폴리스를 이루는 나지막한 언덕 비탈을 이용하였고 나머지 부분은 평지에 아치를 받쳐서 세웠다. 귀빈석은 아래쪽 객석 양 끝에 이름이 적혀있다. 특권층을 위한 일등석을 따로 만든 셈인데 출입구도 별도로 연결된다. 무대 한가운데에 있는 삼각형 지붕 모양의 공간에는 꽃에 둘러싸인 디오니소스 신이 조각되어 있다. 비잔티움 시대에 이 극장은 교회로 개조된다. 그 후 셀주크 시대에는 카라반사라이로 사용되었고, 13세기부터는 궁전이 되었다. 터키 공화국이 들어서자 아타튀르크가 이 극장을 방문하고서 복원을 지시하여 현재와 같은 극장의 모습을 갖추게 되었다. 극장 뒤 언덕에는 아크로폴리스가 위

치하고 있다. 극장만 보
고 가기가 섭섭하여 아크
로폴리스까지 걷기로 했
다. 오른쪽 경사면을 따
라 올라가면 저수조와 바
실리카 형식의 교회, 아고
라 등이 있지만, 보존 상
태는 좋지 않다. 조사한
자료에 의하면 아크로폴
리스 언덕 뒤쪽으로 식수
보급을 위한 수도교가 볼
만하다고 한다. 아스펜도

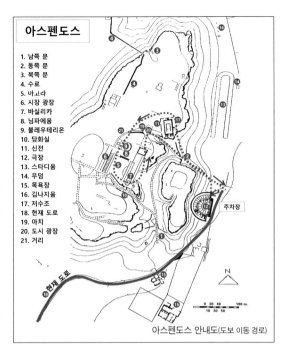

아스펜도스 안내도(도보 이동 경로)

아스펜도스

1. 남쪽 문
2. 동쪽 문
3. 북쪽 문
4. 수로
5. 아고라
6. 시장 광장
7. 바실리카
8. 님파에움
9. 불레우테리온
10. 담화실
11. 신전
12. 극장
13. 스타디움
14. 무덤
15. 목욕장
16. 김나지움
17. 저수조
18. 현재 도로
19. 아치
20. 도시 광장
21. 거리

스는 빗물 저장소만으로 물을 사용하다가 인구가 늘자 물이 부족하여
19㎞ 정도 떨어진 산에서 물을 끌어오기 위해 수도교를 건실하는데, 중

아스펜도스 극장

간에 길이 약 1.6㎞, 깊이 50m에 달하는 넓고 깊은 골짜기가 있어서 수도교를 세우기가 어려웠다. 그런데 당시에 사이펀(Siphon) 원리를 이용하여 교각을 높이 세우지 않고도 계곡을 가로질러 물을 끌어올 수 있었다. 고대의 과학적인 기술을 엿볼 수 있는 좋은 기회였지만, 멀어서 가서 보는 것은 무리였다. 단, 악수강이 흐르는 아스펜도스 인근의 시골 풍경을 감상하는 데 만족하고 아스펜도스 탐방은 여기에서 마치기로 하였다.

나는 아스펜도스를 고대 문화의 허브라고 말하고 싶다. 고대 극장이라 하면 대부분 폐허가 되어버린 유적들만 보고 다니다가, 이렇게 잘 복원된 극장을 보는 것만으로 고대의 극장 문화가 어떠했을지 궁금증을 해소시켜 주었기 때문이다. 고대 문화의 허브였던 도시는 가랑비에 촉촉히 젖어 싱그럽게 보이는 풀잎처럼 아스펜도스의 영화를 여름마다 재현하는 문화재로 피어나게 되었다. 이제 우리는 고대 문화의 도시 아스펜도스를 뒤로하고 휴양과 관광의 도시 시데로 떠났다.

시데

    렌트한 첫날부터 험한 도로를 달리느라 차 외부는 흙투성이가 되어버렸다. 그러다가 오늘 내리는 비에 어느 정도 씻겨졌다고 생각했는데, 주유하러 들어간 주유소 직원의 눈에도 얼마나 더럽게 보였는지 물을 뿌려 가며 차의 앞뒤를 솔로 대충 닦아 준다.

    "텍세큐르 에데림!"

    시원스럽게 던진 감사의 인사말에 직원은 수줍어하는 웃음으로 화답한다. 계산은 현금으로 하고 다시 차를 타고 달리는데, 4차선 도로를 사람과 개들이 무단횡단하는 상황에 처음엔 놀라고 어이가 없었다. 하지만 이런 상황이 자꾸 반복되다 보니, 이젠 그러려니 하면서 피해가게 된다. 한참을 달리자 어느덧 하늘이 맑게 개었다(시데까지 약 50㎞, 30분 소요).

    시데에 가까워지자 고대 유적지로 보이는 돌무더기들이 눈에 들어온다. 팜필리아 지방에서 제일의 항구도시였던 시데는 고대 아나톨리아 말로 석류라는 뜻이다. 기원전 7세기경 이즈미르 근처에서 이주해 온 에올리아인이 식민 도시를 세운 후, 알렉산더 대왕이 점령하기 전까지 그들만의 언어를 쓰는 등 독립성을 유지하였다. 알렉산더 사후부터는 팜필리아 도시들과 비슷하게 그리스화되는 역사를 거치게 된다. 곧 폐허가 된 성벽을 통과하고 대극장을 지나 주차장으로 들어갔다. 페르게, 아스펜도스와는 달리 관광객들이 많아 주차 공간을 찾지 못해 애를 먹다가 겨우 주차에 성공했다. 시데를 상징할 수 있는 것이 아폴론과 아테나 신전이기 때문에 눈에 띄는 것들은 접어두고 곧바로 상점들이 늘어선 길을 누비며 해안가로 향한다. 시데는 육지에서 1㎞ 정도 튀어나온 폭

400m의 곶에 세워졌다. 고대에는 가파른 낭떠러지 위에 높은 성벽을 쌓고 해자를 파서 방어가 튼튼한 도시였다. 시내 중심가는 카페와 식당, 기념품점, 카펫 등의 가게들이 늘어서 있는데, 비수기인 겨울임에도 관광객이 많아 활기가 넘친다. 아내는 바닷가에 있는 아폴론과 아테나 신전을 본다는 설렘으로 앞장서서 걸었다. 빨리 가기 위해 골목길을 잘못 들었던지, 유적을 발굴하는 지역을 통과하자 하얀 대리석으로 만든 코린트식 기둥이 보인다. 아테나 신전이다. 곧 짙푸른 지중해가 펼쳐진 모습도 드러났다. 안토니우스와 클레오파트라가 사랑을 나누었다는 전설 같은 이야기를 간직하고 있는 데다 아름다운 자연 때문에 꿈 같은 낭만이 숨 쉬는 풍경이다. 안토니우스와 클레오파트라는 해변에 맞닿은 신전에서 석양을 바라보며 휴양을 즐겼을 것이다. 아테나 신전은 지고지순한 사랑을 지켜온 듯 해안에 우뚝 서 있는 모습이 단연 돋보인다. 4개의 기둥에 보가 무너지지 않고 얹어져 있는데, 긴 세월과 모진 자연의 풍파가 어떠했는지를 여실히 보여 주듯 살갗이 벗겨진 것처럼 기둥 위쪽이 많이 닳아 있다. 고대부터 바닷바람을 맞고 쓰러지지 않고 지켜온 절개가 깊어 보인다. 그동안 사진 찍기를 그다지 좋아하지 않던 아내가 기둥 옆에 서서 사진을 찍는 모습이 흡사 아테나 여신으로 보인다. 여신 옆에 서 있는 예린이는 갓 태어난 아프로디테를 닮아 보이고, 덩그러니 혼자서 아폴론 신전 위에서 서성이는 린의 모습이 심상치 않다. 신전에 있던 아폴론의 모습이 이러했을까? 장난꾸러기 같던 모습은 어디로 사라졌는지 알 수 없고, 깊은 생각에 빠진 철학자의 모습으로 비치기도 한다. 우리 모두가 고대 신들의 모습으로 비친다.

이 신전 뒤쪽의 모래벌판에는 원래 항구가 있었다고 한다. 우리는 방파제가 있는 부두를 돌아서 극장까지 직선으로 연결된 길을 따라 돌아오는 길에 터키 국기와 아타튀르크 동상을 보았다. 몇 번이나 바뀐 팜필

서데 아테나 신전

시데 아고라

리아 지방의 현재 주인이 터키라는 것을 강조해 보이려는 것 같다. 늦은 오후 시간이라 관광객들도 조금씩 빠져나가기 시작하고, 우리도 그 행렬을 따라 주차장 앞에 있는 극장으로 갔다. 몇 번이고 봐 왔던 극장이지만, 시데의 극장은 어떤 의미가 있을까? 언덕이나 산비탈을 깎아 관객석을 만드는 그리스 공법과는 달리 평지에 만들어졌기 때문에 아치를 이용해 벽을 쌓은 전형적인 로마 공법으로 만들어진 극장인데, 1만 5천 명에서 2만 명 정도를 수용할 수 있었다. 매표소를 통과하여 계단을 올라가면 관객석 맨 위층 가운데로 이어진다. 아스펜도스처럼 완벽하진 않

시 데

1. 도시성벽
2. 도시 문
3. 님파에움
4. 수로
5. 6. 식민지 거리
7. 집
8. 9. 주거지
10. 상업 아고라
11. 극장
12. 아고라 욕장 (박물관)
13. 개선문
14. 디오니소스신전
15. 식민지 거리
16. 바실리카
17. 항구 욕장
18. 아폴로 신전
19. 아테나 신전
20. 남쪽 바실리카
21. 신전
22. 기념비적 분수
23. 대욕장
24. 25.비잔티움 건물
26. 아고라
27. 세레당
28. 주교 궁전과 바실리카
29. 필리푸스 아티우스 벽

지만, 보존이 잘된 편이다. 로마 시대인 2세기에 지어진 것이라 연극 공연과 검투사의 결투, 맹수와 싸움을 하는 검투 경기장이었다. 이후 비잔티움 시대에는 교회로서 예배를 보는 장소로 사용되었다. 무대 너머로는 고대의 아고라 자리까지 보인다. 아고라에는 많은 상점이 있던 것으로 보이는데, 팜필리아와 칼리키아의 다른 항구 도시들처럼 해적질과 노예 매매로 번성한 도시답게 잡혀 온 노예에 대한 거래가 이곳에서 이루어졌다. 극장을 나오면 도시 바깥쪽으로 성문을 통과하게 된다. 로마 제

국 쇠퇴기에 도시 규모가 축소되면서 만들어진 새로운 문이다. 방어를 위해서 문 양옆에 탑이 세워져 있다. 원래는 큰 아치 형태로 된 문인데 돌로 쌓아 막고, 그 밑에 외적의 침입을 쉽게 막기 위해 문의 크기를 줄여 작은 아치문을 다시 만들었다. 성문을 나가기에 앞서 베스파시아누스 황제의 분수대가 보인다. 아내에게 린과 예린을 데리고 박물관이 된 로마 시대의 목욕탕, 열주로를 둘러보면서 시데 성벽까지 걸어가라고 하고, 나는 주차장으로 가서 차를 끌고 성벽 앞으로 갔다.

시데 유적 탐방은 여기까지다. 숙소가 있는 콘야까지 가려면 오후 6시에 출발해도 3시간 이상을 달려야 하므로 저녁 9시 이후에나 도착할 수 있다. 떠나기에 앞서 저녁 식사를 할 수 있을 곳을 찾다가, 마침 성벽에서 멀지 않은 곳에 맥도날드가 있어 차를 세우고 식사를 하기로 했다. 맥도날드의 햄버거는 린, 예린이가 가리지 않는 음식이라 마음이 편하다.

☪ 타우로스산맥

이제 지중해 해안 지역을 떠나 콘야가 있는 내륙 지역으로 들어가게 되는데, 해발 2,000m에서 3,700m 사이를 오르내리는 거대한 타우로스산맥을 넘어야 한다. 이 거대한 장벽은 아나톨리아고원과 지중해 지역을 갈라놓은 탓에 기후도 완전히 달라진다. 지금까지 여행한 지중해 지역은 겨울에도 영하는커녕 영상 10도를 넘나들고, 여름에는 바다에서 불어오는 시원한 바람 덕분에 사람이 살기 좋은 반면, 해발 600m에서 1,200m인 아나톨리아고원 지대는 겨울에는 춥고 여름에는 섭씨 50도까지 올라가는 혹독한 기후 조건이다. 겨울이라는 계절 특성 때문에 이 산맥을 넘을 때 행여 폭설이라도 만나게 되어 발이 묶이지나 않을까 내심 걱정을 많이 하였다. 오후까지 내렸던 비가 산간 지역에서는 눈으로 내렸을 것으로 생각하니, 제설 작업이 잘 이루어졌기를 바랄 뿐이다. 고지대에 이르자 예상대로 많은 눈이 와 있었고, 날도 금세 어두워져 긴장되기 시작한다. 고속도로처럼 넓은 4차선 도로지만 도로포장이 거칠고 모래가 많이 깔려 있어 승차감이 좋지 않아 피로가 더해졌다. 계속해서 고도가 올라가자 도로에 눈이 쌓인 곳이 많아져서 제대로 속도를 낼 수도 없는 상황에 이르렀다. 행여 미끄러지지나 않을까 한층 더 불안해지는데, 가끔 지나는 차들을 보고 운행을 할 수 없을 정도는 아닌 것으로 판단되어 안도하였다. 하지만 노면 상태를 알 수 없어 속도를 제대로 내지 못하는 상황에서 고속버스가 내 차를 추월하며 지나갔다. 고속버스와 속도를 맞춰서 따라가면 안전할 것 같은 생각이 들어 안전거리를 유지하며 같은 속도를 내서 달렸다. 셀 수도 없이 많은 고개를 지나서 타우로스산맥을 넘자 아나톨리아고원 평지에 이르렀다. 타우로스산맥은 아나톨리아반도 남서부 끝에서 시리아의 국경 지대까지 지중해를 따라 길게 늘어서 있다. 타우로스란 말 자체가 그리스말로 황소란 뜻으로 소의 등뼈를 닮았다고 해서 이름이 붙여진 것이다. 이 산맥에서 유프라테스강과 티그리스강이 발원한다고 하니 인류 문명의 물길이 시작되는 산맥이라 정의할 수 있다.

콘야에 가까워지면서 내리막길이 이어지다 산 능선을 돌아가자 칠흑 같은 암흑에서 갑자기 불빛 호수 같은 평원이 펼쳐졌다. 콘야다. 높은 건물 없는 평원에 가로등 불빛이 휘황찬란하게 빛나는 콘야는 아름다운 미지의 세계로 비친다. 밤 9시가 될 무렵에 메블라나 박물관 인근에 있는 마스나비 호텔을 찾아 들어갔다. 차 문을 열고 나오자 찬 공기가 코끝을 빨갛게 상기시키고 내쉬는 숨마다 입김이 쏟아져 나왔다. 지중해 연안과 달라진 온도 차이 때문인지 도시의 분위기도 확연히 다르다. 두툼하게 옷을 꺼입고 다니는 사람들, 도로를 달리는 전차의 모습에서 겨울 동유럽이나 모스크바 같은 묘한 분위기가 느껴진다.

호텔 로비에 들어가 체크인을 하고 나니 직원은 주차장까지 와서 짐을 들어 주는 서비스를 제공한다. 곤한 잠에 빠져 있던 린과 예린은 갑자기 들이닥친 추운 한기에 놀라 몸을 웅크리며 정신을 차리지 못하다가 한참 후에야 패딩을 입고 호텔에 들어갔다. 호텔은 오래되어 낡아 보이는데 메케한 냄새까지 살짝 풍긴다. 하지만 비교적 깨끗한 편이다. 메케한 냄새의 아릿한 기억이 있어 더듬어봤더니 초등학생 시절 학교에서 때던 갈탄 냄새 같았다.

콘야에 오면 세마 공연을 관람하고 싶었다. 그러나 시간이 너무 늦은 데다 장시간 운전으로 피로감도 커서 쉬는 것으로 생각을 바꾸고 호텔 직원에게 문의조차 하지 않았다. 그래도 맥주는 한 잔이라도 해야 여독을 풀 수 있을 것 같아 호텔 주변의 가게를 배회하였다. 을씨년스럽게 차갑고 사람도 거의 없는 도로에 상점을 찾아 여러 곳에 들어가 보았지만, 단 한 곳도 주류를 판매하지 않는다. 실컷 헛걸음하고 나서야 콘야가 터키 이슬람 중심지, 즉 메블레비 교단의 성지라는 것을 깨닫게 되었다. 그래서 콘야 사람들은 다른 지역보다 더 보수적이고, 이런 이유로 예전부터 콘야에서 술집을 찾기 힘들다고 한다. 야밤에 낯선 얼굴의 동양인이 상점에 불쑥 들어와 술을 찾는 모습이 상점 주인에게 어떻게 비쳤을까? 호텔에 돌아와 콘야의 정서를 알고 나서 괜스레 창피해졌다.

2 월 11 일

아침 7시에 일어나 샤워를 하고 호텔에서 아침 식사를 했다. 팬케이크에 잼을 발라 먹는 게 가장 먹을 만했다. 아름다운 풍경을 보며 조식을 먹을 수 있었는데 노래는 방정맞게 안 어울렸다.

아침 식사를 마치고 안탈리아 시내를 둘러보러 나갔다. 가장 먼저 정체 모를 동상이 보였는데 동상 위에 이상한 꼬마 4명이 앉아서 웃고 떠들고 있었다. 그 여자애들은 우릴 보고 인사했다. 나는 '여기 애들은 학교에 안 가나?' 하는 의문이 들었다. 아빠는 아랑곳하지 않고 동상 사진을 찍었는데 아빠 말로는 사진을 찍어 주니 꼬마들이 아주 좋아했다고 한다. 그리고 시계탑을 보고 그 옆에 있는 이블리 자미, 이블리 미나레를 보았다. 나는 블루모스그와 비슷한 게 있으면 나 블루모스그라고 불렀다. 그리고 하드리아누스의 문을 보러 갔다. 하드리아누스의 문은 130년경에 로마 제국의 하드리아누스 황제가 이곳을 방문한 것을 기념하기 위해 세운 거대한 아치형 성문인데 과거에는 옛 도심으로 들어오는 유일한 관문이었다고 한다. 안탈리아 시내를 둘러본 후 숙소로 돌아가 차에 짐을 싣고 차를 타고 안탈리아 고고학 박물관에 갔다. 안탈리아 고고학 박물관은 안탈리아 지역에서 가장 풍부한 역사적 유물을 간직한 곳으로 안탈리아 인근의 고대 도시에서 발굴한 유물을 모아 놓은 박물관이다. 안탈리아 박물관을 둘러보고 나왔는데 공작새가 자유롭게 마당을 돌아다녔다. 특히 수컷 공작은 깃을 펼치지 않아도 무척 아름다웠다. 안탈리아 박물관에서 나온 후 뒤덴 폭포에 갔다. 뒤덴 폭포는 강물이 바다로 바로 떨어지는 폭포여서 특이하고 멋있었다. 뒤덴 폭포를 구경한 후 차를 타고 페르게에 갔다. 페르게는 기원전 1200년경 트로이 전쟁 후 이주한 그리스인들이 세운 도시로 팜필리아의 중심 도시였다고 한다. 페르게엔 목욕탕과 스타디움 등이 있었는데 비가 너무 많이 와서 페르게를 다 둘러보고 차에 타니 옷이 다 젖어있었다. 다음으로는 아스펜도스에 갔다. 아스펜도스에 있는 원형 극장 무대에서 아빠가 노래를 불렀는데 꼭대기에 있어도 아빠의 노래를 매우 잘 들을 수 있었다. 그 옛날에 어떻게 이렇게 뛰어난 음향 효과를 만들어낼 수 있었는지 의문이 들 정도로 놀라웠다. 마지막으론 시데에 갔다. 시데는 고대 아나톨리아 말로 석류라는 뜻으로 팜필리아 제일의 항구 도시였다고 한다. 먼저 아폴론 신전과 아테나 신전에 갔다. 이곳이 안토니우스가 클레오파트라에게 첫눈에 반한 역사적인 장소라고 한다. 바다 옆에 세워진 대리석 기둥이 정말 아름다웠다. 그리고 고대 원형 극장을 보러 갔는데 그곳은 검투사들이 경기장으로 썼다고 한다. 그리고 아고라에 가서 구경했는데 그곳은 노예들을 경매하는 곳으로 사용되었다고 한다. 옛날 사람들이 사람을 사고팔았다는 게이해가 안 된다. 지금은 상상도 할 수 없는 일이다. 이제 다 마치고 콘야로가기 위해 아빠가 차를 끌고 왔다. 나는 너무 배가 고파서 아빠한테 배고프다고 말했다. 아빠는 차를 맥도날드 앞에 세우고 저녁을 먹으러 들어갔다. 더블 맥치킨버거를 시켰는데 맛있어 보였는지 김예린이 자기 것을 놔두고 내가 먹고 있던 치킨버거를 계속 먹게 해달라 했다. 맥도날드에서 저녁을 먹은 후 3시간 동안 차를 타고 콘야에 있는 숙소로 향했다.

Part 9

터키 이슬람의 중심, 콘야

8일 차

"나에게 여행이란
다음 여행 때까지 나를 움직이게 하는 배터리다."

---

*양의 가슴
콘야

☾ 콘야의 과거와 현재

창문이 가려져 있어서 밖이 보이지 않는 호텔이다. 이제는 이른 아침에 듣는 아잔 소리도 익숙해지고 있다. 1층 식당에 아침 식사를 하러 내려갔더니, 식사 중인 사람들의 모습이 많이 다르다. 그들 중에는 여행자들도 있지만, 대부분 공사 현장에 일하러 온 사람들로 보였다. 터키 노동자의 일상이 시작되는 삶의 일면을 엿보는 기회였다.

흔히 미국을 인종 전시장이라고 한다. 전 세계의 인종이 뒤섞여 있으니 적절한 표현일 수 있다. 그렇다면 터키의 경우엔 유라시아의 인종 전시장이라고 하면 어떨까? 우리와 비슷한 동아시아와 서유럽, 중동, 인도, 슬라브, 게르만 등 유라시아 사람들의 외모가 비친다. 호텔에서 식사 중인 노동자의 외모가 이처럼 다양하게 보이는 이유일 것이다.

콘야는 땅이 기름진 평원에 있고 기후도 온화한 편이라 사람이 살기 좋은 곳이다. 내륙의 중심지이면서 평원 지대에 있어 고대부터 사방으로 도로가 뚫린 교통의 중심지라 상업도 발달했다. 콘야평야에서 생산되는 밀은 터키 전 국민의 1년 식량이 되고도 남는다고 한다. 이렇게 풍부한 농산물이 생산되는 지역이기에 옛날 사람들은 이곳에 '양의 가슴'이란 뜻의 이름을 붙였다.

셀주크 터키 제국의 수도답게 도심 곳곳에 아름다운 석조 예술품들이 남아있다. 당시 유명한 예술가와 건축가, 철학자, 과학자 등을 초빙하여 학교를 세웠고, 셀주크 문화가 꽃을 피웠다. 하지만 많은 사람이 콘야를 찾는 이유는 셀주크의 수도였기 때문이 아니라 이슬람 신비주의 메블레비 교단의 발생지이기 때문이다. 코냐 사람들은 터키에서 가장 독실한 이슬람 신앙심을 보이고, 이에 강한 자부심을 가지고 있다. 일반 대도시에서는 상상할 수도 없는 보수적인 종교 분위기를 여행자들도 쉽게 느낄 수 있다. 심지어 터키 주류 제조업의 중심지임에도 불구하고 술을 판매하는 식당은 찾아보기가 힘들고, 아무리 뜨거운 여름일지라도 거리 여인들의 옷차림은 머리부터 발목까지 몇 겹씩 가려져 있다고 한다.

☪ 메블라나 박물관

 호텔 근처에 위치한 메블라나 박물관의 개방 시간(9시)에 맞춰 길을 나섰다. 콘야의 핵심은 바로 이 박물관을 방문하는 것인데, 전 세계적으로 잘 알려진 세마의 명성 때문에 일 년에 백만 명 이상의 관광객이 몰려온다. 박물관 앞에는 전형적인 오스만 투르크 전통 양식의 웅장한 셀리미예 모스크가 있다. 이 모스크는 술탄 술레이만 1세가 자신의 아버지 셀림 1세를 위해 지었다. 그 옆에 녹색 타일로 덮인 원추형 지붕 아래가 메블라나 루미의 무덤이 있는 메블라나 박물관이다. 현재 메블라나 박물관 자리는 원래 셀주크 술탄의 장미 정원이었는데, 메블라나 루미의 아버지인 바하 웃딘 발라드가 죽은 후 그의 무덤 장소로 제공되었다. 그 후 메블라나 루미가 죽자 그의 제자들은 그의 시신을 아버지 무덤 옆에 묻었다. 그리고 16개의 홈과 초록색 타일로 된 탑 아래에 영묘를 세우고 자신들이 세운 메블레비 교단의 본부로 삼았다. 터키 공화국의 아타튀르크가 법령으로 모든 수도원과 종교의 교단이 폐쇄되기 전까지 이곳에서 메블레비 교단의 수도승들이 수행했고, 1927년부터 메블라나 관련 물건을 전시하는 박물관으로 일반인들에게 공개하게 되었다.

우리보다 먼저 와서 첫 방문객이 된 일본인 단체 여행객을 따라 매표소 입구에 들어섰다. 관람 동선을 잘 모르는 상황이지만 일본인 여행자들과 함께 움직이니 불편함이 덜하다. 박물관에 들어갈 때는 원래 신발을 벗고 맨발로 들어가야 하는데, 지금은 입구에 비치된 비닐 주머니로 신발을 감싼 후에 들어간다. 입구에서 곧바로 메블라나 루미의 가족과 수도승들의 관이 놓여 있는 것이 보인다. 그중 가장 크고 화려한 것이 메블라나 루미의 무덤이다. 관 위에는 술탄 압뒬하미드 2세가 하사한 금실과 은실로 코란 구절을 수놓은 천이 덮여 있다. 지금껏 여행하며 고대의 석관과 기독교식의 무덤만 보다가 우리가 생각하지 못했던 전혀 다른 양식의 무덤을 보고 문화의 다양성을 느꼈다. 영묘를 지나면 메블라나 루미가 입던 옷과 사용하던 물건들과 그의 시집, 이슬람 선지자 무함마드의 수염을 보관한 상자 등이 전시되어 있다. 또한, 수도승들의 생활 모습을 보여 주는 밀랍 인형이 사실적으로 묘사되어 있고, 복도에는 당시 수도승들이 쓰던 악기와 망토, 조끼 등의 민속 유물이 진열되어 있다. 오른쪽에 보이는 부엌은 식사 준비만 하는 곳이 아니라 메블레비 춤을 가르치던 교육 장소였다. 박물관의 많은 방은 원래 모스크로 쓰이던 곳인데, 지금은 화려한 삽화가 그려졌거나 금박으로 수를 놓는다거나 포켓용으로 만든 오래된 코란들이 전시되어 있다. 박물관에 전시된 화려하고 다양한 물품들을 보며 그들의 종교적 열정에 감탄이 절로 흘러나온다. 생소한 종교 유물을 보고 눈이 휘둥그레진 린과 예린이에게 수피즘[13]과

---

13) 610년 예언자 무함마드가 메카에서 이슬람을 완성한 이후 서아시아와 아프리카, 인도, 동남아시아 등을 중심으로 이슬람교가 전파되어 퍼져 나갔다. 하지만 아랍어로만 읽고 아랍어를 통해서만 신의 가르침을 알 수 있다는 코란 경전은 글을 아는 지식인들의 전유물이 되었다. 이슬람 신비주의인 수피즘은 이런 배경에서 나왔는데, 코란을 읽지 못하는 사람이라도 신을 만날 수 있고, 가르침을 접할 수 있다는 믿음이었다. 코란 암송 대신 기도와 명상, 노래와 춤을 통해서 신의 세계를 경험하고자 한 것이다. 경전은 따르지만, 문자 그대로의 해석을 강요하지 않고, 다양한 존재인 자신의 내면에서 신과의 합일을 추구하는 신비주의 종파다. 이들이 밀판에서 주로 짐승의 털옷(suf)을 입고, 거친 음식을 먹으며, 내면으로 들어가 존재의 근원인 알라를 만나는 수행을 했기에 수피(sufis)라고 불렀다. 아랍어를 사용하지 않아 이슬람이 낯설고 힘들었던 사람들에게 수피즘은 놀라운 영향력을 미치게 된다. 수피즘 중에서도 메블라나 루미가 터키 콘야 지방을 중심으로 만든 메블레비 종단이 가장 영향력 있고 체계가 잡힌 교단이다. 페르시아의 철학자이자 시인인 루미는 가난하고 무지한 이슬람 민중들에게도 실천적 명상과 기도를 통해 신을 만날 수 있다는 믿음을 주게 되는데, 인간에 대한 깊은 사랑과 종교적 관용이 사상의 핵심이었다.

메블라나 박물관

루미의 무덤

수도승 밀랍 인형

세마춤[14]에 대한 글을 보여 주었다. 아이들에게 생소함은 호기심을 채워 주는 것으로 보일 때도 있지만, 지금은 낯선 문화가 주는 이질감을 쉽게 받아들이기 어려워하는 것 같다. 뾰족한 초록색 지붕을 뒤로하고 호텔에 돌아가던 길에서 상가에 크게 걸린 터키 국기를 보며 터키가 갑자기 생소하고 어색한 나라로 보였다.

☪ 알라딘 모스크&공원

호텔에서 체크아웃하고 차로 5분 만에 알라딘 공원 앞으로 가서 공터에 주차하였다. 공원은 겨울이라 한적하고 특별히 볼 만한 것도 없어 보인다. 그래서 공원과 알라딘 모스크를 30분 만에 빠르게 둘러보기로 하였다. 콘야가 셀주크 제국의 수도였다고는 하지만, 그 시대의 유적이 별로 남아있는 것도 없다. 그 이유는 몽골의 침입으로 도시가 철저하게 파괴당한 뒤, 오스만 제국 시대에는 지방 도시로 전락했기 때문이다. 그나마 남아있는 것은 셀주크 시대에 술탄의 대관식이 열리던 알라딘 모스크다. 1219년에 알라딘 케이쿠바드 1세가 완성한 건물로 이 술탄의 이름을 따서 알라딘 모스크로 불린다. 근래에 보수한 듯 깨끗한 건물로 보이는 이 모스크 안으로 신발을 벗고 들어가 보았다. 60여 개의 기둥과 바닥 전체를 깔고 있는 양탄자 외에는 특별히 눈에 띄는 것이 없어 종교적 사상이 없는 우리에겐 대강당 같은 느낌이다. 단 설교단이 특징적으로 눈에 들어오는데, 이것은 셀주크 시대의 예술품 가운데서도 가장 오래되고 아름다운 나무 조각 작품으로 꼽힌다. 모스크 한쪽에는 셀주크 제

---

14) 세마의식(세마춤)은 신과의 소통을 목적으로 하는 이슬람의 신비주의 수피교파인 메블라나교 수도사들이 수행할 때 춤을 추는 종교의식이다. 한 시간 이상 같은 동작으로 계속 도는데, 우주의 신과 융합하는 경건한 종교의식이자 명상 수행법이다. 어렵고 형식에 치우친 코란의 율법이 대중과의 거리감이 크다는 판단에서 가장 단순한 참선의 형태로 루미가 만든 것이다(2008년 유네스코 세계 무형 문화재 등록).

국 술탄들의 무덤도 있다. 아무도 없는 모스크를 가족과 함께 둘러보니 남의 집에 몰래 들어간 듯한 기분이 들었다.

콘야 시내는 고층 건물이 없어서 알라딘 언덕에서 콘야 전체가 고스란히 드러나 보인다. 하지만 공기가 탁해서 시야가 좋지는 않았다. 나중에 추론한 것인데, 공기 오염에 의한 스모그라는 생각이 든다. 어제 맡았던 메케한 냄새를 시내에서 계속 맡아야 했고, 대기가 뿌연 상태인 것도 날씨 탓이라고만 생각했다. 그런데, 콘야를 떠나 도시에서 멀어지자 하늘이 깨끗해지고 메케한 냄새도 사라졌다. 90년대 초까지만 해도 콘야는 전형적인 농업 도시였는데, 지금은 중앙 아나톨리아의 새로운 공업 중심지로 성장한 결과로 거대 도시가 되었다. 그에 따라 공해 문제를 떠안게 된 것으로 보인다.

콘야에는 우리가 방문한 메블라나 박물관, 알라딘 공원 외에도 볼만한 명소들이 상당히 많지만, 아쉬움을 뒤로하고 떠나야 한다. 괴레메로 이동하면서 셀리메 수도원, 으흘랄라 계곡, 데린쿠유까지 방문해야 하는 히루 일정이 빠듯하기 때문이다.

실크로드 상인의 쉼터
카라반사라이

☾ 오브룩한 카라반사라이

코냐를 벗어나자 공기가 맑아지고 하늘이 푸르다. 그리고 눈 덮인 평원이 끝없이 펼쳐진다. 흡사 몇 년 전에 다녀온 미 중부의 대평원을 달리는 느낌이다. 이토록 넓은 땅이 비옥하기까지 하다니, 이 지역에서 나오는 밀을 터키 전 국민이 모두 먹어도 남는다는 말이 당연하게 들린다. 이 드넓은 설원을 1시간 정도 달려 오브룩한 호수에 도착했다.

바깥 공기가 차가운 탓에 린과 예린이 나오지 않는다고 하더니 오브룩한 호수를 보고 신기하다며 먼저 뛰어가서 본다. 호수 가까이 가면 급격히 떨어지는 절벽이라 가까이 가지 말라고 해도 소용이 없다. 큰 소리로 다그치고 나서야 제자리에 멈추었는데, 절벽까지는 경사가 완만한 폭이라 모험만 하지 않으면 안전하게 구경할 수 있다. 오브룩한 호수의 모습은 큰 원에 감청색 물이 고여 있는 모습이다. 움푹 꺼진 형상은 호수라기보다는 대형 우물 같다고 하는 편이 맞을 것 같다. 원래는 지하수가 흐르던 곳이었으나 지진으로 인해 땅이 꺼지면서 그곳에 지하수가 새어 나와 호수가 생겨났다고 한다. 오브룩한 호수는 파란 원천석들이 녹아 파란 색깔의 작은 호수인데, 직경 약 1㎞, 수심은 약 200m나 된다. 이 기이한 자연의 결과물은 패키지 여행사에서 필수로 방문하는 명물이다. 이 호수 옆에는 폐허가 된 오브룩한 카라반사라이가 있다. 이 건축물은 13세기경에 지어진 것으로 카파도키아에서 악사라이를 지나 콘야로 가는 길목에 있던 대상들의 숙소였다. 실크로드를 따라 동방에서 서방으

오브룩한 호수   오브룩한 카라반사라이

로 오가며 장사하던 상인들에게 숙박 시설, 목욕탕, 식사 등과 같은 편의 시설을 제공한 수많은 숙소 중의 하나다. 옛 상인들은 낙타와 함께 카라반사라이에서 지친 몸을 쉬기도 하고 기도를 하기도 했다. 상인들에게 이곳을 무료로 이용하도록 하였다고 하니 상인들이 실크로드에서 얼마나 중요한 역할을 담당하였는지 가늠할 수 있다. 이제는 외벽만 남아있어 실제 숙소로 사용할 수는 없지만, 외벽의 크기만으로도 당시의 규모를 짐작할 수 있다. 주변의 교회를 파괴해서 가져온 돌을 섞어서 건축하여, 벽에는 기독교를 나타내는 모양이 새겨진 돌을 볼 수 있다. 나라가 망하면 신성시되었던 것들조차 어떻게 되는지 고스란히 보여 주는 현실이다. 내부로 들어가 보면 실크로드 대상들이 사라지고 폐허로 변한 모습을 그대로 볼 수 있다. 관리가 되지 않는 만큼 볼품없을 뿐만 아니라, 남아있는 아치나 벽들도 언제 부서질지 모를 것 같아 음산한 기분이 든다. 누군가가 공사를 하려고 했던지 구석마다 자재들이 여기저기 나뒹굴고 널려져 있을 뿐이다. 입구에는 안내판이 설치되어 있어 찾아오는 방문객들에게 과거의 역할에 관해 설명해 놓았으나 겨울이라 찾아오는 사람이 한 명도 없어 더욱 휑하기만 하다.

☪ 술탄하느 카라반사라이

다시 차를 타고 아나톨리아고원을 동서로 가르는 D300번 도로를 30분 정도 달리면 터키에서 가장 규모가 크고 보존 상태도 좋다는 술탄하느 카라반사라이에 이르게 된다. 낙타가 하루 동안 걸을 수 있는 거리가 45㎞ 정도이기 때문에 실크로드 대상들은 하루에 30~40㎞ 정도를 갔다고 한다. 그렇듯 오브룩한에서 대략 40㎞ 거리에 술탄하느 카라반사라이가 있다. 앞에서 보면 50m 정도 되는 성벽 중간에 13m 높이의 커다란 문과 터키 국기가 인상적으로 보인다. 전날 눈이 많이 내렸던지 도로에 눈이 녹아 질척거리는 길가에 차를 세우고 카라반사라이에 들어갔다. 입구의 벽면이나 기둥은 전통적인 이슬람 양식의 기하학적 무늬가 조각되어 있다. 입구 바로 안쪽에는 상당히 넓은 마당이 있는데, 여름에 대상들이 머물렀던 곳이다. 이슬람 제국이었던 만큼 마당 한가운데에 정방형 정자 모양의 모스크가 있는데, 이런 형식의 건물로는 터키에서 가장 오래된 것이다. 마당 양옆으로 있는 회랑에는 마구간과 하맘, 사무실, 부엌과 같은 편의 시설이 있었다. 안쪽으로 들어가면, 정문처럼 큰 문이 또 나온다. 그 안은 추운 겨울에 대상들이 쉬었던 방이다. 깨끗하게 수리되어 있기는 하지만 그냥 텅 비어있는 건축물일 뿐이다. 천정에 비둘기들이 많이 사는지 바닥에는 비둘기 똥들이 여기저기 널려 있어 지저분하다. 카라반사라이를 둘러보고 밖으로 나오니 여러 대의 관광버스를 타고 온 관광객들이 모여 있다. 이들이 카라반사라이에 들어가지는 않는 것을 보면, 여행 가이드가 이곳을 고속도로의 중간 휴게소처럼 소개하고 있는 것으로 보인다. 카라반사라이 안에 들어가 봤자 별로 볼

술탄하느 카라반사라이 정면

것이 없을 테니 정문 앞에서 사진이나 찍고, 화장실을 다녀오라고 했을 것 같다. 내가 본 술탄하느 카라반사라이는 D300번 도로에 가까이 있어서 접근하기 편하고, 찻집에 들러 차를 마시며 기념품도 구경하다가 쉬어가기에 좋은 휴게소인 것 같았다.

다시 차를 타고 셀리메 수도원으로 향했다. 30분 정도 달리자, 제법 큰 도시인 악사라이 시내를 통과하게 되었다. 시간은 12시가 지나고 있어 점심 식사를 위해 피자 가게를 찾던 중 큰 슈퍼마켓을 발견하여 쇼핑을 먼저 하기로 하였다. 생필품인 생수와 맥주, 빵, 과일, 음료 등 필요한 먹거리를 잔뜩 사고, 점심은 차 안에서 빵과 음료를 먹는 것으로 대신하기로 하였다. 악사라이 시내를 벗어나자, 그동안 이어졌던 평원은 사라지고 기암절벽과 거친 황무지 풍경이 펼쳐진다. 쌓인 눈을 녹이기 위해 도로 위에 뿌려놓은 모래 때문에 차가 덜컹거려서 승차감이 좋지 못하다. 이국적인 카파도키아 초입 풍경을 감상하다가 아내가 말하길, 미국 서부에서 봤던 아치스 국립공원의 지형과 비슷하다고 한다

"지금 가는 곳이 어디야?" (아내)

"으흐랄라."

"뭐라고?" (아내)

"으흐랄라~ 으흐랄라에 있는 셀리메 수도원!"

"으흐랄라? 무슨 발음이 그래?" (아내)

"그럼 랄랄라로 바꿀까? 그냥 지역 이름이 으흐랄라고, 거기에 있는 셀리메 수도원이라는 곳에 가고 있어. 동굴을 파서 만든 수도원. 수도원이라기보다 교회였을지도 모르겠다."

"아빠~ 으흐~ 무섭지? 랄라~ 재밌지? 무섭고 재밌어서 그렇게 이름을 지었을 것 같아." (예린)

"그런가 보다. 으흐~랄라~"

카파도키아

아름다운 말이 있는 땅

☪ 셀리메 수도원

터키에 온 지 8일 만에 터키 여행의 핵심이라고 하는 카파도키아[15]에 들어섰다. 그러자 비바람과 시간이 만든 독특한 대자연의 풍경이 하나씩 눈에 들어오기 시작한다. 바위 봉우리들이 늘어서 있고, 으흐랄라 계곡이 시작되는 지점에서 처음 만나게 된 곳은 셀리메 수도원이다. 셀리메 수도원이라고 하지만 정식 명칭은 대성당이라는 뜻의 셀리메 카테드랄이다. 비잔티움 시대에 만들어진 동굴 수도원은 기독교 박해를 피해 성직자와 신자들이 살았던 곳이라 모든 방이 서로 연결되어 있어 굳이 바깥으로 나가 동굴의 입구를 찾지 않아도 된다. 박해를 피해 숨어 살기에 최적화된 동굴을 만든 것이다. 고깔처럼 뾰족한 바위들이 모인 언덕 아래부터 위까지 곳곳에 구멍이 숭숭 뚫려 있는 모습을 멀리서 보면 개미집이나 벌집 같은 인상을 풍긴다. 안내 표지판을 보고서야 이 황토색 바위산이 셀리메 수도원이란 걸 알 수 있었다. 수도원 앞에는 넓은 주차장이 있다(주차 요금 5리라, 입장료 30리라). 여기도 뮤지엄 패스 사용이 가능하여 직원에게 보여 주고 수도원이 있는 바위에 오르기 시작했다. 눈이 많이 와 있던 탓에 녹아서 흐르는 물을 피해 가며 여기저기 구멍이 난 동굴에 들어갔다. 벽과 천정이 시커멓게 그을린 것으로 보아 아마도

---

15) 아름다운 말(馬)이 있는 곳'이라는 뜻의 카파도키아는 페르시아어에서 유래한 지명으로서 자연의 신비와 인간의 지혜가 조화를 이루는 특별한 명소다. 지상과 지하의 기암괴석과 그 속에 삶의 터전으로 만든 도시와 마을, 교회가 하나의 조화로운 복합 구조를 이루고 있다.

셀리메 수도원

셀리메 카테드랄

이곳은 부엌이었을 것 같다. 이 밖에도 집으로 보이는 동굴 방들을 구경하며 'Cathedral'이라고 쓰인 안내 표지판을 따라 올라갔다. 다른 장소들보다 훨씬 넓게 파낸 동굴 교회 안으로 들어가니 두 줄의 기둥이 세워져 있고, 세 개의 공간으로 구분되어 있다. 지금까지 본 동굴과는 다르게 나름대로 디자인이 되어 있는 멋진 기둥이 누가 봐도 교회의 느낌을 준다. 천정과 벽면에는 8세기에 그려졌다는 프레스코화가 있다. 상태가 좋아 보이지는 않는 것으로 봐서 방치된 채 세월이 흐른 모습으로 비친다. 셀리메 대성당과 함께 있는 칼레 수도원의 프레스코화는 9세기 말에서 10세기 초 사이에 그린 것이다. 가파르고 비탈진 길을 오르내리며 동굴만 보다가 주변 풍경이 훤히 내려다보이는 큰 창문 같은 구멍을 통해 바라보는 바깥 풍경이 일품이다. 건너편의 바위 언덕에도 여기저기 구멍이 있는 것으로 보아 이 수도원처럼 사람들이 동굴을 파서 거주했음을 짐작할 수 있다. 이 신비로운 수도원의 모습을 사진으로 담아내기는 쉽지 않아 보인다. 멀리서 앵글을 잡으면 수도원이 보여 주는 독특함을 자세히 담을 수 없고, 가까이서 찍으면 일부분만 보이기 때문에 바위에서 나오는 분위기를 실릴 수 없다. 수도원에서 아기자기한 길을 따라 이리저리 누비다 보니, 차츰 시간이 지체되어 잠깐 들리겠다던 생각이 무색해지게 되었다.

☪ 으흐랄라 계곡

셀리메 수도원에서 시작되는 으흐랄라 계곡은 트레킹 코스가 잘 정비되어 있다. 그래서 데린쿠유에 가기 전에 으흐랄라 계곡에서 1시간 이내로 하이킹을 즐기기로 마음먹었다. 입구가 정확히 어딘지 몰라 잘못 들어선 길에서 헤매고 있을 때, 소 떼를 몰고 가는 젊은 여인이 있어 길을 물어보았다. 그런데 전혀 말이 통하지 않아 손짓으로 대충 방향만 이해하고 이동하려고 하는데, 소들이 차를 가로막고 좀처럼 비켜 주질 않는다. 차의 경적을 울리면 예기치 않은 상황이 일어날지 몰라 조심조심 비켜 가는데, 송아지 한 마리가 계속해서 따라온다. 속도를 조금 올리니깐 송아지도 뛰면서 달려온다. 소 주인에게 민폐를 끼치는 것 같아 미안한 마음이 들었다. 어느 정도 멀어지자 송아지는 체념하였는지 더 이상 따

라오지 않는다. 젊은 여자가 방목하는 소 떼를 모는 모습은 굉장히 인상
적이었다. 어렵게 찾아낸 으흐랄라 계곡에 들어서자 주차 요금과 화장
실 사용 요금부터 받는다. 여기도 뮤지엄 패스 사용이 가능하다. 입구를
통과해서 데크로 만든 계단을 조금 내려가자 거대한 으흐랄라 계곡이
눈 앞에 펼쳐진다. 하얗게 눈 덮인 평원에 깎아지른 절벽 사이로 물이
흐르면서 만들어진 거대한 계곡이다. 그랜드캐니언만큼 거대한 규모는
아니지만, 평원 사이를 뚝 끊어 놓은 절벽이 아찔하다.

으흐랄라 계곡

카파도키아의 신비로운 풍경으로 생겨난 오해, 스타워즈 촬영지

여행 전에 블로그 또는 가이드북 등을 통해서 자료를 조사할 때, 카파도키아가 〈스타워즈〉의 촬영지라는 글을 자주 보았다. 이 이야기를 접하면서 내가 아는 사실과 다른 것 같아 진실을 찾아 좀 더 세심하게 조사하였다. 물론 지구 같지 않은 기묘한 계곡들의 모습이 다른 행성을 연상시킬 법하여 〈스타워즈〉의 촬영지로 소개하는 매체가 많기는 하였으나 촬영 장소를 정확히 소개한 곳은 단 하나도 없었다. 실제 촬영지는 카파도키아가 아닌 튀니지의 마트마타 사막이다.

전망 좋은 자리에서 잠시 계곡을 내려다보다가 계단으로 내려가기 시작했다. 한참을 내려가기 때문에 돌아갈 일이 걱정되었다. 더욱이 간혹 만나는 사람들이 힘들게 올라오는 모습에 걱정이 앞섰지만, 우선 잊기로 했다. 물이 흐르는 계곡까지 내려오자 계곡 안내도가 눈에 들어왔다. 안내도에는 좌우로 늘어선 계곡의 트레일과 교회 표시가 특히 눈에 띈다. 트레일은 소요 시간까지 표시되어 있어 왕복에 필요한 시간을 계산할 때 유용하다. 우리는 인근에 위치한 동굴 뱀 교회(Yılan Kilisesi)부터 들어가 보고, 하류 쪽으로 걸어서 20분 정도만 걷다가 돌아가기로 하였다. 교회 내부에는 여러 개의 방이 있고, 2층으로 이어진 곳도 있다. 벽이나 천정에 그려진 성화는 비교적 잘 보존되어 있어 가치 있는 유적으로 여겨질 법한데, 특별히 관리하는 직원이 없는 것으로 보아 그냥 방치되어 있는 것 같다. 동굴 교회들은 대부분 계곡에서 조금 높은 위치에 있다. 아마 물이 불어나는 홍수에 대비하여 안전한 높이에 만들어 놓았을 것이다. 덕분에 교회를 보려고 할 때마다 계곡에서 올라가야 하는 수고가 따른다. 결국, 세 번째 교회(암흑성 교회)가 나오는 지점에서 돌아가기로 마음을 바꿨다. 눈이 녹으면서 질척거리는 길이 많아서 걷기가 힘들고, 신발과 옷도 많이 젖었다. 린과 예린이 주차장으로 돌아가는 데 힘들어하지 않는 걸 봤을 때, 체력이 많이 좋아진 듯하다. 올라가는 걸음마다 바뀌는 다채로운 풍경을 사진에 담으며 걷다 보니 내가 제일 늦게 올라 갔다. 으흐랄라 계곡을 빠져나와 찾아갈 곳은 50분 거리(55㎞)에 있는 지하 도시 데린쿠유다. 오후 4시까지만 입장을 허용한다는 정보에 쉴 틈 없이 데린쿠유로 향했다.

☪ 데린쿠유 지하 도시

으흐랄라 계곡을 벗어나면 카파도키아의 설원 풍경이 드넓게 펼쳐진 다. 눈이 하얗게 쌓인 벌판 사이로 조금씩 드러난 초목들을 보니 눈이 없으면 목초지로 보일 것 같다. 곧 폭설이라도 내릴 것 같은 잿빛 하늘 의 구름과 간혹 봉긋 솟아 있는 설산이 맞닿아 있는 풍경이 어디선가 유 령이라도 나타날 것처럼 기이하고 오싹한 분위기가 감도는 추상적인 그 림 같다. 곧 마을이 보이기에 데린쿠유가 가까워졌음을 알았다. 내비게 이션이 섬세한 길을 잘 모르는지 제대로 안내하지 못한 탓에 입구를 찾 지 못하고 헤매다가, 결국 지나가는 터키 청년들에게 길을 물었다. 길을 안내한 사례로 내 카메라로 자기들의 사진을 찍어 달라고 한다. 다정하 고 유쾌하게 웃는 모습이 순수해 보이는 세 명의 터키 청년들이었다. 덕 분에 큼지막하게 데린쿠유라고 써진 입간판을 금방 찾을 수 있었다. 눈 발이 굵어져서 그런지 인근의 기념품 판매점은 문을 닫으며 영업을 끝내 는 분위기이고, 이곳을 지나는 사람도 없다. 4시가 입장 마감 시간이라 서둘러 매표소에 가서 뮤지엄 패스를 보여 주었다. 직원은 5시까지 나와 야 한다고 당부하였다.

데린쿠유는 오늘의 유적 탐방 중 핵심이다. 기독교인들이 로마와 이슬 람의 박해를 피해 개미집 같이 만들어 놓은 지하 대도시가 데린쿠유다.

데린쿠유 입구

지하 도시

그만큼 많이 알려져 유냉하고, 불가사의한 유적이다. 발견 당시의 일화를 보면, 1960년대 사라진 닭을 찾던 아이가 작은 구멍이 있는 입구를 우연히 발견하였다는 이야기와 어린 목동이 잃어버린 양을 찾으러 다니다가 발견하였다는 등의 이야기가 있다. 깊은 우물을 의미하는 85m 깊이의 지하 도시는 지하 11층으로 이루어져 있지만 8층까지 내려갈 수 있다.

지하 도시는 히타이트 시대부터 비잔티움 시대에 이르기까지 30개 이상 만들어졌는데, 기원전 5세기경 그리스 역사학자 크세노폰이 처음 언급했을 뿐, 그 정확한 유래까지는 알 수 없다. 로마 시대에는 기독교인들이 종교 박해를 피해 이곳을 피난처로 삼았다. 그 후, 5~10세기경 페르시아와 아랍의 침입으로 크게 확장되어 현재의 모습이 되었다. 이렇게 만들어진 데린쿠유에 5만 명까지 은신했다는 설이 있지만, 공간과 구조를 봤을 때, 5천 명 정도가 머물렀다는 것이 정설이다. 평시에는 지상에서 살다가 이민족 침입과 종교 박해를 받으면 지하에 피신하여 살면서 방어했다. 지하의 입구와 각 층 사이의 출입구는 연자방아처럼 만든 커다란 돌(지름 1~1.5m)로 닫을 수 있는 장치가 있어 안에서 잠글 수 있었고, 곳곳에 구멍과 덫을 놓았다. 생존에 가장 필수적인 물은 깊이 30m(지상 55m)에 수량이 풍부한 우물을 만들어 조달하였다. 이 우물로 장기 체류가 가능했고, 평상시에는 지상에서 우물을 사용했던 것으로 추정된다. 또한, 여러 개의 수직 터널(최대 30m)을 통해 동굴의 환기가 이루어졌는데, 적이 특정 구멍을 막아도 다른 구멍으로 공기를 순환시키기 위해서였다. 또 동굴에서 요리나 난방을 하기 위해 불을 피울 때 나는 연기 역시 이 환기 구멍을 통해 지상으로 배출되었는데, 이때도 여러 구멍에서 연기가 빠져나가도록 했다. 만일 적이 지하 도시로 쳐들어오면 터널을 통해 다른 지하 도시로 도망칠 수도 있었다. 또 다른 지하 도시인 카이막클르는 10㎞ 거리의 데린쿠유와 동굴로 연결되어 있었는데 붕괴되었다고 한다.

허리를 구부린 채 좁은 길을 내려가자 터키 가이드로 보이는 사람이 다가와 설명해 준다. 대신 가이드 비용으로 100리라를 달라고 하는데, 아내와 고민 끝에 설명을 들어보는 것도 필요할 것 같아 가이드의 해설을 듣기로 했다. 미로를 따라가면 지하 1층과 2층에 주거 공간, 부엌, 기름 짜는 곳, 식량 저장고, 마구간과 포도주를 만드는 와이너리, 돌로 만든 두 개의 긴 탁자가 놓여 있는 식당 등 온갖 편의 시설과 교회, 그리고 세례조를 갖춘 교회가 위치하고 있다. 지하 3층과 4층 사이의 계단은 경사가 급한데, 가장 아래층에 있는 교회가 나온다. 지하 도시의 대성당에 해당하는 이곳의 한쪽 벽에는 구멍 두 개가 있다. 이 구멍에 쇠사슬을 달아서 죄인들을 매달았다고 한다.

40여 분만에 지하 도시를 모두 둘러보고 나오려던 차에 아내가 말하길, 가이드가 안내하지 않은 곳이 있다며 지하로 돌아가자고 한다. 허리를 구부리고 다니는 일이 힘들어 내키지 않았지만, 예린이도 다시 가자고 강하게 주장하여 내려가기로 하였다. 그러자 가이드가 애매한 표정을 지으며, 다시 가는 것은 좋지만 나올 때 출구 화살표를 잘 보고 나오라고 한다. 보지 못했다는 교회를 급경사인 4층까지 내려가서 보고 난 후에 다시 출구로 되돌아가려고 하는데, 여러 갈래의 길이 비슷하여 헛

갈렸다. 나가는 길을 찾지 못하고 헤매다가 여러 고민 끝에 생각해 낸 방법이 입구를 찾아서 나가는 편이 빠를 것 같았다. 그렇게 입구를 찾아갔는데, 문이 닫혀 있고 길을 안내하던 가이드도 모두 사라졌다. 입장 시간이 4시까지라고 하더니 4시 이후엔 입구를 잠가서 나갈 수도 없는 상황이 된 것이다. 이때 린이 말하길, 5시까지 나오라고 안내를 받았는데 이제 10분밖에 안 남았으니 동굴에 갇힐 거라는 걱정에 난리를 친다. 10분이면 충분히 출구를 찾아 나갈 수 있다고 안심을 시키고 다시 지하로 내려가 출구를 표시하는 화살표를 찾았다. 다행히 그리 오래 걸리지 않고 출구를 찾았다. 계단을 많이 오르내린 탓에 등이 땀으로 흥건히 젖었다. 지하 1층으로 올라와서야 입구와 별개인 출구가 있는 것을 알았다. 지상으로 나오니 직원은 출구를 열쇠로 잠그며 잘 가라고 웃으며 인사한다. 조금만 늦었으면 갇힐 뻔한 것은 아닌지 모르겠다. 하늘에서는 눈이 내리기 시작했다. 커다란 데린쿠유 입간판 앞에서 쇼생크 탈출이라도 한 것처럼 하늘을 향해 두 팔을 벌리고 내리는 하얀 눈을 바라보았다. 감옥을 탈출한 기분은 아니지만, 동굴에 갇히지 않고 빠져나온 것에 안도하는 세리머니였다.

데린쿠유에서 숙소가 있는 괴레메까지는 약 38㎞다. 멀지 않은 거리지만 점점 굵어지는 눈발이 은근히 걱정된다. 앞이 보이지 않을 정도로 많은 눈이 내리는가 싶더니 결국 도로에 눈이 쌓이기 시작한다. 숙소까지 남은 거리는 8㎞밖에 안 되는데, 그사이 경사가 급한 길이 없기를 간절히 바라며 운전을 이어갔다. 눈의 양이 너무 많아 내리막길에서 브레이크를 밟으면 미끄러지기 때문에 하늘에 운을 맡기고 거의 기어가다시피 하였다. 잔뜩 긴장하며 운전한 끝에 겨우 숙소 인근까지 왔다. 숙소 근처에서 경사가 급한 좁은 길을 만나 몇 번을 미끄러지다 겨우 올라가는 데 성공하였다. 계속되는 폭설과 쌓인 눈으로 봐서 더 이상의 운전은 불가능할 것 같아 적당히 주차하고 걸어서 숙소를 찾기로 하였다. 펑펑 쏟아지는 눈을 맞으며 골목을 20m쯤 내려가니 카파도키아 뷰케이브 호텔이 보인다. 동굴 집을 체험할 수 있는 호텔이라고 하여 선택한 숙소다. 말이 호텔이지, 그 앞의 폐허가 된 집을 보니 숙소 선택을 잘못했다는 생각이 든다. 2층에 있는 식당 겸 사무실에 들어가 직원을 만났다. 체크인을 하고 차가 있는 위치를 말했더니 같이 가 보자고 하여 눈을 맞으며 함께 차가 있는 곳으로 갔다. 직원이 말하길 눈이 많이 오니깐 차는 이대로 주차하는 게 좋을 것 같고, 짐은 함께 옮기자고 한다. 골목을 두번 오르내리자 머리에 쌓인 눈이 하얀 모자를 쓴 것처럼 보인다. 직원이 안내한 우리 숙소는 1층이다. 방이 두 개에 침대가 6개나 되고, 거실과 화장실이 넓어 편안해 보인다. 벽면은 바위를 판 흔적이 그대로 남아있는데, 동굴 효과를 내기 위한 인테리어 같기도 하지만 실제 동굴 집 같아 보이기도 했다. 짐 정리는 아내에게 맡기고, 나는 저녁 식사를 하기 위한 식당과 벌룬 투어 예약이 가능한지 알아보기 위해 사무실에 있는 직원을 찾았다.

"오, 마이 프렌드~ 내 아내가 방이 넓어서 좋다고 해. 좋은 방을 배정해 줘서 고마워. 침대가 여러 개던데, 비싼 방을 내어준 거 아냐?"

터키인들은 누구든지 나를 부를 때 마이 프렌드라는 표현을 쓴다. 그래서 언제부턴가 내가 먼저 그 표현을 쓰기 시작했다.

"그 방은 가족실이야. 4명이면 그 방을 써도 괜찮아. 방이 좋다고 하니 기쁘다."

"그런데 너의 이름이 뭐지?"

"○○○ 케말. 그냥 케말이라고 불러, 본래 이름은 ○○○인데 터키에 와서 케말로 이름을 바꿨어."

"네 이름을 알게 되어 기쁘다. 케말… 무스타파 케말? 나는 니의 이름을 듣고 무스타파 케말 아타튀르크가 연상된다."

"그래? 고마워."

"그런데, 너 터키 사람이 아니었어?"

"응. 나의 조국은 아프가니스탄이야. 탈레반과 전쟁을 하고 있어서 터키로 피난을 왔어. 아프간에 있으면 탈레반에 잡혀가서 총을 쏘고 있었을 거야. 투투투."

케말이 총을 쏘는 흉내를 내며 말했다.

"믿을 수가 없군. 난 네가 터키 사람이라고 생각했거든. 그럼 터키에 온 지 얼마나 된 거야?"

"10년 됐어. 여기서 돈을 벌 수 있어서 다행이야. 내 친구도 함께 왔어. 조금 있으면 나하고 근무 교대하러 올 거야."

"네가 이 호텔 사장이 아니었어?"

"나는 사장이 아니야. 여기서 일하는 직원일 뿐이야."

"난 너를 처음 봤을 때 네가 호텔 사장인 줄 알았어. 케말~ 네 나이가 몇 살이야?"

"마흔."

"난 네가 30대 초반인 줄 알았는데, 나이가 많구나. 그럼 결혼했겠네?"

"터키에 올 때 가족 없이 혼자 왔어. 그래서 가족도 없고, 결혼할 경제적인 여유도 없어서 혼자 살고 있어. 탈레반 놈들만 없었으면 아프간에서 잘 살 수 있었는데, 그놈들은 우리 남자들을 가만두지 않아. 빨리 아프간에 평화가 찾아왔으면 좋겠어. 그래야 내가 고향에 돌아갈 수 있지."

케말의 말을 듣고 있자니 마음이 짠해졌다. 그리고 70년 전의 우리나라도 내전을 치르면서 케말처럼 우리 부모님들이 힘든 시간을 보내야 했음을 생각하니 저절로 한숨이 나오며 눈물이 나올 것 같았다. 그러나 우리 세대는 그분들의 희생과 노력으로 세계의 선진국 대열에 설 만큼 잘사는 나라가 되었고, 세계 여행도 다닐 수 있는 경제적 여유까지 갖게 되었으니 부모님 세대에 정말 감사하는 마음을 가져야 한다. 아프가니스탄도 어서 빨리 내전이 끝나고 평화가 와서 우리나라처럼 우뚝 일어설 수 있으면 좋겠다.

"케말~ 부탁할 게 있어서 널 만나러 왔어. 벌룬 투어 예약해 줄 수 있어? 나는 여기서 이틀간 머물 계획이야. 그 이틀 중에 하루쯤 벌룬 투어가 가능한 날이 있기를 바라고 있어. 가능할까?"

케말이 스마트폰을 검색하고 나서 대답한다.

"내일은 새벽에 계속 눈이 내려서 안 되고, 모레 새벽은 가능하다고 안내되어 있어. 예약해 줄까?"

"오케이. 땡큐, 우리 가족 4명이면 비용이 얼마인지도 물어봐 줘."

케말은 여행사와 통화를 하다 말고 내게 묻는다.

"1인당 900리라씩 달라는데, 어때?"

"내가 아는 정보에 의하면 700리라라고 하던데. 다른 여행사에 문의해 줘."

"오케이. 알았어."

케말은 다른 곳에 전화하고 나서 다시 말했다.

"700리라로 가능하대. 지금 예약할까?"

"알았어. 예약해 줘."

"그런데, 이 가격에 벌룬 투어를 했다는 사실을 다른 사람들에게 절대 말하면 안 돼. 여행사 사장이 비밀을 꼭 지켜달래."

아마도 투어 회사들이 경쟁할 수 있어서 최저가를 정해 놓은 것 같았다.

"그래, 알았어."

"예약은 잘되었어. 지금 투어 비용을 줄래?"

"알았어. 4인 2,800리라 여기 있어. 나에게 영수증을 써 줘."

벌룬 투어가 가능할지는 모르겠지만, 우선 예약과 현금 지불까지 해 두었다.

"케말. 부탁이 한 가지 더 있어. 우리 가족들이 저녁 식사를 해야 하는 데, 이 근처에 맛있고 근사한 레스토랑이 있으면 소개해 줄 수 있어?"

"오케이. 지금 따라와. 데려다줄게."

케말은 우리 가족을 데리고 눈이 펑펑 쏟아지는 골목길을 앞장서서 내려가다가 식사 후에 즐길 수 있다는 술집(바) 몇 곳의 위치를 먼저 알려주고, 레스토랑까지 안내해 주었다. 우선 안내받은 식당은 실내가 동굴 모습을 하고 있어서 이색적이라 여행 온 분위기를 한껏 고조시켰는데, 터키인 특유의 친절함과 다정함이 묻어나는 직원의 서비스가 인상적이었다. 저녁 메뉴는 그 유명한 항아리 케밥과 터키식 피자(피데)로 정하였다. 일반적으로 케밥이라고 하면 고기를 다져서 구운 것을 의미하는데 이곳의 항아리 케밥은 완전히 다르다. 항아리 속에 여러 가지 양념과 고기를 넣고 끓여서 항아리 안에 우러나온 진한 육즙이 마치 얼큰한 찌개 국물과 비슷하여 우리 입맛에 잘 맞는 편이다. 이 항아리 케밥은 식재료를 항아리 속에 넣고 끓이는 과정에서 입구를 봉하기 때문에 음식을 먹으려면 항아리 윗부분을 망치로 쳐서 깨뜨린다. 이때 항아리 자체가 깨지지 않게 하는 특별한 솜씨가 필요하다. 직원은 멋진 동작을 선보이며 망치로 항아리를 두세 번 두드린 후 항아리 윗부분을 분리하고, 삼각 발이 있는 앵글 위에 올려놓은 다음 그 아래에 불붙인 고체 연료를 놓으니 멋지고 화려한 분위기가 연출된다. 또한, 케밥의 맛은 멋진 퍼포먼스만큼이나 일품이었다. 물론 린과 에린은 피데의 맛이 더 좋다고 한다. 피자의 원조가 터키의 피데라는 걸 알려주었더니, 역시 원조의 품격이 느껴진다나? 터키에 온 이후로 가장 흡족한 저녁 식사 시간을 가졌다.

항아리 케밥

카파도키아 주요 지역과 이동 경로

2 월 12 일

아침 6시 반에 일어나서 샤워를 하고 아침 식사를 했다. 빵 말고 먹을 게 없었다. 아침을 대충 먹고 숙소 옆에 있는 메블라나 박물관에 갔다. 메블라나 박물관에는 긴팔과 긴바지를 입고 들어가야 했는데 어차피 날씨가 추워서 반팔이나 반바지를 입을 일은 없었다. 메블라나 박물관에 들어갈 때 신발에 비닐을 씌우고 들어가게 했는데 신발에 씌우는 비닐이 따로 있는 게 신기했다. 메블라나 박물관을 둘러보고 나서 차를 타고 알라딘 모스크로 갔다. 알라딘 모스크는 각기 다른 형태를 가진 42개의 돌기둥으로 지탱되고 있다고 한다. 알라딘 모스크에 깔려 있는 카펫이 푹신해서 좋았다. 그런데 기둥 말곤 딱히 볼 게 없어서 금방 나왔다. 다음으론 오브룩한 호수에 갔다. 오브룩한 호수는 아주 거대한 원에 물이 고여 있는 모습을 하고 있었다. 수심이 200m나 된다고 해서 무서웠다. 오브룩한 호수의 옆에는 오브룩한이라는 이름의 13세기경에 대상들이 머물던 숙소가 있었다. 오브룩한 호수를 구경한 후 셀리메 수도원에 갔다. 셀리메 수도원은 바위산에 구멍을 파서 만든 교회 유적지인데, 조명이 없어 안이 어두웠기 때문에 휴대폰으로 플래시를 키고 돌아다녔다. 다음으론 으흐랄라 계곡에 갔다. 으흐랄라 계곡의 길은 진흙으로 뒤덮여 있어서 으흐랄라 계곡을 둘러본 후엔 신발이 매우 더러워졌는데, 신발에 방수 기능이 있는 걸 이용해 으흐랄라 계곡에서 신발을 씻어 깨끗한 신발을 신은 채로 차에 탈 수 있었다. 마지막으로 지하 8층까지 내려갈 수 있는 데린쿠유 지하 도시에 갔다. 데린쿠유 지하 도시의 입구에는 약 2만 원의 비용을 받고 안내하는 가이드가 있었는데 가족들이랑 토론 끝에 결국 가이드의 도움을 받기로 했다. 그곳에는 동물들 집과 동물들 먹이 창고도 있었다. 옛날 사람들은 동물을 많이 사랑했나 보다. 그리고 와인을 만드는 공간도 있었다. 엄마가 와인 만드는 곳은 꼭 찍어야 한다며 사진을 찍어 댔다. 그리고 환풍기도 보고 교회도 갔다. 한 지하 도시에 이런 많은 것이 있다는 게 신기했다. 그리고 학교도 있었다. 방이 있는 걸 보니 기숙사가 있던 것 같았다. 설명해 주는 가이드 아저씨가 이제 가야 한다고 했는데 우리는 아직 지하 8층을 못 봐서 봐야 한다고 했지만 여기까지가 끝이라고 했다. 그래도 우린 지하 8층까지 내려가기로 했다. 가이드북에 군데군데에 무너지거나 위험한 부분도 있어 가이드의 안내를 잘 따라야 한다고 나와 있어서 내려가는 게 좀 꺼려졌지만, 가족들이 가자고 해서 어쩔 수 없이 따라갔다. 지하 도시는 5시에 문을 닫는데 우린 안전하게 4시 35분까지만 내려갔다가 출구를 찾아서 올라오기로 했다. 그래서 지하 8층까지 내려갔는진 모르겠지만 4시 35분에 파란색 화살표를 따라서 올라오다가 문 닫는 시간 20분을 남기고 갑자기 가족들이 화살표 말고 다른 길로 가자고 했다. 나랑 김예린이 부모님보다 왔던 길을 잘 기억하고 있었고 내가 계속 그쪽은 왔던 길이라고 말했는데 나 혼자 차에 갈 순 없으니 결국 가족들을 따라갔다. 가이드북에서도 조심하라고 나와 있고 부모님도 길을 잘 모르니 부모님을 믿고 따라가기도 꺼려지고 그렇다고 우리 가족밖에 안 남은 지하 도시에서 나 혼자 무리에서 떨어져 화살표를 따라갈 수도 없는 일이었다. 내겐 선택지가 없어서 짜증을 냈다. 짜증을 냈다가 아빠한테 혼났는데, 반항했다간 옛날에 스위스에 갔을 때처럼 길거리에 버려질 수도 있단 생각에 가만히 있어야 했다.

그렇게 가족들을 따라가다 어찌어찌해서 지상으로 나오는 줄 알았는데 이곳은 입구였고 막혀 있었다. 다시 끝까지 내려가서 파란 화살표를 찾아야 했다. 매우 짜증이 났지만 여기서 더 싸증을 냈다간 버려질 게 뻔했기 때문에 그냥 나 혼자 화살표를 찾아 출구로 뛰쳐나오고 가족들을 기다렸다. 난 심각한데 길도 잘 모르면서 믿고 따라오면 될 것을 짜증 낸다고 혼내는 부모님께 화가 났지만, 내가 화를 낼 수 있는 힘은 없었다. 그래서 그냥 내가 참고 다 잘못했다고 했다. 그렇게 나에겐 최악이었던 마지막 일정을 마치고 숙소로 돌아가는데 폭설로 인해 숙소 근처에서 위기를 맞았다. 그래서 차를 세우고 나랑 김예린은 차 안에서 부모님을 기다리다가 숙소 직원의 도움으로 무사히 숙소까지 짐을 옮길 수 있었다. 이번 숙소는 동굴 숙소 체험 같은 것이다. 안에 들어가 보니 모든 것이 돌로 되어 있었다. 물론 침대와 소파 같은 것은 빼고 말이다. 숙소에 짐을 풀고 저녁을 먹으러 직원이 추천해 준 식당에 갔다. 피자와 케밥이 매우 맛있었다. 내가 터키에 와서 여태껏 방문한 식당 중에서 최고였다.

Part 10

조화를 이룬 자연의 신비와 인간의 지혜

9일 차

"여행이란 호화로운 일상인 척 즐기다 오는 것이다."

*설원이 된
괴레메

아늑하고 조용한 동굴 방은 시간의 흐름이 없는 공간처럼 느껴진다. 마치 꿈같은 세상처럼 평화로운 기운이 전해진다. 그래서 수도 생활을 원하는 기독교 성직자들이 카파도키아의 동굴 수도원을 찾은 것일까?

새벽마다 잠을 깨우던 아잔 소리가 들리지 않아 시계를 들여다보니 7시가 지나고 있었다. 동굴 집이라는 이색적인 환경을 체험하는 것은 여행자 입장에서 호기심을 채우고, 그 옛날 수도승이 원했던 정신적인 평안과 은혜를 느낄 수 있는 좋은 경험이 될지도 모른다. 간밤에 눈이 얼마나 내렸는지 궁금하여 바깥문을 열고 밖으로 나가보았다. 발자국 하나 없는 골목에 수북하게 쌓인 눈 위로 함박눈은 아직도 그칠 줄 모르고 계속해서 내리고 있다. 이대로라면 하루 일정을 제대로 진행하지 못하고 숙소에 꼼짝없이 갇혀서 지낼 수도 있겠다는 걱정이 앞선다. 괴레메 풍경이 눈 속에 파묻혀 하얗게 보일 줄 뻔히 알면서도 일출을 보고 싶은 기대가 컸던 마음에 혼자서 선라이즈 포인트에 가보기로 했다. 지나는 사람이 한 명도 없는 눈길을 걸을 때마다 뽀드득거리는 소리가 고요하면서도 스산한 아침의 적막을 깨우고 있는데, 터키의 마스코트로 여기기 시작한 개 한 마리가 어디서 나타났는지 졸졸 따라온다. 눈이 많이 내리고 있어 시야가 좋지 않지만, 마을 한가운데에 큰 버섯 모양의 바위가 떡 버티고 서 있는 걸 보면서 괴레메에 와 있다는 사실을 실감하게 된다. 그 버섯 모양의 바위에도 창문처럼 구멍이 뻥 뚫린 것을 보면 옛날에 사람이 거주하던 주택의 용도였을 것이다. 골목 어귀를 돌아 오르막길에 접어들 무렵, 나무로 만든 경비 초소의 창문이 스윽 하고 열리더니 손을 내밀며 터키어로 무슨 말을 한다. 내가 알아들을 수 있는 말은 "메르하바."밖에 없었지만, 그가 무엇을 말하는지 충분히 알 수 있었다. 안내판에 입장료 3리라가 쓰여 있던 것이다. 달랑 핸드폰 하나와 집 열쇠만 들고나온 터라 돈이 없다는 표현을 하자, 그는 손을 가로저으며 지나가지 못하게 막는다.

"내 참. 지나가는 사람도 없는데…"

혼잣말로 구시렁거리며 왔던 길로 발길을 돌렸다. 가면서 곰곰이 생각하니, 선라이즈 포인트로 향하는 길을 지키고 있는 이 사람도 딱하다는 생각이 들었다. 어떻게 보면 인건비도 안 나올 것 같은데, 직원이 상주하고 있는 것은 굉장히 불합리한 정책으로 보인다. 금세 쌓이는 눈은 내가 오면서 남긴 발자국도 이미 지워버려 왔던 길을 알 수가 없었다. 옆에서 따르던 개가 길을 안내해 주면 좋겠는데, 내가 머뭇거리자 어디론가 터벅터벅 가 버린다. 만일 핸드폰의 내비게이션 기능이 없었더라면 숙소 근처에서 헤매고 다닐 처지였다.

눈 내리는 괴레메 아침 풍경

숙소에 돌아왔는데도 가족들은 세상모르고 곤히 잘도 자고 있다. 8시부터 조식을 준다기에 아내를 깨우고 바깥 날씨에 대해 말하며, 아무 데도 못 가고 온종일 동굴 방에서 갇혀 지내야 할지도 모르니 걱정된다고 이야기했다. 이때 린과 예린은 엄청난 폭설이 왔다는 이야기에 벌떡 일어나 눈 구경을 하러 가겠다고 한다. 올해 서울은 2월임에도 겨우내 눈이 제대로 온 적이 한 번도 없었기 때문에 폭설이 왔다는 말이 반가웠던 모양이다. 밖은 춥지만, 여기 동굴 집은 따뜻해서 밖에 나가는 게 싫을 법도 한데, 린과 예린은 어느새 눈 쌓인 골목을 누비고 다녔다.

우리는 도로 사정을 봐 가며 일정을 어떻게 할 것인지 논의하기로 하고, 우선 아침 식사를 하기 위해 2층에 있는 식당에 올라갔다. 마침 케말이 근무하고 있어 반갑게 아침 인사를 건네고 오늘 내가 어떻게 해야 할지 물어보았다.

"케말. 좋은 아침이야. 그런데 눈이 많이 와서 큰일이다."

"오늘뿐만 아니라 지난 며칠 동안 눈이 많이 왔어. 일기예보에는 오후에 그칠 거래. 일기예보는 거의 정확해."

"그럼 내일 벌룬 투어는 가능해?"

"기온이 많이 내려가기는 하지만, 날씨가 좋아서 정부에서 허가하는 것으로 되어 있어."

"다행이다. 괴레메에 오면 꼭 벌룬 투어를 해야 한다고 하는데, 못 할까 봐 걱정이 많았거든."

"그래? 하지만 허가가 갑자기 취소될 수도 있어, 그러니깐 벌룬이 뜰 때까지 장담할 수는 없어."

"알겠어. 지금 도로에 눈이 많이 쌓였는데, 운전이 가능할까?"

"큰길은 계속해서 제설 작업을 하고 있어서 차들이 다니고 있을 거야. 하지만 경사진 길은 위험하니깐, 눈길 운전 경험이 많지 않으면 운전하지 않는 게 안전할 거야."

"알았어. 그럼 내가 큰길로 나가 보고 결정할게. 고마워."

이스탄불에서 야간 버스로 괴레메에 새벽에 도착했다는 인도 청년의 말에 의하면, 버스는 잘 다닌다고 한다. 실제 도로 상황을 보기 위해 아침 식사를 마치고 큰길로 나가 봤더니 제설차가 눈을 치우면서 계속 모래와 염화칼슘을 뿌리고 있었다. 다행히 공기가 그리 차갑지 않아 염화칼슘을 먹은 눈이 잘 녹아내리고 있다. 숙소에 돌아가서 잠시 쉬었다가 10시가 될 무렵 야외 박물관으로 가기로 했다. 차에 수북이 쌓인 눈을 창과 사이드미러를 볼 수 있도록 제거하고 차 시동을 걸고서 마음을 다잡고 비탈길을 내려가기 시작했다. 엔진브레이크와 브레이크를 잡고서 아주 천천히 내려가는데, 맞은편에서 올라오는 제설차와 맞닥뜨렸다. 길은 외길인데 비켜갈 수 없어 브레이크를 잡으니 차가 미끄러져 내려간다. 그대로 미끄러져 내려가면 제설차에 부딪힐 상황이라 내 눈의 동공이 커다래졌다. 다행히 우리 차는 제설차 바로 앞에서 멈추었다. 지나가던 할아버지가 수신호로 방향을 살짝 바꿔서 조금만 움직여보라고 한다. 그렇게 차를 돌리자 차가 또 미끄러져 겁에 질린 채 겨우 멈춰 세웠다. 내 차의 상황을 보던 제설차는 후진해서 어디론가 가버렸다. 이제 방해받을 장애물이 없기에 아주 조금씩 브레이크를 풀며 제설차가 있던 자리까지만이라도 이동할 수 있기를 바랐다. 제설차가 있던 자리부터는 눈이 치워져 있어 천천히 내려가면 무사할 것 같아 보였다. 10m도 안 되는 거리를 가는데 몇 분이 소요됐는지 모르지만, 아주 느린 움직임에 더 이상 미끄러지지 않고 제설이 된 도로까지 무사히 안착했다. 그 길을 따라 큰길로 빠져나갔더니 등이 땀으로 홍건해져 있었다. 큰길로 들어서면서 내 차의 브레이크 성능이 궁금하여 급정거를 해 봤다. 생각보다 미끄러지지 않는 것으로 봐서 브레이크 성능은 매우 훌륭하다. 이대로 조심히 운전하면 괴레메 투어를 하는 데 큰 어려움이 없을 것 같아 그대로 괴레메 야외 박물관으로 향했다. 조심스럽게 운전하니 1.6㎞의 거리를 10분 만에 가게 되었다. 눈이 그칠 줄 모르고 내려도 우리의 여정을 멈출 수는 없었다. 제일 먼저 야외 박물관을 가기로 한 이유는 시계가 좋지 않은 상황에서 풍경을 보기보다는 동굴을 관람하는 데 초점을 맞출 수 있기 때문이다. 야외 박물관 주차장에는 서너 대의 승용차와 관광버스가 주차되어 있고, 우리 뒤를 따라와 멈춰선 버스에서 한국인 단체 여행객들이 내리고 있다. 폭설이 내려도 패키지여행은 멈출 수 없는가 보다. 내리는 눈의 양이 많아 박물관으로 향하는 사람들은 우산을 쓰고 먼저 앞에 간 사람이 만들어 놓은 눈길을 따라 들어갔다.

☪ 괴레메 야외 박물관

괴레메 야외 박물관은 초기 기독교 시대부터 기독교인들의 공동체가 형성되었던 곳으로 30여 개의 석굴 교회와 수도원 등으로 구성되어 있다. 가이드북과 안내 표지판을 보면 야외 박물관은 시계 반대 방향으로 걸어가며 관람하게 되어 있다. 박물관에서 처음으로 보게 되는 곳은 입구 쪽에 위치한 성 **바실리오스 예배당**이다. 교회 내부는 기둥이 있어 둘로 나뉘는데, 정면 벽에는 예수의 상반신이, 양쪽 벽에는 뱀을 죽이는 성 요르기오스와 말을 탄 성 테오도로스가 그려져 있다. 하지만 성화는 거의 지워져 있다. 성 바실리리오스 교회에서 왼쪽으로 가면 **사과 교회**다. 제일 가까운 돔에 예수가 그려져 있고, 그 바로 뒤의 돔에 가브리엘(또는 미카엘) 대천사가 사과를 들고 있는 성화가 있는데 이 성화를 보고 교회 이름이 지어졌다. 하지만 가브리엘이 들고 있는 것이 사과가 아니라 지구라는 설도 있다. 제단의 오른쪽에는 최후의 만찬 장면과 물고기 문양이 그려져 있다. 물고기는 초기 기독교 시대에 십자가를 대신하던 상징물이다. 이 교회의 내부는 십자가 모양인데, 중앙의 큰 방과 양쪽 여덟 개의 작은 방으로 이루어져 있다. 지금의 성화는 성상 파괴 운동 이후 11세기에서 12세기 사이에 다시 그려진 것으로 보존 상태가 괜찮은 편이다. 사과 교회 바로 옆에는 **성 바르바라 예배당**이 있다. 4세기 때 이교도였던 아버지 디오스크로스에 의해 목이 잘려 순교한 것으로 알려진 성녀 바르바라를 기념해 11세기에 만든 교회. 예배당 안에는 성상 파괴 시대에 그려진 성모 마리아와 바르바라 성녀의 검소한 프레스코화가 있다. 오른쪽에는 삼위일체를 뜻하는 세 손가락을 펴고 있는 예수가 그려져 있고, 중앙에는 말을 타고 뱀과 싸우는 성 요르기오스와 성 테오도로스가 그려져 있다. 이 성녀는 건축가와 석공들의 수호성인으로 숭배되었다. 다음은 **뱀 교회**다. 이 교회는 11세기에 만든 것으로 추정되고, '뱀'이라는 교회 이름은 성 요르기오스와 성 테오도로스가 악마의 상징인 뱀을 죽이는 벽화에서 따온 것이다. 그 옆에는 기독교를 공인한 콘스탄디누스 대제와 그의 어머니인 성 헬레나가 십자가를 잡고 있다. 예루살렘을 성지 순례하던 도중에 성 헬레나가 찾아냈다는 이 십자가는 예수가 실제로 매달렸던 것이라 한다.

입구 중앙에는 삼위일체를 강조하는 예수의 모습이 그려져 있고, 한쪽 벽면에는 성 바실리오스, 성 토마스, 성 오누프리오스 등 세 명의 성인이 그려져 있다. 특히 성 오누프리오스는 얼굴에는 수염이 났지만, 가슴은 불룩한 모습이다. 원래 아름다운 여자였는데, 수도 생활을 하는 동안에도 남자들이 계속 추파를 던지자 하느님께 기도를 드렸더니 이처럼 추한 모습으로 바뀌어 남자들의 추파에서 벗어났다고 한다.

뱀 교회에서 왼쪽으로 계속 가면 **수도원 식당**이 나온다. 이곳은 수도사들이 식당으로 사용하던 공간으로서 세 부분(식량 저장 창고, 부엌, 식당)

사과 교회 성화

사과 교회의 가브리엘 천사

암흑 교회 성화

성 오누프리오스

암흑 교회 입구

암흑 교회 내부 프레스코화

샌들 교회 내부 프레스코화

암흑 교회에서 본 야외 박물관 전망

으로 나뉜다. 식당은 30명 정도가 앉을 수 있는 정도의 크기로 돌을 직접 파서 긴 테이블과 의자를 만들었다. 테이블 오른쪽에는 포도를 으깨어 포도주를 만들던 구멍이 바닥에 있고, 부엌의 벽은 아직도 시커멓게 그을려 있다.

　수도원 식당을 지나면 암흑 교회가 있다. 이 교회는 창문이 하나밖에 없기 때문에 빛이 거의 들어오지 않는 곳이라 암흑 교회라는 이름을 붙였다. 덕분에 프레스코화가 선명하게 남아있어 벽화의 보존 상태가 좋은 동굴 교회다. 이 교회는 터키가 점령한 뒤 오랫동안 비둘기집으로 쓰이다가 14년의 복원 작업을 거친 뒤 일반인에게 공개되었다. 성화의 보존 상태가 좋고 작품성도 뛰어나서 그런지 박물관 입장료 외에도 별도의 입장료를 받을 만큼 특별하게 관리되고 있다. 교회의 중앙 돔에는 예수가 있고, 반원형 돔에는 축복을 내리는 예수를 중앙에 두고 왼쪽에는 성모 마리아, 오른쪽에는 세례 요한이 간청하는 전형적인 데이시스 성화가 있다. 벽에는 십자가에 매달린 예수와 부활하기 전에 지하에서 아담과 이브를 구원하는 예수, 복음서를 쓴 마테오, 마르코, 루카, 요한의 모습과 예수를 배반한 유다의 모습 등이 그려져 있다. 그런데 여기서 유적이 아닌 엉뚱한 것이 재미를 선사해 주었다. 2층 테라스에 하얀 눈사람이 흑백의 조화를 이루듯 암흑 교회 입구를 지키고 있었기 때문이다. 동심이 발현된 야외 박물관 직원들이 눈사람을 만들었는데, 우산까지 꽂아두고는 우리에게 기념 촬영을 하도록 하였다. 이 퍼포먼스는 폭설이 가져다준 특별한 에피소드가 되었다. 그 왼쪽은 괴레메에서 가장 높은 곳에 위치한 샌들 교회다. 철계단을 조심해서 올라가야 하는 2층짜리 교회인데, 실내가 십자가 모양으로 되어 있고 두 개의 기둥이 있다. 입구 반대쪽에는 예수 그리스도의 승천 장면을 그린 프레스코화가 있는데, 그 아래에 발자국 모양의 흠이 남아있어 샌들 교회라 부른다. 이 예수 그리스도의 승천 성화는 예루살렘에 있는 예수 그리스도 승천 교회의 성화를 복제한 것이라는 설명도 있다. 중앙의 돔에는 예수와 천사장의 그림이 있고, 돔의 네 귀퉁이에는 복음서를 기록한 마테오와 마르코, 루카와 요한이 그려져 있다. 예수의 탄생과 세례, 십자가에 못 박힌 예수, 동방박사의 경배와 같은 신약성서의 주제들을 그린 11세기의 성화들도 그려져 있다. 이곳의 성화들은 보존 상태가 좋은 편인데, 특히 유다의 배반을 그린 성화의 상태가 매우 좋다.

그 옆으로 야외 박물관 입구에서 정면으로 보이는 바위는 성 대 바실리오스의 누나인 마크리나 성녀가 세운 수도원이다. 1층과 2층에는 주방과 식당, 음식 저장고가 있고, 3층에는 작은 예배당이 있다. 붉은색을 많이 사용한 3층의 예배당은 붉은 교회라는 뜻의 크즐 킬리세라고 불리며, 이곳의 이름을 따 수도원 전체를 크즐라르 수도원이라고 부르기도 한다. 이 수도원은 개방되어 있지 않아 들어갈 수 없었다.

괴레메 야외 박물관을 나와서 내리막길을 걸어가면 오른쪽에 **허리띠 교회**가 있는데, 괴레메 지역 교회 가운데 가장 규모가 클 뿐 아니라 프레스코 성화의 보존 상태도 가장 좋다. 교회 이름은 천장에 장식된 허리띠 모양에서 유래되었고, 구조는 옛 교회, 새 교회, 보조교회와 공동묘지로 사용하던 지하 교회라는 네 개의 방으로 이루어져 있다.

입구에서 가장 가까운 부분인 옛 교회는 벽화 물감을 연구한 결과 10세기에 세워진 것으로 추정되며, 예수와 열두 제자의 일대기 등이 그려져 있다. 새 교회는 비잔티움 황제 니케포루스 포카스 2세 때 건축된 것으로 카파도키아에서 가장 아름답고 뛰어난 프레스코화로 유명하다. 이곳에 사용된 푸른색 원료는 다른 교회들과 구분되는 가장 큰 특징이다. 새 교회는 카파도키아에서 가장 넓은 교회인데, 10세기 말 비잔티움 벽화의 걸작이 남아있다.

많은 교회와 수도원으로 둘러싸인 괴레메 야외 박물관은 비잔티움 시대를 살아간 기독교인들의 신앙심을 엿볼 수 있는 좋은 기회였다. 한 가지 아쉬운 점은 눈이 계속해서 오는 탓에 야외 풍경을 제대로 볼 수 없었다는 것이다. 그러나 이 폭설로 인해 관람객이 적어 편하게 돌아볼 수 있었다. 교회 동굴마다 직원이 배치되어 있어 사진을 못 찍게 하거나 규정

허리띠 교회 내부

에 어긋난 관람행위를 하면 주의를 주는데, 관람객이 적은 덕분에 우리는 그들에게 궁금한 것들을 편하게 물어볼 수 있는 여유가 있었다.

괴 레 메   야 외 박 물 관

☪ 오르타히사르&이삭 캐슬

가족 바위

괴레메 야외 박물관 관람을 마치고, 4㎞ 거리에 있는 오르타히사르성으로 향했다. 눈길을 조심히 운전하여 오르타히사르 마을에 들어섰을 때, 더 이상 운전이 곤란할 정도로 미끄러워 오르타히사르성 인근 주차장에 차를 세웠다. 차에서 내리자 우뚝 솟은 바위가 위용을 드러냈다. 멀리서 보면 대포를 맞은 것처럼 여기저기 구멍이 나 있는 이 바위 성은 10층의 높이로 우치히사르와 함께 카파도키아에서 가장 높이 위치한 성이다. 마을은 유명세를 반영하듯 기념품 가게들이 늘어서 있다. 이 성에

오르타히사르성

들어가기 위해 발목까지 빠지는 눈 쌓인 골목길을 걸었다. 하지만 성 입구의 문은 닫힌 데다가 열쇠로 잠겨 있었다. 바위 외부로 철재 계단이 여러 곳에 있는 것으로 봐서, 눈 때문에 안전 문제로 개방하지 않은 모양새다. 오르타히사르성 입구에서 설경을 감상하는 것으로 만족하고 이삭 캐슬로 이동하였다. 하지만 계속해서 내리는 눈 때문에 좁은 길은 위험해서 갈 수 없었고, 다음 목적지마저 어디로 정해야 할지 막막해졌다. 시간이 정오를 넘기고 있기에 점심시간을 갖는 것이 좋을 것 같아 TV에서 방영했던 유명 맛집에 가서 식사 후에 오후 일정을 생각해 보기로 하였다.

레스토랑에 가는 길에는 두 개의 바위 기둥이 세워진 가족 바위가 있어, 그 앞에 차를 세워 전망대에 올랐다. 우뚝 솟은 바위 사이에 작은 바위 하나가 있는데, 부모와 아기의 모습으로 보여 가족 바위라고 명명한 것으로 보인다. 눈보라에도 상당수의 여행자가 설경을 구경하며 사진을 찍고 있는 모습이 인상적이다. 다시 차를 타고서 눈 쌓인 길을 거북이 운전으로 겨우 레스토랑에 도착했는데, 문이 잠겨 있다.

"아~ 오늘은 일정대로 되는 날이 아니구나~"

이렇게 한숨을 내쉬고 차를 돌리려고 하던 중, 가게에서 사장으로 보이는 사람이 뛰어나와 우리를 부른다. 그날 그 식당의 첫 손님은 우리가 되었다. 직원은 메뉴도 잘 모르는 우리에게 한국인이 좋아할 만한 음식 위주로 잘 설명하고 서비스도 충분히 제공하려고 노력하는 모습이다. Çınarlı Cafe&Restaurant의 점심은 매우 만족스러운 음식에 창밖으로 내리는 설경을 감상할 수 있는 행복한 시간이었다. 점심 식사를 마치고 밖으로 나오자 가족들은 환호성을 질렀다. 눈이 그치면서 하늘이 파랗게 열리고 있었기 때문이다. 한국 TV 프로그램에 나왔다는 사장님과 레스토랑 정원에서 기념 촬영을 하고 언젠가 다시 한번 올 수 있는 날이 있기를 기대하며 레스토랑을 떠났다. 비록 눈이 많이 쌓여서 제대로 된 카파도키아 풍경을 볼 수 없겠지만, 그나마 멈추지 않고 여행을 계속할 수 있어 다행으로 여겼다. 오후 2시면 카파도키아를 돌아보기에 시간이 충분하다는 생각이 들었다. 카파도키아를 시계방향으로 돌면서 명소를 방문하는 일정을 아내와 의논하였다. 그리고 제일 먼저 방문한 곳은 피존 밸리 전망대다.

☪ 피존 밸리

점점 더 맑게 갠 하늘 덕에 멀리 우치히사르가 보이는 마을 앞으로 피존 밸리가 펼쳐져 보이는 전망대에 이르자 주차장에 차들이 많고, 관광객들도 많이 운집해 있다. 전망대에 올라서자 카파도키아를 특징짓는 피존 밸리 바위 계곡이 넓게 펼쳐진다. 눈이 많이 왔어도 버섯 모양의 돌기둥은 머리만 하얗지, 옆면은 검붉은 황토색이 그대로 드러나 있다. 선명한 바위 계곡의 경사면에는 수많은 구멍이 있는데, 사람이 살았던 동굴 집이란 걸 쉽게 짐작할 수 있다. 계곡 전망대에서 멀리 우치히사르 성과 그 주변 마을도 훤히 보인다. 기독교가 박해받던 시기부터 피난 온 기독교인들이 많이 살았던 지역이라는데, 수많은 동굴 구멍을 봤을 때 마을의 규모와 인구를 짐작할 만하다. 눈이 두껍게 덮여 있어서 본래 황토색인 카파도키아의 모습이 잠시 숨어 있는 설정이지만, 카파도키아는 더 멋진 풍경으로 승화되어 폭설이 가져다준 반전 드라마를 보는 듯하다.

이 골짜기의 이름이 비둘기에서 유래하였듯 이곳에는 비둘기에 대한 이야기가 있다. 옛날에 숨어 살던 수도사들은 비둘기 알에서 교회 그림의 물감 재료를 추출하기도 하고, 비둘기의 배설물을 포도밭의 거름으로 쓰기 위해 비둘기를 길렀다. 그래서 피존 밸리 골짜기의 사람이 거주하는 바위굴 주택에는 기르는 비둘기들도 함께 살았다는 이야기다. 이런 이유로 비둘기 골짜기(피존 밸리)로 불리고 있다.

우치히사르 정상

피존 밸리

카파도키아 파노라마

우치히사르 전망

그 이름이 조금도 서운하지 않게 골짜기에는 엄청나게 많은 비둘기가 관광객들이 주는 먹이를 쪼아대고 있다. 지금은 민폐가 되어버린 비둘기 지만, 옛날에는 거름 때문에라도 귀한 대접을 받았을 것이다. 여하튼 사람에게 팔자가 있듯이 가축이나 동물도 시대와 장소에 따라 처우가 달라지는 것을 보면 동물의 팔자라는 것도 생각해 보지 않을 수 없다. 이같이 엉뚱한 생각에 빠져 있을 때, 누군가가 비둘기를 놀라게 하자 모든 비둘기가 파드닥거리며 날아올라 피존 밸리 하늘을 까맣게 가리는 장관을 연출한다. 그러자 비둘기를 싫어하는 아내가 얼굴을 가리며 어서 이곳을 떠나자고 채근한다.

☪ 우치히사르

아내의 피존 밸리를 떠나자는 한마디에 차를 타고 곧바로 우치히사르로 향했다. **뾰족한 바위**라는 뜻의 우치히사르는 60m 높이의 바위를 파서 만든 성채다. 고대부터 감시탑으로 사용해 온 천연 요새이기도 했던 이 성채는 히타이트인들이 처음으로 발견하였고, 이후에는 페르시아인과 마케도니아인들이 살았으며, 비잔티움 시대 말에는 아랍에 대항할 때 요새의 역할을 하였다. 피존 밸리에서 우치히사르는 약 1㎞ 정도 되는 거리라 차가 없다면 풍경을 감상하며 걸어가도 좋을 법하다. 마을 뒷길로 올라가면 우치히사르 입구 앞 주차장에 차를 세울 수 있다. 눈이 많이 온 탓인지 주차된 차도 거의 없고 제설 작업도 되어있지 않아 차에서 내릴 때 눈에 발이 푹 빠졌다. 이런 상황에서도 주차 관리 직원이 주차비를 받으려고 눈밭을 가르며 차 앞으로 달려와 주차비 3리라를 내라고 한다. 카파도키아에서 우치히사르가 조금 더 특별한 유적지라는 듯 매표소 직원도 뮤지엄 패스를 사용할 수 없다며 별도의 입장료를 내라고 한다(1인 4.5리라). 멀리서 보면 수백 개로 보이는 작은 구멍이 흡사 벌집과 같은 모양을 갖고 있었는데, 성채에 들어와서 보니 동굴 속에서 여러 개의 방이 이어져 있어 계단으로 올라가는 작은 굴을 탐험하는 것 같다. 수많은 사람의 발길에 닳은 바위의 모래 때문에 미끄러운 계단을 조심해서 올라가야 하고, 일부는 침식이 진행되어 접근이 금지되고 있다. 성채 외부로 안전하게 만든 철재와 데크 계단을 약 10분 정도 올라가면 터키 깃발이 날리는 정상에 도착한다. 당당히 정상에 서자 맑게 갠 하늘 아래 우치히사르 마을 전경과 피존 밸리에서 멀리 괴레메 계곡까지, 더 멀리 보면 로즈 밸리와 파샤바까지 넓게 펼쳐진 풍경을 한눈에 볼 수 있다. 눈이 부시도록 하얀 눈에 덮여 있는 설경이 평화로워 보인다. 동쪽 지평선 끝에 우뚝 서 있는 에르지예스산이 이곳을 굽어보는 듯 거산의 위용을 드러내고 있고, 서쪽 평원에 눈 쌓인 바위 언덕의 풍경도 또 다른 장관이다. 보아하니 이곳이 카파도키아에서 가장 멋진 파노라마를 볼 수 있는 좋은 위치라고 할 만하다. 정상 아래를 내려다보면 마치 하늘에서 드론으로 영상을 촬영하는 것처럼 보이는데, 조금 전에 떠나온 피존 밸리의 동굴 집 구멍들이 작게 보여 마치 비둘기 집처럼 보인다.

한편, 이 성채에 많은 눈이 쌓인 상황은 린과 예린이 눈싸움을 하기에 좋은 장소였다. 솟아있는 바위와 바위 구멍은 은폐와 엄폐물이 되어 그 옛날 이 성채를 두고 벌어졌을 공성전을 재현하는 퍼포먼스를 보여 주었다. 우치히사르 입구에 내려와서 조그만 골목에서 실제 사람들이 사는 동굴 주택을 보게 되었다. 성 주변의 동굴 집에는 아직도 사람이 산다. 현대의 집들과 비교하면 불편한 점이 많을 텐데도 바위 동굴에서 그들의 삶의 방식을 지키며 사는 이들의 모습이 참으로 대단해 보인다.

☪ 카파도키아 파노라마, 로즈 밸리, 레드 밸리
-붉은 장미빛 계곡

우치히사르를 떠나 차우신으로 가던 중에 여러 대의 관광버스와 사람들이 몰려 있는 곳이 보여 잠시 차를 세웠다. 카파도키아 파노라마다. 골짜기의 비탈진 경사면에서 자라난 돌기둥이 하얀 눈꽃을 피운 나무들처럼 꼿꼿하게 서 있다. 우치히사르에서 보았던 골짜기 풍경이 숲 전체를 보는 것이었다고 한다면, 이곳 카파도키아 파노라마에서 보는 골짜기 풍경은 나무처럼 서 있는 돌기둥을 자세하게 볼 수 있도록 숲속에 들어와 있는 형국이다. 이 골짜기는 우치히사르에서 차우신까지 하얀색 바위 절벽이 이어져 화이트 밸리라고 부르는데, 길게 뻗어 나가는 계곡 길에서 바라보는 풍경이 시원스레 보인다. 이 골짜기의 중간에는 하늘을 향해 솟아오른 기둥들이 늘어서 있는데, 그 우뚝 솟은 형상이 남근을 닮았다고 해서 러브 밸리라는 애칭을 갖고 있다. 또한, 계곡 끝으로 갈수록 넓게 펼쳐져 평지를 이루는데, 바로 그곳에 사람들이 모여들어 괴레메 마을이 되었다.

햇볕이 들면서 하얀 눈에 반사된 골짜기 풍경이 눈부시고, 골짜기에서 올라오는 찬바람이 얼굴을 빨갛게 상기시켜 느긋하게 풍경을 감상할 수 있는 여유가 없어졌다. 우리는 찬바람을 피해 전망대 찻집에 들어가 커피를 마시며 몸을 녹이고 나서야 다시 차에 올랐다. 목적지는 차우신[16] 마을이었는데, 괴레메를 통과할 무렵 오른편 샛길로 차가 들어가는 것을 보고 호기심이 생겨서 따라가 보기로 했다. 오후 들어 날씨가 따뜻해지자 눈이 녹아내리면서 비포장도로가 개울이 되어 물이 흐르는 물길을

---

16) 바위산 전체에 구멍을 파서 만든 거주지로 원래 주민들은 위쪽의 바위를 파서 생활했지만, 1920년의 대지진으로 아래쪽 마을로 이주하였다. 마을에는 5세기에 지은 세례 요한 교회가 있는데, 성상 파괴 운동으로 교회 안의 성화가 많이 손상되었다.

거슬러 가야 했다. 앞서가는 차들이 문제없이 가는 걸 보고 거칠게 운전하여 전망 좋은 언덕 앞까지 밀고 들어갔다. 이곳에서는 가족 단위의 여행자들이 발자국 하나 없는 눈빝 위에 느러누워 기념사진을 찍는 추억을 만들고 있다. 가까운 언덕에 올라서니 사방의 풍경이 내려다보인다.

이곳은 로즈 밸리였다. 지금은 하얀 눈 속에 묻혀 있지만, 붉은빛 대지의 로즈 밸리는 카파도키아의 상징 중 하나로 붉은 장미색으로 그 이름을 얻었을 것이다. 하얀 대지에 하얀 머리를 얹고 우뚝 솟은 기암괴석들의 벽면이 로즈 밸리의 붉은빛을 보여 준다.

잠시 후 사륜 오토바이 부대가 나타나 평지와 언덕을 오가면서 드라이빙을 즐긴다. 황토색 지면이 나올 때까지 눈 위를 미끄러지며 스릴을 즐기는 라이더의 모습은 보기만 해도 시원하다. 사륜 오토바이 렌트는 괴레메 시내에 있는 투어 회사에서 얼마든지 할 수 있지만, 오후 시간을 단 하나의 투어에 모두 써버리는 것이 비합리적일 것 같아서 마음을 비웠다. 대신에 아내는 언덕이 늘어선 능선을 따라가 보자고 말한다. 그것도 좋은 제안이었다. 사방으로 펼쳐진 눈 덮인 괴레메 풍경을 감상하며, 아직 아무도 밟지 않은 눈을 밟으니 로즈 밸리의 주인공이 된 듯하다. 로즈 밸리의 언덕은 선셋이 아름답다고 한다. 로즈 밸리의 바위가 석양 무렵에 타는 듯한 붉은 색으로 물들어 카파도키아의 밸리 중 가장 멋있고, 인기가 높은 곳이다. 하지만 그만큼 사람의 손도 많이 타서 마을과 가까운 쪽은 훼손이 빠르게 진행되고 있다. 로즈 밸리 능선에서 보면 레드 밸리와 화이트 밸리도 볼 수 있다. 레드 밸리는 로즈 밸리와 서로 평행하게 위치하고 있고, 화이트 밸리는 로즈 밸리보다 괴레메 마을에 더 가깝다. 트레킹 코스로서 레드 밸리는 로즈 밸리만큼 인기가 높지는 않지만, 이곳 역시 석양이 지는 시간이면 이름 그대로 계곡이 붉게 물드는 아름다운 장관을 볼 수 있다. 계곡 입구에는 8세기에 만들어진 포도 교

로즈 밸리

회도 있다. 시간과 날씨만 허락한다면 며칠이고 하이킹으로 모든 밸리를 누비다 가면 좋으련만, 지나친 욕심과 생각에 사로잡혔다가 만다.

☪ 파샤바 밸리

경찰 지구대 바위 건물

버섯처럼 생긴 특이한 바위의 결정체를 보려면 파샤바로 가야 한다기에 차우신을 그냥 지나치고 파샤바로 이동했다. 장군(파샤)의 포도밭이라는 뜻의 파샤바는 일명 수도사의 골짜기로 불린다. 오랜 세월 동안 풍화와 침식 작용으로 특이한 형태의 돌기둥이 만들어져 카파도키아의 랜드마크이자 가장 유명한 명소가 되었다. 수도사의 골짜기라는 별명이 붙은 이유는 세상과 거리를 두고 신앙생활을 하였던 성 시몬이 이곳에서 수도 생활을 하였고, 바위 구멍에 만든 시몬 교회가 있기 때문이다. 파샤바 계곡 외에도 버섯 모양으로 생긴 바위들이 몰려 있는 지형은 카

파샤바 밸리

파도키아 곳곳에서 얼마든지 찾아볼 수 있다. 다만 파샤바 계곡에 그런 모양을 갖춘 바위들이 가장 많이 몰려 있고, 기독교인들이 이곳에 살았던 흔적이 많이 남아있기 때문에 가장 유명해진 게 아닌가 싶다.

주차장에서 보는 파샤바의 모습은 레드 밸리와 상당히 다른 형상을 하고 있다. 뮤지엄 패스로 입구를 통과해서 파샤바 계곡 가까이 가면 그 형상을 자세히 볼 수 있다. 지금까지는 고깔 혹은 나무 모양의 바위들을 봐 왔는데, 이곳 파샤바의 돌기둥은 송이버섯, 남근, 모자를 쓰고 무장한 장군 등의 형상을 하고 있다. 형상에 관해서는 보는 이마다 각기 다른 해석을 늘어놓는다. 이런 독특한 바위 형태는 오랜 세월 동안 진행된 풍화와 침식의 흔적이다. 기둥은 무른 응회암이라 침식이 잘 이루어지지만, 기둥 윗부분이 단단한 화강암으로 되어 있어 비바람으로부터 아래쪽 응회암의 침식을 막아 이렇게 화강암 머리가 얹어진 우뚝 솟은 나무가 되었다. 옛날 사람들은 이 바위에 요정이 산다고 믿었다. 이 거대한 바위들이 요정의 굴뚝이라 불리는 이유가 여기에 있다. 그래서 파란색 요정인 〈개구쟁이 스머프〉의 스머프 마을의 모티브가 되었다고 하는가 보다. 실제로 벨기에의 작가 페요는 이곳의 지형과 사람들의 모습을 보고 버섯 모양의 기둥처럼 생긴 스머프 마을의 집과 스머프를 그렸다고 한다. 〈개구쟁이 스머프〉는 우리나라에서 1983년부터 TV 방영을 했다. 그렇다면 그 시대의 어린이들은 지금 내 나이와 비슷할 것이다. 아내와 내가 어렸을 때 좋아했던 〈개구쟁이 스머프〉의 배경에 지금 서 있는 것이다. 계곡 뒤로 이어지는 산책로를 따라서 올라가면 파샤바 밸리 전체를 조망할 수 있다. 내려오는 길에 바위 안쪽으로 들어갔더니 버섯 바위 속에서 사람이 말하는 소리가 들린다. 바위 안에 만들어 놓은 집으로 여행자들이 들어간 것이다. 우리도 바위 집으로 들어가 보았다. 2~3층 높이의 바위 집은 생각보다 아늑해 보인다. 내부 공사만 잘해 놓으면 전망 좋은 아파트와 비교해도 손색이 없을 것이다. 거실 같은 방은 넓고 들판이 보이는 방향에 넓은 창이 있어서 바깥 풍경이 훤히 보인다. 구석진 위쪽에는 구멍이 있는데, 그곳은 2층으로 올라가는 입구다. 에린이가 벽면에 난 홈에 발을 디뎌서 올라가려고 하는데, 위험해 보여 말렸다. 처음에 이 바위에 집을 만든 주인은 누구였을까? 이 집에서 몇 세대에 걸쳐 사람이 살았을지? 매매도 했을지? 이 정도의 조망권을 가진 바위 집이라면 권력과 부를 상징할지도 모른다고 생각하고 있을 때, 린이 말한다.

"아빠. 여기 사람들은 집짓기 편했겠어요. 바위에 구멍을 뚫기만 하면 되는 거 아니에요?" (린)

"맞아. 실내도 바위를 조각해서 침대, 창문, 선반, 부엌을 만들었으니 다른 재료는 필요하지 않았을 거야. 그냥 바위를 깎는 연장만 있으면 되었을 것 같아."

"기독교인들이 바위 동굴에서 숨어 사는 곳이라고 하는데, 제 생각에는 바위에 구멍을 뚫는 방법으로 집 만들기가 훨씬 쉬워서 바위 집을 만든 것 같은데… 안 그래요?" (린)

"그 말도 맞을 것 같아. 만일 숨어 살려고 했다면 데린쿠유처럼 지하 도시를 만들어서 숨어 살아야 하는데, 이 바위 집들은 모두 지상에 있을 뿐만 아니라 멋진 조망까지 할 수 있어. 더욱이, 옛날 사람들은 바위 집을 좋아했을 것 같아. 왜냐하면, 바위 집은 여름에 시원하고 겨울엔 따뜻하다고 해. 이런 걸 보면 기독교인들이 숨어 살기 위해 바위 집에 살았다는 건 신빙성이 떨어지는 것 같아."

"저도 그런 생각이 들어요." (린)

"흙집이나 나무집은 백 년을 넘기기도 힘든데, 이 바위 집은 천 년 이상의 세월이 흘렀는데도 그대로잖아. 가성비 최고 아니냐?"

"맞아요. 가성비 최고네요. 그 대신 바위 가격이 엄청나게 비쌌을 것

같지 않아요?"(린)

"그럴지도 모르지. 바위의 크기가 부의 척도가 되었을지도 몰라. 높은 바위에 있는 집은 전망까지 좋아서 마치 펜트하우스처럼 비싸지 않았을까?"

린하고 나누던 대화는 그럴듯한 추리로 이어졌다.

이곳에서 하나 더 흥미를 끄는 것은 경찰 지구대 건물이다. 버섯 모양의 돌기둥에 속을 파서 만든 경찰 지구대도 건물이라기보다 굴이라고 해야 할 것 같다. 세상에서 가장 특이한 경찰 지구대가 아닐까?

☪ 데브렌트

파사바를 나와 젤베 야외 박물관으로 갔으나, 오후 5시를 넘긴 시간이라 들어가는 문과 매표소가 닫혀 있었다. 허탈한 마음으로 젤베 야외 박물관 앞에서 차를 돌려 5분 거리의 데브렌트 뷰포인트에 있는 기념품 가게 앞에서 차를 세웠다. 해가 기울어가는 시간이라 상점들은 모두 문을 닫았고, 관광버스가 한 대씩 잠시 멈추면 관광객이 단체로 내려서 뷰포인트에 들렀다가 바로 떠나기를 반복하고 있다.

데브렌트는 오랜 세월에 걸쳐 만들어진 다양한 바위가 보는 사람의 상상에 따라 달리 보이기 때문에 '상상의 계곡'이라는 뜻으로 이름이 붙여졌다. 바위의 생김새는 손가락, 낙타, 나폴레옹의 머리, 고래, 연인의 키스 모양 등의 매우 다양한 모양과 모습으로 비친다고 한다. 하지만 내가 본 데브렌트는 흰 눈이 쌓인 갈색 바위들이 늘어선 곳이다. 어느 것이 키스 바위인지, 나폴레옹의 머리는 어느 것인지는 억지스럽게 봐야만 알아볼 수 있는데, 문득 우리의 눈을 사로잡은 낙타 바위가 눈에 들어왔다. 낙타와 너무도 흡사한 모습에 근처까지 가까이 가서 보고 싶었지만, 눈이 쌓여 길이 사라지고 없어 갈 수가 없다.

다시 차를 타고 데브렌트 계곡을 따라서 이동하는데 보는 위치에 따라 바위 모습이 시시각각 바뀐다. 해가 기울어지는 만큼 카파도키아 풍경은 점점 더 붉게 물들어간다. 오늘 마지막 투어는 레드 밸리를 내려다볼 수 있고, 넓은 카파도키아 풍경을 동시에 볼 수 있는 장소인 괴레메 국립공원의 파노라마 뷰포인트이다. 우리는 해가 거의 산 능선에 닿을 무렵에 전망대에 도착하였다.

낙타 바위

붉게 물들어 가는 카파도키아 풍경이 무대라면, 오늘 하루 주인공이었던 바쁜 여행자가 그 무대에서 막을 내리는 순간을 맞이하게 된다. 오전 내내 눈이 내린 탓에 오후 한나절 동안 누빈 카파도키아 투어는 수박 겉핥기였을지도 모른다. 하지만 야외 박물관을 관람하고, 로즈 밸리에서는 트레킹도 하고, 우치히사르 전망대에 올라 카파도키아 풍경을 한눈에 넣었다. 그리고 레드 밸리에서 석양까지 봤으니 섭섭하지 않은 시간을 보냈다.

파노라마 뷰포인트 석양

☾ 터키쉬 나이트

괴레메 숙소에 돌아오니 저녁 7시가 채 되지 않았다.

저녁 시간은 린과 예린에게 휴식을 주고, 아내와 나는 코냐에서 세마 춤을 보지 못한 아쉬움을 달래고자 터키쉬 나이트를 보기로 결정하였다. 케말에게 공연 예약을 부탁했더니, 곧바로 전화를 걸어 예약해 준다. 8시에 픽업 택시가 와서 아바노스의 에브라노스에 갔다. 동굴 안으로 들어서니 꽤 넓은 공연장으로 보이는 중앙 홀이 나타난다. 대략 200여 명은 수용할 수 있는 동굴이라고 하는데, 공연하는 중앙 무대를 가운데에 두고, 빙 둘러서 테이블 자리가 마련되어 있다.

터키쉬 나이트 공연에서 보고 싶었던 것은 코냐에서 보지 못한 세마 춤이었다. 그런데 이곳에서 진행하는 민속 공연은 터키 민족의 강인함과 진취적 성향을 보여 주는 것이 대부분이었다. 고대에는 우리 민족과 교류가 있었다지만, 아시아 대륙의 양 끝에 자리 잡고 오랜 세월 동안 다른 생활방식을 갖게 된 두 민족은 서로 다른 문화로 진화하였다. 우리의 춤과 노래가 정적이라면 이들은 활발한 동적인 문화가 자리하고 있다. 그 역사를 자랑하듯 투르크가 서방까지 진출하여 아나톨리아반도를 지배하며 대제국을 건설하고 화려한 영광을 누렸던 터키 민족의 강한 자긍심을 보여 주는 공연으로 비친다. 공연이 지루해질 무렵 밸리 댄스가 이어졌다. 밸리 댄스의 기원은 여러 가지 설이 있지만, 궁녀들이 술탄에게 간택되기 위해 매혹적으로 춤을 추던 것이 시작이라는 의견이 지배적이다. 현재 밸리 댄스를 민속무용으로 추는 나라는 이집트와 터키뿐인데, 이집트의 밸리 댄스는 배꼽을 드러내지 않는 다소 얌전한 춤이다. 그래서 우리가 알고 있는 밸리 댄스는 터키에서 유래하였다고 보면 된다. 격렬한 상체 움직임과 믿어지지 않을 만큼 부드러운 웨이브, 골반의 움직임을 강조하기 위해 입은 화려한 의상 등이 농후한 매력을 발산한다. 밸리 댄스 공연이 무르익을 무렵 우리 옆자리에 앉아서 내 시야를 자주 가려 눈에 거슬렸던 두 명의 여성 일본인이 갑자기 일어나 외투를 벗는다. 그러자 겉옷에 가려져 있던 화려한 밸리 댄스 의상이 드러났다. 그들은 곧바로 무대에 나가 무용수보다 더욱 현란하게 허리를 돌리고 골반을 흔들기 시작한다. 관객들은 이들의 거침없는 춤에 눈이 동그래지며 일제히 환호성을 질렀다. 놀라운 반전을 보여 준 일본인이었다. 공연이 끝난 후 제자리에 돌아왔을 때, 나이가 들어 보이는 밸리 댄서와 잠시 이야기를 나누었다. 그들은 일본계 미국인으로 현재 캘리포니아에 살고 있는데, 이 무대에서 밸리 댄스를 하고 싶어서 터키까지 여행을 왔다

터키쉬 나이트 쇼

고 한다. 젊은 여성은 3년 차인데 밸리 댄스가 좋아서 춤을 시작했다고 하고, 나이가 좀 들어 보이는 여성은 몸이 좋지 않아서

선셋 전망대 야경

운동 삼아 밸리 댄스를 시작하여 10년 넘게 춤을 추고 있다고 한다. 그녀들로 인해 밸리 댄스의 멋이 더욱 빛났다. 더욱이 공연 내내 무용수들은 관객 참여를 유도하는 부분이 많은 편인데, 밸리 댄서들이 참여하자 무용수들도 더욱 흥을 돋우는 모습이다. 현지 문화에 참여할 수 있는 취미를 갖고 있기에 여행이 더욱 의미 있고, 즐거움도 커지는 좋은 본보기로 보였다. 나도 언젠가는 클래식 기타를 들고 버스킹을 하며 여행하는 방랑자의 삶을 꿈꾼다. 이 투어는 저녁 식사와 술을 포함한 음료가 무제한으로 제공되는지라 분위기가 익을수록 아내와 맥주를 실컷 마시며 여행의 피로를 풀었다.

현란했던 공연의 마지막은 무용수들이 터키 국기를 펼쳐 보이는 것으로 막을 내린다. 곧이어 무용수들은 관람객들과 기념촬영을 하는 시간을 갖고 공연장을 나오게 된다.

☪ 선셋 전망대

대기하고 있는 픽업 택시를 타고 호텔에 돌아와서 내일 괴레메를 떠날 것을 생각하니, 더 머물지 못함에 아쉬움이 남는다. 그 아쉬움은 아내와 나의 발걸음을 호텔 뒤편 언덕의 괴레메 선셋 포인트로 이끌었다. 낮에 눈이 녹아서 질척거렸던 길이 얼어붙으면서 미끄러운 빙판으로 변해, 조심스럽게 경사진 길을 올라갔다. 칠흑 같은 어둠 속에서 괴레메 마을은 주황색 빛을 발산하고 있다. 곳곳에 솟아난 돌기둥을 비춰 주는 가로등이 보석이 박힌 것처럼 포인트가 된다. 멀리 보이는 우치히사르성은 하얀 눈과 갈색 돌이 혼재되어 마치 요정이 사는 곳처럼 보인다. 아내도 올랜도 디즈니 월드 매직 킹덤에서 보았던 신데렐라성이 연상된다고 하는 걸 보면 사람이 사물이나 풍경을 보며 떠오르는 생각이나 감정은 비슷한 듯하다.

카파도키아에는 지상과 지하에 숱한 신비와 불가사의가 숨어 있다. 신앙심과 삶의 의지가 만들어냈을 그 비밀을 다 들춰내기에는 현재를 살아가는 우리의 능력으로는 역부족일 것이다. 그러나 분명한 것은 카파도키아야말로 자연의 신비와 인간의 슬기가 잘 조화되었을 때 일어나는 기적과 삶을 자연스럽게 되돌아보게 해 준다는 점이다. 아무도 없는 곳에서 뽀드득뽀드득 눈을 밟으며 괴레메 언덕을 내려오는 시공간은 적막하지만, 세상을 굽어보며 삶의 의미를 되새겨보는 시간이었다.

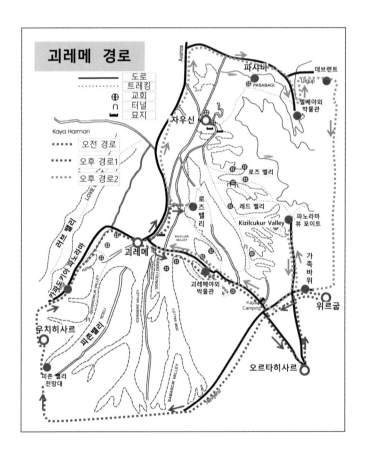

2 월 13 일

　아침 7시 반에 일어나 샤워를 하고 아침 식사를 하러 바로 동굴 호텔 위에 있는 식당으로 갔다. 그곳에는 늘 그렇듯 아침에 먹는 음식들이 똑같이 있었다. 엄마가 빵에 햄과 꿀을 발라서 나에게 주었다. 너무 맛있었다. 조식을 다 먹고 야외 박물관으로 갔다. 야외 박물관엔 여러 가지 교회가 많았다. 그런데 교회의 입구들이 다 낮아서 머리를 많이 부딪쳤다. 일단 첫 번째로 사과 교회에 갔다. 예수님이 사과 모양의 지구를 들고 있다고 해서 사과 교회이다. 다음으로 성 바르바라 예배당으로 갔다. 그곳에는 기독교에서 뱀이 사탄이기 때문에 뱀을 죽이기 위해 싸우려고 하는 그림도 있었다. 가장 충격적이었던 것은 뱀 교회에 있던 것인데 아름다운 여자가 남자들에게 대시를 많이 받아서 추하고 늙은 남자가 되게 해달라고 한 것이다. 박물관을 둘러본 후 오르타히사르성에 갔다. 오르타히사르성에 가서 눈싸움을 하며 사진을 찍었다. 한국에선 할 수 없는 눈싸움을 몇 년 만에 하니 재미있었다. 다음으로 와이너리를 구경하고 <짠내 투어>에 나왔던 식당에 갔다. 이름은 기억이 안 나지만 빵과 발라먹는 소스들을 줬는데 엄청나게 맛있었다. 양고기도 나왔는데 냄새도 나지 않고 맛있었다. 오랜만에 점심을 배불리 먹으니 피곤했지만, 아침에 한 게 별로 없어서 오후에 빡세게 구경하러 다녀야 했다. 점심을 먹은 후 차를 타고 피존 밸리에 갔는데 이름대로 비둘기가 엄청나게 많았다. 비둘기 떼가 날아가니 비행기 소리가 날 정도였다. 가뜩이나 비둘기를 싫어하는 엄마는 비둘기 떼가 날아다니니 소리를 지르셨다. 비둘기 중에선 마술할 때나 쓸 법한 새하얀 비둘기도 있었다. 피존 밸리에서 사진을 찍고 우치히사르에 갔다. 풍경이 눈 때문에 온통 새하얘서 눈이 부셔 제대로 눈을 뜨질 못했지만, 우치히사르에 올라 보는 풍경은 정말 멋있었다. 다음으로는 로즈 밸리에 갔다. 로즈 밸리엔 눈이 엄청나게 쌓여 있어서 김예린이 눈사람을 만들고 싶은데 혼자 있기 무섭다고 졸라서 같이 눈사람을 만들고, 나는 김예린이랑 엄마랑 같이 눈사람을 만들다가 먼저 트레킹을 갔다. 아빠는 먼저 트레킹 코스의 꼭대기로 가고 있었다. 나는 아빠를 25m 정도 뒤에서 따라가며 멀리 있는 아빠를 사진 찍었다. 아빠도 올라오는 나를 찍어 주셨다. 나는 트레킹을 하며 눈밭에 내 이름을 15개정도 새기고 엄마랑 김예린한테 내 이름을 찾아보라고 했다. 그랬더니 김예린도 이름을 따라 썼다. 난 정상까지 올라가 보고 엄마랑 김예린은 정상 바로 앞에서 다시 내려왔다. 덕분에 정상엔 내 이름만 혼자 새길 수 있었다. 트레킹을 마치고 차로 돌아가다가 아빠가 사라져서 아빠의 발자국을 따라가니 아빠가 나왔다. 아빠의 발자국은 신발 밑창에 표창 모양이 있고 팔자걸음이라서 구분하기 쉬운 데다 눈이 깊게 쌓여 자국이 선명해 발자국을 찾아서 따라가기가 쉬웠다. 다음으론 파사바 밸리에 갔다. 파사바 밸리에는 버섯 모양 바위들이 엄청 많았다. 퇴적층이 침식에 의해 깎여서 만들어진 풍경이라고 한다. 또 파사바 밸리는 <개구쟁이 스머프>의 배경이 되었다고 하는데 스머프를 제대로 본 적이 없어서 잘 공감이 되진 않았다. 파사바밸리에서도 아빠가 안 보이면 발자국을 따라서 찾아갔다. 파사바 밸리를구경한 후 젤베 야외 박물관에 가려 했는데 문을 닫아서 가질 못했다. 그래서 다음으로 낙타 모양 바위에 갔다. 말 그대로 낙타 모양 바위였다. 낙타 모양 바위 앞에서 사진을 찍고 마지막으로 레드 밸리의 파노라마 뷰포인트에 석양이 지는 걸 보러 갔다. 풍경을 보며 해가 몇 분 만에 질지 가장정확하게 예측하는 사람에게 엄마가 만 원을 준다고 했다. 만약 엄마가 가장 정확하게 예측하면 꼴등이 만 원을 주기로 했다. 엄마는 7분, 아빠는 5분, 김예린은 4분 30초, 나는 6분을 예측했다. 결국 해는 6분 25초쯤에 완전히 지고 조금 아슬아슬하게 내가 가장 정확하게 예측했다. 레드 밸리 파노라마 뷰포인트에서 해가 완전히 지는 걸 본 후 숙소에 가서 나랑 김예린은 일기를 쓰고 부모님은 밸리 댄스를 보러 가셨다.

Part 11

철의 제국, 히타이트

10일 차

"여행은 꿈을 이루기 위해 목적지를 찾아가는 모험이다."

*인간의 꿈

얼마나 많은 사람이 하늘을 나는 꿈을 갖고 있을까?

날기를 간절히 원하는 사람은 꿈에서조차 나는 꿈을 꿀 정도로 나는 것을 동경한다. 현대인들뿐만 아니라 오랜 옛날부터 인간은 새처럼 날고 싶어 하는 꿈을 가지고 있다. 이를 증명하듯 고대의 전설 속에도 날개 달린 사람의 이야기가 전해진다. 고대 그리스의 신화에 따르면 데달루스와 그의 아들 이카루스가 밀랍과 새의 깃털로 만든 날개를 달고 크레타 섬에서 탈출하고자 했으나 실패하고 만다. 15세기 르네상스 시대에 레오나르도 다빈치도 하늘을 날고 싶어 하는 꿈을 품었기에 비행의 원리를 연구한 설계도를 만들었을 것이다. 실제로 사람들은 기상천외하거나 기발한 아이디어로 하늘을 날 수 있는 방법을 연구하였고, 날기 대회도 개최하였다. 그 꿈은 1783년 프랑스의 몽골피에 형제에 의하여 최초로 열기구가 개발되어 실현되었다. 그래서 살면서 꼭 해 봐야 할 버킷 리스트 중 한 가지가 벌룬 투어라고 말하는 사람들이 있다.

오늘 우리 가족은 욜류데니즈에서 패러글라이딩에 이어 이곳 카파도키아에서 벌룬을 타면서 그 꿈을 실현하게 된다. 벌룬 투어에 참가하기 위해서는 이른 새벽부터 움직여야 한다. 벌룬 투어 여행사에서 픽업하러 온다는 시간(6시)에 맞춰서 호텔 2층 식당에 갔더니 케말이 우리와 동행할 여행자 6명을 데리고 기다리고 있었다. 밤사이 추워진 날씨 때문에 골목은 빙판이 되어 서로 손을 잡고 조심히 걸어 내려가서 대기하고 있던 미니버스에 탔다. 미니버스는 아직 여명도 없는 깜깜한 길을 달려 카파도키아 투어라는 회사 앞에서 내려주었다. 회사 건물에 들어가니 벌써 100여 명의 투어 참가자들이 들어와 있었다. 연회장으로 보이는 홀에는 아침 식사로 터키식 뷔페가 준비되어 있었다. 입맛이 돌지 않았지만, 든든히 배를 채워두어야 할 것 같았다. 곧 사회자가 이름을 호명하며 팀을 만들어 주고, 팀의 리디가 안내하는 곳으로 각기 떠났다. 거의 모든 사람이 떠난 후에야 우리 가족이 호명되었다. 우리 팀은 16명, 6가족으로 구성되었고, 다시 미니버스를 타고 가더니 낯선 들판에 내려주었다. 그곳엔 땅에 펼쳐진 벌룬에 바람을 불어넣는 선풍기 소리가 여기저기서 요란하게 들렸다. 팀의 리더는 우리가 탈 벌룬과 파일럿을 소개하고 벌룬에 바람 넣는 일을 도왔다. 여명이 들기 시작하면서 하늘이 조금씩 환해지자 벌써 하늘에 떠오른 벌룬들이 보인다. 린은 우리가 타는 벌룬의 색과 디자인이 마음에 들지 않는다며 아쉬워한다. 하지만 벌룬이 뜨게 되면 우리 것은 볼 수 없고, 다른 벌룬만 보게 되니깐 의미를 갖지 말자며 위로해 주었다. 벌룬이 웬만큼 부풀어 오르자 파일럿은 벌룬에 불을 쏘아대기 시작한다. 잠시 후 여태껏 누워있던 벌룬이 하늘로 서서히 일어선다. 곧이어 파일럿과 스태프들이 여태까지 엎어져 있던 바구니를 일으켜 세운다. 그리고 바구니에 올라타는 요령을 설명해 준다. 하지만 바구니가 높아 올라타는 일이 생각했던 것만큼 쉽지 않자 스태프들이 한 명씩 손을 잡아주며 우리 팀 맴버들을 태워준다. 그 중, 빨간 치마와 구두를 신고 한껏 멋을 부리고 온 덩치 큰 인도 여인을 태우느라 스태프들이 진땀을 뺐다. 팀원이 모두 승차하자 파일럿은 안전교육을 하였고, 말미에 자신은 싱글이라는 점을 강조하여 폭소를 자아낸다. 그리고 벌룬 속으로 화염 방사기 같은 불을 연신 쏘아대자 서서히 바구니가 지면에서 떨어진다. 움직임이 없어 보이는 벌룬은 불과 1~2분 만에 창공으로 높이 떠오른다. 카파도키아고원의 여명 아래 빨강, 초록, 노랑, 하양, 주황, 갈색, 무지개 무늬 등 알록달록하니 화려한 색상으로 디자인한 옷을 입은 듯한 수많은 벌룬이 일제히 하늘로 날아오른다. 창공에서 벌룬 파

러브 밸리

티가 시작되었다. 하늘 높은 줄 모르고 높이 떠오르는 벌룬, 땅으로 내려
가는 벌룬, 가만히 서 있는 벌룬, 제자리를 돌고 있는 벌룬. 이들 벌룬은
창공이라는 파티장에서 나름의 춤을 추고 있다. 잠시 후, 동쪽 하늘에서
해가 떠오르기 시작한다. 희미하게 보이던 카파도키아 풍경이 눈에 반사되
어 빛나는 하얀 벌판과 뾰족하게 솟아오른 돌기둥들이 선명하게 보이기
시작한다. 땅에서 봤던 카파도키아의 기암괴석과 동굴 도시도 경이롭게 보
였지만, 하늘에서 내려다보는 풍경은 경이로움을 넘어 황홀경에 이르게 한
다. 사방에 퍼져 창공을 가득 수놓은 벌룬들이 환상의 나라, 이상한 나라
에 온 듯한 비현실적인 풍경을 선사한다.

열기구 공기 주입

카파도키아는 일교차가 크
기 때문에 벌룬을 띄우기에 가
장 적합한 지역이다. 해가 뜰
무렵에 시작되는 안정적인 상
승 기류 덕분이다. 수백 미터
상공까지 오른 벌룬은 평화로
운 바람과 함께 카파도키아 상

공을 시나브로 유영한다. 잠시 후 벌룬은 어제 갔던 로즈 밸리를 통과한다. 높은 고도에서 기암괴석이 늘어선 숲 같은 로즈 밸리의 전체적인 모습을 보고 있으니 파일럿은 벌룬의 고도를 낮춰 땅에 닿을 듯 말 듯, 하강하여 밸리의 구석구석까지 들여다볼 수 있게 해 준다. 넉넉한 시간과 다리품을 팔아야 볼 수 있는 로즈 밸리 투어를 단 10여 분만에 완전정복하고 만다.

곧이어 다시 상승하자 괴레메 마을과 우치히사르가 손에 잡힐 듯 눈에 가까이 들어온다. 어제 지나갔던 도로는 깨끗하게 눈이 치워져 눈 쌓인 벌판에 검은 줄무늬를 그려 놓은 듯 보인다. 벌룬은 다시 골짜기로 들어가는데, 수많은 돌기둥이 사열하고 있다. 이곳은 화이트 밸리 혹은 러브 밸리라고 한다. 카파도키아에서 남근처럼 보이는 돌기둥이 많은 지형은 대개 러브 밸리라고 하는듯, 러브 밸리라는 명칭은 여러 곳에서 볼 수 있다. 밸리 아래로 내려온 벌룬은 거의 지면에 닿을 듯 멈춰 서서 파노라마로 펼쳐진 화이트 밸리 풍경을 보여 준다. 솟아 있는 돌기둥이 제일 많은 특색을 보여 주는데, 이곳도 구멍이 숭숭 뚫린 동굴 집이 여기저기에 널려 있다. 천 년을 훌쩍 넘을 만큼 주택 수명이 긴 바위 동굴 집 덕분에 어디를 가든지 카파도키아의 과거가 보인다. 벌룬이 잠시 멈추었을 때, 벌룬의 숫자가 궁금해서 파일럿에게 물어보았다.

"파일럿! 오늘 벌룬이 몇 개나 떠 있는 거야?"

"100개 정도 될 거야. 안전사고 위험 때문에 정부에서 그 이상 허가를 해 주지 않아."

이번엔 파일럿이 투어 참가자들에게 물어본다.

"당신들 어디에서 왔어?"

그러자 파일럿이 가리키는 사람마다 한 명씩 대답한다.

"인디아? 코레아? 바레인? 파키스탄? 당신들 중에는 지금 이 순간이 즐겁기도 하지만, 고소 공포로 무서워하는 사람도 있어. 아무리 무서워도 여기서 오줌 싸는 일은 제발 참아줘! 어쨌든, 우리 모두 이 순간을 즐기자! 다 같이 나를 따라 외쳐 봐! 엔조이(즐기자)~!"

"엔조이~!"

탑승자들이 다 같이 "엔조이!"를 외치자 하얀 카파도키아 벌판이 반응이라도 하듯 반짝거리며 빛이 난다. 파일럿은 계속 말을 이어간다.

"오늘 당신들은 이번 달에 2번째 뜨는 벌룬에 탑승하고 있어. 겨울에 벌룬이 비행하는 날은 단 며칠뿐이야. 올해 2월은 눈이 오는 날. 강한 바람이 부는 날, 안개 낀 날이 계속되어서 10일 외에는 벌룬을 띄웠던 날이 없어. 그래서 오늘이 두 번째 벌룬 데이가 되고 있어. 그리고 벌룬 투어를 하면서 이렇게 완벽한 설정을 보기는 쉽지 않아. 눈이 많이 쌓여서 여기서 점프해도 다시 튀어 올라 살 수 있을 거야. 낙하할 사람 있으면 말해라. 내가 밀어줄게! 당신들은 대단한 행운아들이라 아무렇지 않을 거야."

파일럿의 설명에 따라 벌룬이 뜬 날을 따져보니 일주일에 한 번 있는 확률에 당첨된 셈이다. 많은 사람이 카파도키아에 오면 반드시 벌룬 투어를 하고 싶어 하지만, 벌룬 투어는 선택받은 사람만이 누리는 투어라고 할 수 있다.

약 1시간의 비행을 마치자, 벌룬은 바구니 트레일러에 정확하게 착륙한다. 잠시 후 바람 빠진 풍선처럼 벌룬이 옆으로 넘어지면서 쪼그라든다. 풍선을 접는 일은 순식간에 이뤄졌다. 다 접은 풍선은 트레일러에 싣는 데 장정 여섯 명이 힘을 썼다. 벌룬 투어 스태프가 하는 일 중에서 가장 힘든 일로 보인다. 그런데 문제가 발생했다. 눈이 깊고, 맨땅이 단단하지 않아 견인하는 SUV 차들이 헛바퀴를 돌며 수렁에 빠지듯 땅속으로 박혀 버리는 것이다. 그리고 주변에서 이런 상황을 겪는 팀들이 속출했다. 수렁을 탈출하기 위해 모진 애를 쓰는 스태프들의 노력이 힘겨워 보인다. 트랙터가 와서 위기에 빠진 차량을 빼내는 일이 마치 급박한 야전의 집결지 모습으로 비친다.

무사 귀환을 축하하는 환영 행사

카파도키아 설원

베테랑으로 보이는 우리 스태프들은 차의 전·후진을 반복하며 눈구덩이에서 빠져나오자 탄력을 이용해서 눈밭을 헤집고 달렸다. 트레일러 위에 있는 투어 참가자들은 스릴 넘치는 오프로드 드라이빙에 차량이 튕길 때마다 함성을 지르다 정신이 쏙 빠져버렸다. 린과 예린은 벌룬 투어보다 오프로드 드라이빙이 더 재밌는 액티비티였다는 평가다. 이렇게 눈밭 오프로드 드라이빙을 하다가 갑자기 트레일러를 멈춰 세우더니 바구니에서 모두 내리라고 한다. 스태프가 하는 말이 하늘나라에서 무사히 귀환한 환영 행사와 수료증 수여식이 있을 거라고 한다. 파일럿이 축하 메시지를 전달하며 샴페인을 터뜨리고 테이블에 준비된 포도주를 건넨 후 건배까지 이끄는 행사가 추억 쌓기에 감초 역할을 한다. 그리고 투어 참가자에게 수료증 수여식까지 진행함으로써 벌룬 투어가 단순한 비행이 아니라 대단한 행사였음을 일깨운다.

일련의 벌룬 투어를 끝내고 미니버스를 타고 호텔에 돌아오니 9시가 지나고 있다. 장시간 바깥 활동을 해서 허기가 몰려와 브런치 같은 식사를 하고 짐을 꾸린 뒤 떠날 채비를 마쳤다. 그리고 이틀 동안 유익한 정보 제공과 안내를 해 준 케말에게 감사의 인사로 소정의 팁을 건네며 작별 인사를 하고 괴레메를 떠났다.

☪ 젤베 야외 박물관

오늘 하루는 아바노스, 하투샤, 앙카라를 거쳐 사프란볼루까지 가야하는 장거리 일정이라 아침 일찍 출발해야 했는데, 벌룬 투어를 하면서 시간 소모가 많았기 때문에 계획대로 진행할 수 없는 일정이 되었다. 계획이 어그러질지 모르지만, 벌룬 투어가 모든 것을 보상한 것으로 본다.

아바노스로 가는 길목에 어제 오후에 갔다가 헛걸음한 젤베 야외 박물관이 있어 들러 보기로 하였다. 주차비 5리라에 입장료가 있지만, 터키 뮤지엄 패스로 방문이 가능하다. 젤베 야외 박물관에 들어서니 어제 내린 눈이 밤사이에 꽁꽁 얼어 빙판길이 되었다. 조심히 걷는데도 몇 번이나 넘어질 만큼 위험한데, 린과 예린은 놀이터에 온 것마냥 넘어져도 신나게 뛰어다니면서 이런 환경을 즐긴다. 어제 본 괴레메 야외 박물관은 화려하지만 규모가 작은 반면에 이곳은 적당한 크기의 바위 동굴 마을로 세 갈래 계곡 깊숙이 형성되어 있다. 그래서인지 계곡을 따라 마을을 구경하며 걷기를 한다면 괴레메 야외 박물관을 구경하듯 굳이 가이드북을 들고 다닐 필요 없이 자연 속에서 고즈넉한 폐허 분위기를 감상하기에 좋은 산책로가 되어줄 것이다. 안내도를 보며 조심스레 계단을 올라가자 철분이 함유되어 붉은색을 띠는 계곡의 바위 곳곳에 교회와 수도원, 거주지로 사용하던 크고 작은 구멍들이 보인다. 성상 파괴 운동이 한창이던 8~9세기에 교회와 수도원들이 만들어져서 인물을 그린 성화보다 평화를 상징하는 비둘기나 신앙 고백을 상징하는 물고기, 영생을 상징하는 종려나무 등이 그려져 있다. 9~13세기에는 이슬람교의 박해를 피해서 기독교도들이 숨어 지내던 동굴집이었다. 얼어붙은 길을 걷기에 위험이 따르고, 소요될 시간을 예측할 수 없어 왼쪽 방향에 있는 동굴 교회와 집에 들어가 보고 밖으로는 눈 쌓인 젤베 박물관 풍경을 구경하다 주차장으로 발길을 돌려야 했다.

젤베 야외 박물관 계곡

☾ 아바노스 도자기 마을

젤베 박물관에서 약 10㎞ 거리의 도자기 마을 아바노스에 온 것은 11시가 다 될 무렵이다. 어제 터키쉬 나이트 쇼를 보기 위해 왔던 마을인데, 실은 그보다 도자기 굽는 장인 마을로 유명하다. 이 지역에서 나오는 질 좋은 흙 덕분에 옛날부터 다양한 도기들이 만들어졌고, 지금은 장인들이 화려하고 다채로운 문양을 가미한 도자기들을 만들어내고 있다. 마을에 도착하자마자 도자기 공방 사장이 나와서 상점으로 끌고 들

아바노스 도자기 마을

어갔다. 그리고 도자기 체험을 시켜주는 대가로 찻잔을 상당히 비싼 가격에 구입하게 되었다. 예린이가 도자기 만드는 일에 재미를 느꼈다는 점을 위안으로 삼았다. 아바노스의 수많은 도자기 공방 가운데서도 독특한 이야깃거리를 지닌 곳인 체즈 갈립에 갈 계획도 있었으나 아내가 음산할 것 같다며 방문을 썩 내켜 하지 않는다. 아마 도자기 공방에서 바가지를 썼던 것이 개운치 않아 이 마을에 대한 흥미가 사라져버렸을지도 모른다. 결국 아바노스를 마지막으로 카파도키아를 떠나기로 하였다.

도자기 만들기 체험

천 명의 신을 섬기던 민족

처음부터 하투샤에 갈 생각은 없었다. 그러나 터키 책을 많이 접하면서 아나톨리아 초기 역사를 알아 가게 되고, 철기 제작에 선구적인 기술을 가지고 있던 히타이트의 유적이 하투샤에 남아있다는 이야기에 호기심을 갖게 되었다. 하지만 겨울인 2월에 고도가 높은 산지에 위치한 하투샤로 가는 길에 눈이라도 오게 되면 안전에 위험이 따를 수도 있을지 모르기 때문에, 잠정적인 계획만 세워두었고, 실제 방문은 날씨를 보고 결정하기로 하였다. 하투샤로 떠나는 이틀 전까지 많은 눈이 오기는 했으나, 오늘은 다행히 날씨가 좋고 제설 작업도 잘되어 있어 도로 사정이 좋아 보인다. 하투샤는 카파도키아에서 북쪽으로 약 200㎞ 거리로, 2시간 반 정도 소요된다.

지나다니는 차들이 거의 없고 눈이 반짝이는 들녘은 이국적인 데다가 설경까지 가미된 아름다운 경치를 뽐낸다. 고속도로를 나와 시골길로 접어드니 어젯밤 고원의 공기가 얼마나 차가웠는지 하얗게 변한 포플러나무 숲의 상고대 풍경이 겨울 왕국에 나오는 한 편의 그림 같아 보인다. 평지를 벗어나 산지로 들어가면서 운전이 지루해질 무렵, 정신을 차리게 한 것은 세 마리의 개였다. 커브 길을 돌자 갑자기 보이는 이 녀석들은 위험하기 짝이 없음에도 도로 한가운데 누워서 낮잠을 즐기고 있었다. 차가 가까이 가도 길을 비켜줄 생각이 전혀 없는 듯, 그대로 자고 있다. 개만 자는 것이 아니라 옆자리에 있는 아내도 자고 있었기 때문에 군이 차의 경적을 누르고 싶지 않았지만, 다른 방법이 없어서 결국 경적을 울렸다. 그러자 아내가 무슨 일인지 놀라 벌떡 일어나는 것과 달리, 개는 단잠을 깨워 짜증 난다는 듯 힐끗 쳐다보다가 마지못해 힘겹게 일어나 털레털레 걸어갔다. 그 옆모습이 세상을 달관하고 득도한 개처럼 보인다.

어떻게 저런 여유가 있을까?

사람 팔자보다 좋다는 말이 저 녀석들 때문에 나온 건지도 모르겠다.

☪ 야즐르카야 바위 신전

하투샤가 가까워질수록 산중으로 계속 올라가다가 야즐르카야(새겨진 돌) 표지판이 먼저 나왔다. 눈 쌓인 주차장에는 차량이 한 대 있었고, 서양인 2명이 차에서 내리는 나를 보더니 반갑게 인사한다. 그들은 독일에서 왔다고 자신을 소개하면서, 나를 보고 한국에서 온 고고학자인지 물어본다. 나는 가족여행을 하는 여행자라고 소개하고 히타이트 거석 대피소로 이동하려고 하는데, 그는 우리 가족과 대화를 계속하고 싶었던지 하투샤에 대한 설명을 늘어놓는다. 하지만 나는 수다를 떠는 데 시간을 빼앗길 수 없어 적당히 말을 자르고 눈을 밟아가며 바위틈에 있는 야즐르카야 유적지로 들어갔다.

야즐르카야 바위 신전은 히타이트 제국 수도인 하투샤에서 15㎞ 정도 떨어진 곳에 있다. 그곳에는 지금까지 알려진 것 중에서 가장 큰 히타이트 암석 기념물인 신전 터와 야외 암벽화가 있다. 야즐르카야는 터키어로 글씨가 새겨진 바위를 뜻한다. 바위에는 수많은 신의 부조와 명문이 새겨져 있었다. 이곳은 기원전 15세기 훨씬 이전부터 폭풍의 신에게 바쳐진 가장 신성한 장소였고, 기원전 1300년경에 이르러 하투샤의 신전 마을로 화려함을 자랑하게 되었다. 지금의 모습은 기원전 13세기 투달라야 4세 때 완성된 것으로 왕의 부조상은 '큰 방'과 '작은 방'에 각각 하나씩 새겨져 있다. 히타이트 제국 당시에는 암벽 신전으로 들어가는 입구에 신전이 있었던 것으로 추정되는데, 학자들은 이 신전이 해마다 봄맞이 축제를 벌이기 위해 모든 신을 모시는 '신년 축제의 집', 또는 신 중의 신인 '폭풍 신'의 신전이라고 보고 있다. 이곳은 하투샤의 아래쪽 도시의 대신전에서 시작된 축제 행렬이 도착하는 신성한 장소였을 것이다.

히타이트인들은 1천 명의 신을 섬기던 민족이었다. 그들은 자신들이 정복한 민족이나 지역의 신을 하투샤로 가져와 대신전에 모셨다. 신의 신상들은 아무렇게나 다시 만들 수 없으므로 이 신상들을 가져오면 그 지역의 사람들이 다시는 신의 가호를 받을 수 없다고 생각했다. 그리고 히타이트인들은 그 신상들로부터 힘을 얻게 될 것이라고 믿었다. 이런 까닭에 히타이트인들은 끊임없이 신들을 모아 거의 천 명에 이르는 신을 모시게 되었는데, 신상과 함께 제의도 들여오면서 상당히 복잡한 종교들이 한데 얽혀서 혼란스러웠을 것이다. 히타이트인들이 야즐르카야와 같은 성역을 만든 것도 이런 종교적 혼란을 줄이고 자신들이 집중적으로 모시는 신들을 한곳에 모아 진지하게 의식을 치르려는 시도였는지도 모른다.

신전은 바위벽과 하늘이 보이는 두 개의 긴 내실로 이루어졌다. 왼쪽에 있는 큰 방은 히타이트 제국의 가장 성스러운 장소로서 대왕들의 대관식이 이루어지던 곳이다. 입구에서 정면 벽까지 길이가 30m쯤 되는 이곳에 들어가면 큰 방의 삼면 벽에 모두 67명의 신과 여신상 그리고 투드할리야 4세가 양각으로 조각되어 있다. 신들의 행렬은 두 명의 산신 위에 서 있는 폭풍우 신 테슙과 태양 여신 헤파트가 만나는 곳으로 행진하고 있다. 신들마다 손 위에 루위안 상형문자로 이름이 새겨져 있다.

방 B는 히타이트의 마지막 왕인 수필루리우마 2세가 기원전 13세기에 아버지 투드할리야 4세에게 바친 기념 사원이다. 이 암벽 조소상은 19세기 말엽에 발굴되기 전까지 흙에 덮여 있었기 때문에 방 A보다 잘 보존됐다. 입구에서 오른쪽으로 바위 아래쪽에는 열두 명에 이르는 지하 신들의 행렬이 새겨져 있는데, 방 A의 지하의 신들과 흡사하다. 입구 기둥 옆에는 날개 달린 사자 머리 악마가 새겨져 있다. 입구 가까운 곳에 칼

사룸마 신과 그의 보호를 받는 투드할리야 4세   칼의 신 나르갈

방 A

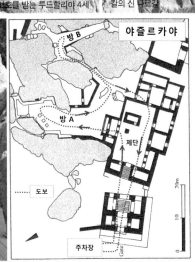

야즈르카야

야즐르카야 신전 터

의 신 나르갈이 그려져 있는데, 윗부분에 신의 얼굴이 그려져 있고, 양 어깨는 입을 벌린 사자의 모습이며 몸은 머리를 아래로 떨어뜨린 사자들 이다. 그 옆의 투드할리야 4세를 왼팔로 감싼 샤룸마 신의 부조가 있다. 샤룸마 신은 투드할리야 4세의 수호신이다. 샤룸마 신은 오른손을 내밀 고 왼손에는 꼬리가 위로 휘말려 올라간 지팡이를 쥐고 있다. 샤룸마 신 과 투드할리야 4세의 허리에는 칼의 손잡이가 그려져 있다. 투드할리야 4세 뒤에 있는 날개를 편 독수리는 왕의 표시인 칼무쉬다. 야즐르카야 앞은 신전을 관리하는 건물터인데 돌무더기만 남아 있다.

눈이 많이 내린 추운 겨울날 역사 유적지를 찾는 일은 국내 여행이라 도 쉽지 않은 결정일 것이다. 더욱이 우리와 관계도 없는 아나톨리아반 도에서 사라진 역사 유적지를 방문한다는 것은 더욱 그러하다. 3천 년 이 넘는 세월 동안 닳고 닳은 암각화는 자세히 들여다봐야만 알아볼 수 있다. 만일 해설사가 있거나 자료를 충분히 찾아보고 온다면 흥미롭겠 지만, 그렇지 않으면 의미가 퇴색하고 만다. 하투샤를 방문하기 전에 나 름대로 자료 조사를 했다고 하지만 막상 유적지에 서면 이해하느라 상 당한 시간이 소요된다. 두 내실로 들어가는 길은 빙판이라 조금만 경사 가 있어도 미끄러지기 일쑤라서 우리 가족은 손에 손을 잡고 빙판길을 통과하면서 유적을 탐방하는 역사 순례자의 자세를 잃지 않았다.

☪ 하투샤

야즐르카야 주차장에서 대략 10㎞ 거리의 하투샤를 보면 큰 언덕처럼 보인다. 저 멀리 눈 쌓인 하투샤는 파란 하늘 아래 한 편의 그림 같은 풍경 이지만, 고대 국가의 수도라는 과거를 상기하며 차가운 겨울바람을 맞으니 쓸쓸하니 처연함이 느껴진다. 비슷한 시기의 미케나 문명은 호메로스의 서사시를 통해 영원히 기억되고 많은 사람에게 선망의 대상이 되었다. 당시에는 미케나 문명보다 더 위대했던 히타이트 제국이었지만, 호메로스 같은 위내한 시인을 갖지 못해 그런 영광을 누리지 못하고, 3천 년 이상 존재 조차 알려지지 않고 잊혀져 왔다. 아무리 오래되고 훌륭한 역사를 갖고 있다고 할지라도 기록이 없으면 그저 전설이나 선사시대로 간주되고 만다. 그래서 문자로 남겨진 기념물이 가장 위대하고 오래 지속된다는 사실을 우리는 깨달아야 한다. 다행히 프랑스 고고학자가 고대 도시의 흔적을 찾아냈고, 이후 설형(쐐기) 문자가 적힌 점토판의 발견으로 히타이트 제국의 역사가 세상에 알려지게 된다. 결국, 이곳에 사람이 살기 시작한 초기 인류 역사의 기록과 함께 대제국을 건설했고, 철기 문명의 선구자 역할을 한 사실도 알려지게 되었다는 점에서 매우 가치가 크다.

우리의 하투샤 탐방은 시간이 많지 않은 관계로 하투샤가 있던 아래쪽 도시부터 위쪽 도시까지 차를 타고 순회하며 성곽과 도시 전경을 전망하는 것에 중점을 두고 돌아보기로 했다. 추운 겨울에 유적지를 찾는 사람이 드물었던지 매표소에 들어서자 직원이 반갑게 맞이한다. 매표소는 장시간 차를 타고 온 가족들에게 편의 시설이 갖추어져 있어 휴게소 역할을 해 주었다. 매표소 앞에는 히타이트 성벽 기초 부분에 복원된 길이 65m의 진흙 벽돌 성벽이 경계 탑과 함께 있다. 이것은 대신전과 인근을 지켜주는 성채다. 아래쪽 도시의 중심인 대신전은 기원전 14세기에 건설한 것으로 히타이트의 최고 신이었던 테숩과 그의 아내이자 태양의 여신 헤파트에게 바쳐진 이중 신전이다. 하투샤뿐만 아니라 히타이트 제국의 종교 중심이었던 대신전은 도시 하나와 맞먹는 규모인데, 신전 입구에 남아있는 저수조의 잔해가 상수와 배수 시설을 갖추고 있었음을 보여 준다. 대신전 건물에는 대형 저장고가 있어 곡식, 기름, 포도주 등을 저장했다. 또한, 행정 업무를 보던 공간과 방대한 양의 쐐기 문자판을 보관하던 문서실도 갖추고 있었고, 신전에 필요한 물건들을 만들던 작업장과 제단을 갖춘 수많은 방이 즐비하게 들어서 있다. 도시의 중심인 대신전 근처에서는 수천 개의 쐐기문자 점토판이 발견되었다. 이 점토판에는 결혼과 이혼을 할 때 남녀의 동등한 권리를 보장하고, 일종의 원로원 혹은 의회와 같은 판쿠 제도가 있었고, 제사장들이 왕을 견제했고, 정복지 사람들을 강제 이주시키지 않고 체제를 유지하도록 하는 등의 기록이 있어서 히타이트 제국이 인류 최초로 평화와 인권에 눈을 떴던 제국임을 전하고 있다.

대신전에서 1차선으로 포장된 꼬불꼬불한 길을 올라가면 왼쪽에 우뚝 솟은 바위와 기초만 남은 건물터가 있는데, '바위 꼭대기 집'이라고 한다. 학자들은 사자 숭배와 관련된 종교적 건물터라고 추정하고 있고, 원래 기능은 도시 내부를 감시하는 것이라고 한다. 길 오른쪽에는 무너진 성벽의 잔해와 그 사이로 비스듬히 기울어진 두 개의 큰 돌이 보인다. 아래쪽 도시의 관문이었던 곳인데, 상인이나 일반인들은 이 문이나 이보다 조금 더 위에 있는 문을 통해서만 하투샤로 들어갈 수 있었다. 위쪽 도시로 가면 세 개의 성문이 있는데, 왕과 고위 성직자, 관리, 외국 사신들만 출입하는 문이 별도로 있다.

경사가 급한 꼬부랑길을 따라 **사자의 문**으로 갔다. 큰 바위로 쌓아 만든 성벽 사이로 두 마리의 사자가 지키고 있는 사자의 문이 보였다. 이것은 복제품이고, 진품은 앙카라의 아나톨리아 박물관에 있다. 당시에 사자가 문을 지킨다는 것은 왕이 거주하는 공간을 나타내는 전형적인 방법이었다고 한다. 이 조각은 다소 뭉툭하게 보이는데, 입을 벌리고 있는 머리를 섬세하게 묘사하고 있다. 아내는 사자상보다 성을 쌓은 거대한 돌들이 더욱 인상적이라며 그 시대에 어떻게 이 무거운 돌을 쌓을 수 있었을지 궁금증을 가진다.

사자의 문에서 성벽이 쭉 이어지는 길을 따라 700m 정도 가면 **스핑크**

스의 문과 예르카프가 나온다. 그 앞에 작은 승용차가 한 대 서 있는 것으로 보아 우리 가족 외에 다른 여행자가 있을 것 같았다. 스핑크스 문은 하두사의 남쪽에 위치해 있고, 안쪽과 바깥쪽에 두 개씩 총 네 개의 스핑크스가 있다. 현재 남아있는 것은 바깥쪽 입구의 왼쪽에 있는 스핑크스인데, 파손이 너무 심해 문화재로서의 가치를 잃었다고 한다. 다른 스핑크스는 이스탄불 고대 동방 박물관과 베를린의 중동 박물관에 있고, 나머지 하나는 행방을 모른다. 눈이 움푹 들어가 있어 이색적이고 측면의 날개가 화려해 보이는 스핑크스는 우리가 알고 있는 것과는 다른 얼굴이다. 성벽을 이루는 돌들과 달리 스핑크스는 하얀색이다. 스핑크스 아래쪽에는 터널로 된 입구인 예르카프가 있다. 예르카프(지하의 문)는 땅 아래의 문을 뜻하는 말인데, 바로 이 터널 같은 문에서 유래한 것이다. 터널의 길이는 71m, 높이는 3m로 내쌓기 공법으로 만들었고 이등변 삼각형 모양이다. 이 문의 바닥은 어두운 문을 지나다니기 쉽게 하기 위해 빛이 반사되도록 하얗게 칠하였다. 3천 년 전에 만들어진 터널을 통과하는 것은 린과 예린에게 흥미로운 경험이었다고 한다. 그런데 출구에서 나올 때, 천정에서 떨어진 눈이 린의 뒤통수를 강하게 때렸다.

"아얏!"

"린~ 왜 그래?"

"위에서 떨어지는 눈에 세게 맞았어요."

"네가 말을 잘 안 들어서 하늘에서 벌을 내린 것 같다. 이 터널이 신통력이 있는 것 같은데?"

"그렇지 않은 것 같아요. 세게 맞았어요. 자연적으로 떨어진 눈이 아닌 것 같아요. 뭔가 이상해요. 누군가 던지지 않으면 이렇게 아플 수가 없어요."

터널 밖에는 터키 청년 2명이 키득거리며 웃고 있었다. 이때, 터널 위쪽에서 또 한 명의 청년이 나타났다.

상황을 알고 보니, 청년 한 명이 다른 2명을 공격하려고 숨어 있다가 터널을 나오는 린을 동행으로 오인하고 눈을 뭉쳐서 세게 던졌던 것이다. 린이 아파하는 모습에 그 청년은 뻘쭘한 표정을 짓고 있는데, 린의 표정이 사뭇 단단하게 굳어 있었다. 그리고 눈을 두 개 뭉치더니 그 청년의 등과 머리에 대고 세게 맞추며, "복수다!"를 외친다.

린의 독기어린 돌발적인 행동에 나와 아내는 눈이 동그래지며, 혹시 불미스러운 일이라도 나지 않을까 불안해졌다.

그러나 그 터키 청년이 자신이 잘못한 게 있어서 그런지 린의 보복을 순순히 받아들이면서, 돌발 상황은 그대로 끝이 났다. 이로 인해 린의 성격이 보통이 아님을 알게 되었다.

성 밖에서 보는 성벽은 꽤 높다. 이 성루는 거대한 피라미드 모양을 하고 있고, 성벽 표면을 하얀 석회석으로 장식하여 멀리서도 눈에 잘 띄게 하고 성벽 바깥쪽으로 다섯 개의 탑을 세웠다. 바로 이 탑의 중앙 문에 스핑크스 네 마리가 문을 지키도록 하였다. 이 건축물은 방어보다는 종교의 권위와 절대권력의 위상을 과시하려는 데 목적이 있다. 당시 히타이트 주변 강대국들은 모두 남쪽에 위치하여 사신들이 하투샤에 오려면 남쪽에서 오게 되므로 이 성채를 보고 웅장한 모습에 압도되었을 것이다. 이 성채를 이집트 피라미드 중 가장 큰 쿠푸의 피라미드보다 더 넓고 크게 만든 것도 경쟁국인 이집트를 의식했기 때문일 것이다. 우리가 본 성벽 표면은 석회석이 아닌 하얀 눈이 뒤덮고 있었다.

터널을 되돌아와서 차로 700m 정도 더 가면 **왕의 문**이 있다. 이 문의 조각상은 성의 안쪽 입구에서 도시를 바라보는 자세로 새겨져 있는데, 이 조각상을 문을 지키는 수호신인 왕으로 여기고 왕의 문이라고 부른다. 그러나 연구 결과에 따르면 칼과 전투용 도끼를 들고 있어 전쟁의 신이라는 사실이 밝혀졌다. 하지만, 이미 이름이 굳어졌기 때문에 바꾸지 못하고 그대로 사용하고 있다. 또한, 진품은 앙카라 아나톨리아 문명 박물관에 있고 이것은 복제품이다.

지금까지 둘러본 남쪽 성벽에 있는 세 개의 문(왕, 사자, 스핑크스의 문)은 종교적인 행사나 국가적인 행사에만 사용된 것으로 보인다. 왕의 문을 지나면 매표소 방향으로 내려가는 길이다. 조금만 내려가면 오른쪽에 넓은 물을 가두어 두었던 연못 자리가 있는데 현대에 뒤지지 않는 제방 쌓는 기술이 있었다고 한다. 조금 더 내려가면 오른쪽에 **뷔윅칼레**로 올라가는 계단이 보인다. 히타이트의 궁전 자리였던 이곳은 하투샤의 가장 중요한 유적지라고 할 수 있다. 뷔윅칼레는 큰 성채라는 뜻으로 사방이 가파르게 깎이고 험한 계곡으로 둘러싸인 천혜의 요새다. 대신전이 가까워질 무렵, 오른쪽으로 조금만 걸어가면 계곡 건너편에 평평하게 솟아 있는 돌무더기를 볼 수 있다. 이곳은 사방이 가파른 절벽으로 되어있는 천혜의 요새인 뷔윅카야(큰 바위)다. 고고학자들은 이곳이 하투샤에서 가장 먼저 사람이 살기 시작한 곳으로서 기원전 6천 년대부터 정착하였던 것으로 추정하고 있다. 기원전 2천 년대 아시리아 상인들이 상업 식민지 '카룸'을 만든 곳이 바로 여기였고, 이때부터 하투샤라고 불리게 되었다. 하투샤와 뷔윅카야 사이의 계곡에는 왕래할 수 있도록 다리가 있었을 것으로 추정하고 있다.

하투샤를 돌아보니 하투샤인들도 우리와 별반 다를 게 없이 살았음이 느껴진다. 아이를 낳아 가족을 이루고, 부지런히 일하며, 조상을 모시고, 신을 믿으며 이웃과 함께 살았을 것이다. 사람들이 많아지면서 계급이 생기고 지도자도 나타났을 것이다. 그런데 이런 일들이 8천 년 전의 일이란 것을 생각하면 우리는 그 시대를 원시 시대처럼 아득히 먼 시간으로 여긴다. 하지만 그들의 삶이 현대인과 얼마나 차이가 나고 구별이 될까? 사람이 사는 방식은 조금 다르겠지만, 공동체를 이루고 잘 살고 싶어 하는 마음은 그때나 지금이나 같을 것이다. 그래서 시대를 구별하는 수천 년이라는 시간이 그저 환상일지도 모른다는 생각을 한다. 갑자기 상황을 바꿔서 생각하면, 먼 미래 사람들은 현재 우리를 어떤 모습으로 바라볼지 궁금증을 자아내기까지 한다.

하투샤를 떠나기에 앞서 보아즈칼레에 하투샤 박물관이 있어서 잠시 들어가 보았다. 2층으로 간단하게 꾸며진 전시관은 하투샤에서 수집한 유물을 전시하고 있다. 특별히 볼 만한 것은 스핑크스뿐이고, 그 외에는 선사시대 유적들이 소량 전시되어 있어서 그다지 눈에 들어오는 전시물이 없다. 박물관을 간단히 둘러보고 늦은 점심 식사를 하기 위해 보아즈칼레 마을을 돌며 식당을 찾아다녔지만, 여행 시즌이 아닌 탓인지 영업하는 식당이 없었다. 그런 가운데 앙카라까지 이동하려면 시간이 많이 늦어질 것 같아 차 안에서 간식으로 준비한 것들을 먹으면서 하투샤를 떠나기로 했다.

고대 히타이트 역사

히타이트족이 이 지역으로 이주한 것은 인도 유럽어를 사용하는 민족의 이동 시기였던 기원전 2천 년경으로 보고 있는데, 하투샤는 기원전 18~13세기에 아나톨리아고원 지대를 중심으로 후기 청동기 시대에 제국을 세운 히타이트의 수도였고, 히타이트는 고대 이집트, 바빌로니아와 함께 고대 오리엔트의 3대 제국이었다. 아나톨리아반도는 그 이전부터 하티인과 무역망을 형성했던 아시리아인이 지배하고 있었다. 히타이트인들은 토착 하티인들 틈에 섞여서 조금씩 자신들의 영역을 넓혀 가다 자신들의 원래 이름을 버리고, 원주민의 이름을 빌려 자신들을 하티인이라고 불렀다. 그 후 기원전 1750년경 쿠사라 왕 피타나와 그의 아들 아니타가 소왕국들을 정복하고 히타이트 제국을 세웠고, 아시리아 무역의 중심인 카네쉬를 정복하여 왕국의 수도로 삼았다.

⊙ 히타이트인이 최초의 철기 제작자일까?

일반적으로 히타이트가 최초의 철기 문명을 이룬 국가라고 잘못 알고 있는 경우가 많다. 히타이트는 전형적인 청동기 제국이었다. 다만 히타이트인들이 철기 제작에 선구적인 기술을 가지고 있었던 것은 사실이다. 히타이트 왕들이 다른 청동기 왕국에 대해 가장 자랑스럽게 생각한 보물은 당시에 금보다 몇 배나 더 비쌌던 철로 만들어진 왕좌였다. 이 철제 왕좌는 히타이트 제국의 위대한 건설자 아니타가 메소포타미아 지방의 한 부유한 도시 푸르스한의 왕에게서 받은 전리품이었다. 그 왕은 히타이트가 자신의 도시를 공격하지 않는 대가로 아니타에게 귀하고 비싼 철제 왕좌를 바쳤다고 한다.

사자문

성채

예르카프

스핑크스 문

왕의 문

야즐르카야

뷰육카야
BÜYÜKKAYA

보아즈 칼레

매표소

Great Temple
(Temple 1)

하
투
샤

아래쪽 도시

BÜYÜKKALE
(Citadel)

뷔윅 칼레

남쪽 성
Eastern Ponds

위쪽 도시

신전들

사자 문

왕의 문

예르카프
스핑크스 문

0   150   300m

앙카라

하투샤 인근은 시골의 정취를 물씬 느낄 수 있는 고즈넉한 마을의 전경이 자주 눈에 띈다. 구름 한 점 없는 파란 하늘에서 불어오는 차가운 겨울 공기와 눈 쌓인 벌판이 왠지 쓸쓸해 보이기도 하다. 히타이트 시대에 이곳은 제국의 수도권이었지만, 지금은 한적하니 지나가는 차량도 드물어 여느 시골 마을과 다를 것이 없다.

2시간 만에 앙카라에 가까워지자 메케한 냄새가 나기 시작했다. 코냐에서 났던 유연탄 냄새와 비슷하다. 도시에서 뿜어내는 각종 가스 때문인지 맑았던 하늘도 뿌연 색으로 변해갔다. 도시 풍경보다 뿌연 대기가 터키의 수도 앙카라에 가까워지고 있음을 알게 해 주었다.

터키의 수도가 어디냐고 물어본다면 많은 사람이 이스탄불이라고 답하곤 하는데, 터키의 수도는 아나톨리아반도 중앙에 위치한 앙카라다. 앙카라란 지명은 그리스어로 닻을 뜻하는 앙키라(Ankyra) 혹은 이 지방의 특산품인 털이 유난히 부드러운 염소, 앙고라에서 왔다고 알려져 있기도 하다. 하지만 히타이트 제국 기록에 안쿠바라는 지명이 나오는 것으로 봐서, 앞서 말한 것은 민간 어원설에 불과할 수도 있다. 앙카라는 구석기 시대부터 사람들이 살아왔지만, 역사에 처음 등장한 것은 히타이트 시대부터다. 기원전 2천 년경 히타이트 왕국의 도시가 세워졌고, 기원전 8세기에는 프리기아의 요새 도시가 세워졌다. 전설에 따르면 황금의 손으로 알려진 프리기아의 왕 미다스가 이곳에서 태어났다고 한다. 기원전 6~5세기경에 번영했던 아케메네스조 페르시아 때에는 페르시아의 수도인 수사에서 리디아 왕국의 수도인 사르디스까지 수천 킬로미터에 달하는 왕의 길이 이곳을 통과하여 국제 교역의 중심지로 성장하게 된다.

기원전 3세기에는 켈트족과 그 일파인 갈라티아족이 침입하여 왕국을 세운 후, 앙카라는 갈라티아라고 불렀다. 터키 공화국에 들어와서 이 도시를 수도로 정하고, 앙고라에서 앙카라로 이름도 바꾼다.

☪ 앙카라성

아나톨리아 문명 박물관 견학은 입장이 끝난 시간이라 건너뛰고, 그 위쪽에 위치한 앙카라성으로 향했다. 미리 알아둔 주차장에 차를 세우고 앙카라성을 향해서 올라가는데, 곧 문을 닫는 시간이라고 해서 뛰다시피 하였다. 달동네 같은 골목길을 지나 바깥 성문 안으로 진입하자 오스만 시대에 만들어진 자갈길 골목과 낡은 목조 가옥들이 남아있고, 앙카라를 상징하는 성채가 있는 만큼 관광지가 되어 전통 가옥을 복원한 기념품 가게와 식당, 찻집들이 늘어서 있다. 내부 성문을 통과하자 고소공포가 없는 린과 예린이 먼저 성벽 위로 올라간다. 뒤를 따라서 아내와 같이 성벽에 오르자 아래쪽에서 보는 것보다 꽤 높아서 오금이 저린다.

앙카라성에서 본 전망

하지만 앙카라 시내를 한눈에 내려다보는 맛은 일품이다. 성 수변의 언덕에는 높은 건물 없이 빨간색 기와가 얹어진 전통 가옥들이 빼곡하게 밀집되어 있고, 평지에는 현대 건물이 들어서 있어 앙카라의 옛날과 현대가 혼재해 있는 풍경이다. 히타이트 시대에 처음 지어졌다는 이 도시의 성벽은 실크로드 대상들의 중간 기착지이자 군사적 요충지로서 계속 증축되었다고 한다. 성채는 내성과 외성으로 나누어져 있는 구조인데, 내성은 7세기경 아랍의 침입에 대비해 만들어졌고, 외성은 9세기경 비잔티움 황제 미카엘 2세가 방어선을 넓혀서 만들었다. 하지만 현재의 성채 모습은 대부분 오스만 시대에 재건된 것이다. 20개의 성탑이 있다는 외부 성벽은 많이 훼손됐지만, 43개의 성탑이 있다는 내부 성벽은 보존 상태가 좋아 보인다. 하늘이 맑다면 선셋을 보기에 좋은 장소일 텐데 하는 아쉬움이 따른다. 잠시 후 성문을 닫을 시간이 되었는지, 성벽에 있던 사람들이 하나둘씩 자리를 털고 일어난다. 올라갈 때와는 달리 여유를 갖고 내려가는 길엔 기념품 가게의 호객행위가 있어 앙카라를 기념할 만한 마그넷 두 개를 샀고, 주인에게 화장실을 이용하자고 요청했다. 그랬더니 공중화장실이 멀다면서, 가이드처럼 그곳까지 데려다주는 수고를 아끼지 않는다. 우리가 있는 칼레카프스 골목에서 성 밖으로 나가는 문이 파르막 문인데 오른쪽에 있는 팔각형의 시계탑이 유명하다고 한다. 날이 어둑해지자 파르막 문과 성채를 비추는 조명이 들어와 고전적인 멋이 드러난다. 주변은 달동네 같은 분위기이지만 앙카라성채 만큼은 관광지답게 멋진 야경을 선사한다.

앙카라성을 벗어나 입구가 굳게 닫힌 아나톨리아 문명 박물관 앞에 섰다. 만일 하투샤에 가지 않고 앙카라로 곧바로 왔더라면, 관람이 가능했을 것이다. 아나톨리아 문명 박물관에는 구석기 시대부터 로마 시대까지 사용된 유물이 전시되어 있다. 하지만 주요 전시실은 신석기 시대부터 하티, 히타이트, 프리기아, 우라르투, 아시리아의 무대가 된 아나톨리아고원의 중앙과 동부의 선사시대 유물들이 많다. 하투샤에서 발굴된 유적을 중심으로 전시한 박물관이기 때문에 관람할 수 있었다면 매우 효과적인 탐방이 되었을 터인데 안타까운 마음에 아쉬움만 달랬다.

박물관을 지나 찾아간 곳은 한국 공원이다. 한국 전쟁 당시, 터키는 미국, 영국, 캐나다에 이어 네 번째로 많은 약 1만 5,000여 명의 군대를 파병하였다. 이때 참전한 터키 군인들을 기리기 위해서 한국 정부가 앙카라에 기념탑을 만든 공원이다(1973년). 잠시 공원에 들어가려고 주차를 하기 위해 옆에 있는 대형 쇼핑 상가로 차를 몰고 들어갔다. 그런데 무슨 이유에서인지 경찰이 우리 차량의 실내와 트렁크 검사를 한다. 문제는 없다고 하는데 주차를 허락하지 않았다. 영어를 할 수 있는 경찰도 없어 정확한 이유조차 듣지 못하고 차를 돌려야 했다. 기다리느라 괜히 시간만 버렸다. 다시 한국 공원 앞으로 차를 돌려 다른 주차장을 찾으려 하자, 아내가 만류하고 나선다. 이미 날도 아주 어두워졌고, 혼잡한 시간에 입구까지 돌아가려면 길에서 시간을 많이 낭비하니까 어디든 가서 저녁이나 먹고 사프란볼루에 가자고 한다. 나도 짜증이 나던 터라 아내의 말대로 앙카라를 떠나기로 하고 사프란볼루로 가는 길을 택했다. 아나톨리아 문명 박물관, 아타튀르크 기념관[17]과 한국 공원만 견학할 수 있었다면 오늘 여행이 완벽할 수 있었을 텐데, 시간의 한계를 뛰어넘을 수는 없는 일이다. 정해진 시간 내에서 한 가지를 더하면 다른 뭔가를 하나 내주어야 하는 것은 어쩔 수 없는 순리다. 앙카라는 제대로 머물지도 못하고 잠시 스치듯 지나치는 일정이 되고 말았다.

---

17) 아타튀르크 기념관은 1953년 고대 아나톨리아 양식과 현대 건축 양식을 혼합해서 지었다. 위병들이 서 있는 계단 위에는 독립의 탑과 자유의 탑으로 불리는 탑 2개와 남녀 조각상들이 있다. 터키인 참배객들은 물론이고 외국 사절들도 예를 갖추기 위해 방문하는 곳이다.

☪ 사프란볼루 숙소를 찾아서

앙카라 시내를 벗어나는 데도 교통 체증이 심해서 시간을 많이 허비했다. 답답한 시내를 벗어나 E80번 고속도로에 들어서자 속도가 거의 무제한처럼 느껴진다. 6차선 고속도로는 큰 산에 터널을 뚫지 않고 기울기가 상당한 경사로를 오르내리는 데다 곡선 구간이 길게 펼쳐져 있어 운전하는 맛이 일품이다. 현대식 고속도로라면 터널과 다리를 반듯하게 만들어 경사를 최소화할 것 같은데, 터널 구간이 거의 없고 대신에 경사로를 만들어 산을 넘는 고속도로다.

약 2시간 반 동안 야간 운전을 하여 사프란볼루 시내의 작은 골목길에 접어들었다. 내비게이션은 작은 마을에 이르러 좁은 길을 안내하다가 더 이상 차로 통과할 수 없는 길을 경로라고 안내한다. 분명 숙소 가까이 온 것이 확실한데, 정확한 길을 알 수 없어 골목길을 걸어서 올라가 보기로 했다. 골목을 헤매다가 지나가는 행인에게 물어가며 어렵게 숙소를 찾았다. 숙소의 입구는 골목 아래에 있고 주차장은 위쪽에 있어, 이곳을 차로 찾아오는 길을 알 수 없어 난감해하였더니 숙소 주인이 차를 함께 타고서 안내해 주기로 하였다. 차가 있는 골목길을 내려가자 기다리고 있던 아내가 무서웠다며, 다시는 이런 시골 마을에 숙소를 정하지 말라고 당부한다. 나 역시 공감하였고, 숙소를 찾기 위해 달동네 같은 골목을 오르내렸더니 등이 땀으로 젖었다. 사실 사프란볼루의 숙소를 알아볼 때는 서울의 북촌이나 전주의 한옥마을 같은 분위기와 멋을 연상했다. 오스만 시대의 전통 가옥이 잘 보존되어 있고, 현재는 숙박 시설로 활용하는 사프란볼루의 옛 주택이 관광객들에게 인기가 매우 좋다는 정보를 접하고 터키의 전통 주택에서 숙박하기로 결정한 것이다. 초행인 여행이 종종 계획한 대로 진행되지 않으면 고생 길이 되듯이, 숙소를 찾아 헤매면서 사프란볼루와의 만남에 대한 설렘은 순식간에 사그라들었다. 걸어서 몇 분 되지도 않는 거리를 주인의 안내를 받아 가며 차를 타고 가는데도 마을 골목길을 한 바퀴 빙 돌아서 겨우 숙소 주차장에 차를 댈 수 있었던 점을 보면 초행길인 사람은 누구든 헤맬 수밖에 없을 것이다.

차에서 내리자 먼저 메케한 냄새가 코끝을 건드린다. 유연탄 냄새다. 힘들게 고생하며 찾아온 모습에 미안함이 들었던지 젊은 주인아저씨가 위로해 주며 방을 안내한다. 이 집의 1층은 사무실 겸 안내하는 곳으로 쓰이고, 2층은 식당 혹은 다과실인 것 같다. 방은 3층에 있다. 터키 전통 가옥의 구조를 그대로 살린 숙박 체험이다. 힘겹게 캐리어를 들고서 3층으로 올라가는 계단과 마루를 밟고 걸을 때마다 삐걱거리는 소리가 불안감을 심어주는데, 우리가 묶을 방 앞에서 고전적으로 보이는 방문 손잡이를 돌려 방문을 여는 순간 아내와 나는 저절로 한숨이 나왔다. 가족 4명이 쉬기에는 너무도 작은 방이었다. 조그만 방에 억지로 침대 3개를 밀어 넣어 4인 가족실을 만든 것으로 보인다. 게다가 세면기, 샤워실 등 편의 시설도 노후화된 것으로 사용하기가 불편하여 마음까지 심란해졌다. 사프란볼루 숙소가 관광지라는 것을 크게 개의치 않은 것이 문제였던 것 같다. 덕분에 숙소를 예약할 때 배제해야 할 요소가 하나 생겼다. 앞으로 지방 도시를 여행할 때는 관광지에 숙소를 정하는 것만큼은 심각하게 고려하면서 가급적 피하게 될 것 같다. 그래도 아내는 터키 전통 가옥에서 하룻밤 머무는 체험을 한다는 점이 중요하고 좋은 경험이 될 것이라며 긍정적으로 생각하자고 위로해 주었다.

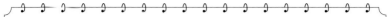

LYNN'S STORY

2 월 **14** 일

아침 5시에 일어나 샤워를 하고 버스를 타고 아침 식사를 먹으러 갔다. 아침 식사를 하고 다시 버스를 타고 열기구를 타러 갔다. 열기구에 바람을 넣는 데 엄청나게 오래 걸렸다. 열기구에 바람을 다 넣고 열기구를 세운 후 사람들이 탔는데 바구니가 5칸으로 나누어져 있었다. 가운데 칸은 파일럿이 타고 나머지 네 칸은 한 칸당 승객 4명이 탔다. 우리 가족은 딱 4명이라 한 칸에 다 같이 탈 수 있었다. 열기구를 타고 올라가니 멋진 카파도키아의 풍경과 떠 있는 열기구들이 조화를 이루어 컴퓨터 배경화면으로 해도 손색이 없을 정도로 멋진 풍경을 볼 수 있었다. 계속 낮은 높이에서 날다가 파일럿이 이제 높이 올라갈 것이라고 말하고 열기구가 엄청 높이 올라갔다. 높이 올라가니 귀가 아팠지만, 다른 열기구들을 위에서 내려다볼 수 있어서 좋았다. 착륙할 때는 눈이 많이 쌓여 있어서 안전하게 착륙할 수 있었다. 그리고 아저씨들은 바구니를 끌고 가서 트럭에 태웠다. 그리고 트럭을 타고 가는데 트럭이 흔들릴 때 우리의 바구니도 흔들리는 게 너무 재밌었다. 트럭에서 내려 무알콜의 석류 주스를 와인처럼 마시며 같이 탄 사람들과 함께 건배하고 원샷했다. 숙소에 가서 짜장면을 먹고 짐을 싼 후 차에 탔다. 차를 타고 하투샤에 갔다. 하투샤에서 구경을 하는데 눈덩이를 맞았다. 봤더니 모르는 사람이 친구인 줄 알고 던진 것이었다. 난 당하고는 못사는 성격이라 나도 눈덩이를 던졌다. 다음으론 앙카라성에 갔다. 친절한 가게 앞 할아버지 덕에 길을 잘 찾아갈 수 있었다. 그 할아버지 가게에서 기념품도 하나 샀다. 앙카라성에 올랐는데 생각보다 사진이 그리 멋있게 찍히진 않았다. 앙카라성을 구경한 후 한국 전쟁 기념관에 갔는데 너무 늦게 갔는지 구경도 못 하고 그냥 숙소에 가서 잤다.

Part × **12**

사프란 향기 맡으며

11일 차

"여행은 자신을 돌아보는 계기가 된다."

사프란볼루

오늘도 어김없이 아잔 소리에 새벽잠을 깼다. 이슬람교도라면 하루 5번씩 울리는 아잔 소리에 맞춰 기도해야겠지만, 이슬람교도가 아니라도 아잔 소리는 하루의 시간을 알려주는 자명종 소리와도 같은 것이라 일상에서 오는 나태함을 바로잡는 데 도움이 될지도 모른다.

일찍 일어나서 여행 일정을 점검해야 하는 내 마음과 달리 린과 에린은 깊은 꿈에서 헤어나지 못하고 있는 듯하다. 일찍 일어난 아내는 숙소 뒤에 있는 흐들록 언덕에서 산책도 할 겸 일출을 보고 오자며 옷을 챙겨 입었다.

☪ 흐들록 언덕

숙소에 호텔이라고 쓰여 있지만, 목조로 만든 옛날 민가였기 때문에 고택 민박이라고 하는 편이 맞을 것 같다. 고택이라는 걸 주지시키듯 복도를 걸어갈 때마다 삐걱거리는 소리가 나고 작은 소리조차 집 안 전체에 퍼지는 느낌이라 조용히 숨죽여 있었다. 그렇게 갇혀 있다가 골목으로 나오자 왠지 자유로워진 느낌이 든다. 사프란볼루의 새벽 공기는 차갑고 촉촉하면서 상쾌함을 불러일으키는 또 다른 뭔가가 있다. 아마 사프란볼루란 이름에서 전해지는 향기가 스며들어 몸을 휘감고 도는 듯한 느낌이다. 사푼사푼 눈을 밟으며 아내와 흐들록 언덕 입구에 들어섰다. 날이 밝지 않아 아직 가로등 불빛에 의지해야 하는 시간인데, 입구에서 입장료를 받는다. 예상치 못한 일이다. 달랑 핸드폰하고 카메라만 들고 나왔기 때문에 돈이 없어 들어갈 수 없었다. 흐들록 언덕이 얼마나 대단한 명소인지는 모르겠지만, 이 새벽에 돈을 받는단 말인가? 이런 점으로 보아 마을 사람을 위해 개방된 공원이 아니라 관광지로서 명소인가 보다. 하지만 추운 날씨에 이른 아침부터 매표소 부스에 직원이 앉아 있는 것을 보면 제대로 관리하고자 하는 의지가 보이면서도 한편으로는 얄궂다는 생각이 든다. 숙소가 흐들록 언덕 바로 앞이라서 다시 올 생각으로 돌아가는데, 흐들록 언덕으로 오르는 조그만 계단이 보였다. 입구가 정문만 있는 것이 아니라 쪽문 같은 샛길도 있는 것이다. 굳이 정문을 통하지 않더라도 들어갈 수 있는걸 보면 마을 사람들을 위해 샛길을 만들어 놓은 것일지도 모른다. 단지 이런 길을 모르는 관광객들만 정문 매표소를 통과하며 입장료를 내도록 하는 시스템인 것 같다. 흐들록 언덕에 오르자 언덕과 계곡에 오밀조밀 들어차 있는 터키의 전통 가옥들이 한눈에 들어온다. 빨간 기와지붕에 하얗게 쌓인 눈, 하얀 집의 벽면에 목조 창이 어우러진 집들은 대부분 3층으로 되어 있는데, 아직 가로등도 소등되지 않은 이른 아침이라 마치 오래되어 빛바랜 컬러 사진의 새감이 비치는 풍경이다. 빼곡한 집들 사이로 진지한(카라반사라이)과 자미, 차르쉬 마을 광장이 눈에 쉽게 들어와서 마을을 어떻게 다녀야 할지 대충

사프란볼루 아침 풍경

동선을 그려 볼 수 있다. 전통 가옥 지붕에는 굴뚝이 톡 뒤어나와 있는 데, 집마다 뿌연 연기가 솟아오르고 있어서 살아 있는 생명력이 느껴짐과 동시에 목가적인 풍경으로 보여 운치를 더해 준다.

고즈넉한 이 마을이 유명해지게 된 것은 10월 말에서 11월 초에 이곳에서 피는 세계 최고 품질의 사프란꽃 때문이다. 3만 개의 씨를 뿌리면, 단 한 개의 씨앗만 살아남는다고 할 만큼 귀했던 사프란은 최고급 염색제, 약재, 향신료 등으로 쓰인다. 이것은 인도나 그리스에서는 최음제나 우울증 치료제로도 쓰였다고 한다. 그래서 도시 이름도 사프란볼루가 되었다. 하지만 관광객들이 사프란볼루를 찾는 더 큰 이유는 터키 전통 목조 주택 때문이다. 이 유명세로 전통 목조 주택을 호텔로 개조한 숙소에서 하룻밤 묵는 것이 좋은 추억이 될 것 같아 비교적 비싼 가격이지만 두 달 전에 선뜻 예약하였고, 오스만 가옥의 정취를 느끼며 하룻밤을 보낸 것이다.

흐들특 언덕 바로 아래의 숙소에 돌아가서 주인이 마련한 아침 식사를 하러 2층으로 갔다. 호텔식과 달리 가정식으로 나오기 때문에 조식은 갓구운 빵을 시작으로 4가지 종류의 치즈, 야채(오이, 고추, 토마토), 꿀, 계란찜, 차이(홍차)가 순서대로 나온다.

☪ 사프란볼루 전통 마을 탐방

식사와 짐 정리를 끝내고 숙소를 떠나기 전에 걸어서 마을의 명소를 들러보기로 했다. 이 마을은 여러 언덕으로 이루어진 터라 마을 중심으로 시냇물이 흐르는 듯한 돌길이 깔려 있고, 골목길을 따라 전통 목조 가옥들이 들어서 있다. 비탈진 길을 잠깐 내려가다 보니 어젯밤에 길을 찾지 못해 차를 세워두었던 교차로가 나왔다. 초행인 데다 밤길이라 좁은 골목으로 잘못 들어섰던 어제의 악몽이 떠오른다. 전적으로 내비게이션 탓을 하였지만 이런 세세한 골목까지 안내하기에는 내비게이션도 한계가 있었을 것이다. 이 교차로부터 오른쪽 골목으로는 기념품 상점들이 늘어서 있다. 여러 가지 기념품과 가죽을 이용한 수공예품이나 전통주택 미니어처, 전통 과자인 로쿰 가게들이 늘어서 있는데, 영업 준비를 하던 사장님들이 우리 가족을 보자마자 물건을 권하며 호객행위를 시작한다. 이를 정중히 뿌리치고 간 곳은 진지한이다. 사프란볼루가 교역의 요충지였던 시절 대상들의 숙소로서 350여 년 전에 지은 중세의 성벽처럼 보이는 외관부터 인상적이다. 문 안쪽 좌우에 날렵해 보이는 터키 전사가 칼과 방패를 들고 지키고 있다. 내부에 들어서자 넓고 분위기 있는 안뜰이 나오고 중앙에 우물이 인상적으로 보인다. 안뜰을 둘러싼 건물의 복도에는 역대 오스만 제국 술탄들의 사진이 전시되어 있고, 건물 내에는 고급 레스토랑이 있다. 건물의 위층은 고풍스러운 분위기가 압도적인데 최고급 호텔로 사용되고 있다. 코냐를 떠나면서 잠깐 들렀던 오브룩한과 술탄하느 카라반사라이는 그저 돌로 건축한 건물만 남아있어 당시의 실제 모습을 가늠하기 어려웠는데, 진지한은 거주할 수 있도록 유지·보수뿐만 아니라 영업을 하고 있어 카라반사라이가 대상들의 숙소로 어떻게 쓰였는지 실제로 보는 것 같아서 흥미진진하다.

진지한을 나와 사프란볼루의 중심지인 차르쉬 마을 광장에 이르자 둥근 지붕이 모여 만들어진 진지 하맘 건물을 보게 된다. 밤 10시까지 영업하므로 어제저녁 8시 이전에 이 마을에 도착했다면, 이곳에 와서 터키식 하맘을 체험하며 피로도 풀 수 있는 기회가 되었을 것이다. 이 진지 하맘은 17세기 진지한과 같은 시기에 지어진 건물로 사우나실, 온욕실, 냉욕실 등 대리석으로 지은 옛 구조물과 유리로 만든 지붕이 그대로 남아 있다. 다시 주택가 골목을 돌아보다 회벽이 벗겨져 속이 훤히 드러나

카라반사라이 입구

대장장이

사프란볼루 고택

있는 오래된 집을 보게 되었다. 기둥과 보 사이에 돌멩이와 벽돌을 층층이 쌓아 만든 골조가 인상적이기는 하지만 낡아서 곧 쓰러질 것처럼 불안하다. 하지만 17세기 오스만 시절, 주요 교역로(실크로드)로서 이스탄불과 흑해를 연결하던 통상로이자 대상들이 경유하던 상업 중심지였음을 상기하면, 얼마만큼 이 집이 세련된 고가의 집이었고, 이 골목이 활기 넘치고 부유했던 마을이었을지 가늠할 수 있다. 지금은 쓸쓸하지만 교역으로 얻은 부의 흔적들이 오스만 시대의 전통 가옥에 고스란히 남겨져 있는 것이다. 그러나 실크로드 무역이 쇠퇴하면서 현재는 인구 3만 명의 작은 마을이 되었다. 교역 도시로서 몰락 이후 무관심 속에 남겨졌던 2천여 채의 전통 가옥들 가운데 1천여 채가 법으로 보호를 받으면서 복원 사업으로 현재의 모습을 갖추었고, 유네스코 세계문화유산으로 등재되었다.

아무리 아름답고 좋은 것도 계속해서 유지·보수하지 않으면 쇠가 녹이 슬 듯이 금세 더럽혀지고 사라지는 순리를 직접 눈으로 보게 된 것이다. 단층인 한옥과는 달리 터키 전통 가옥들은 3층 구조다. 이런 전통 가옥의 내부를 보기 위해 민가 박물관 중에서도 가장 크고 보존이 잘되어 있다는 카이마캄라르 게지 에비(Kaymakamlar Gezi Evi)에 들렀다. 이 주택 박물관은 18세기 초에 지어진 저택을 터키 정부가 국영화하여 박물관으로 만들었다. 집주인과 남자 손님, 여자 손님이 사용하도록 각기 다른 문고리가 달린 문이 있고, 층마다 오스만 제국 시대의 사람들을 밀랍 인형으로 재현해 놓았다. 1층은 정원과 카페이고, 2층은 거실을 중심으로 7개의 방 안에서 당시의 생활상을 엿볼 수 있다고 한다. 많은 창문을 따라 밑으로 길게 나무 소파를 놓고 그 위에 카펫을 깔아 놓았다. 남녀가 유별한 이슬람 문화를 반영하여 방이 분화되어 있는데, 남성들의 공간인 셀람륵(Selamlık)과 여성들의 공간인 하렘륵(Haremlık)으로 나뉜다. 손님을 맞이하는 공개적인 거실인 셀람륵은 길을 향해 창문을 냈지만, 집안 여자들의 공간인 하렘륵은 밖에서 보이지 않고 창도 안뜰을 향해 있으며 집에 들어가는 입구도 따로 있다. 또한, 회전하는 선반이 달려 있는데, 하렘륵에서 만든 음식을 선반 안에 넣고 돌려서 반대편 셀람륵으로 보냄으로써 얼굴을 보지 않고 손님을 접대할 수 있도록 한 것이다. 하녀들이 생활하는 방, 음식 재료를 준비하는 방들이 따로 있고, 3층에는 아이들 방과 주방 등이 있다.

시간이 많이 지체되어 주택 박물관을 나와 서둘러 숙소로 돌아가던 중에 대장간 골목을 지나는데, 50대 주인이 내 팔을 잡고 가게 안으로 끌고 들어간다. 오래된 대장간은 농기구를 만들던 곳으로 보이는데, 지금은 기념품 액세서리를 만들어 팔고 있다. 말이 통하지 않아도 손짓만으로도 물건을 판매하려는 그의 뜻을 알 수 있었다. 그는 집 안쪽으로 우리 가족을 데리고 가더니 집을 관통하는 깊은 계곡을 보여 준다. 이것으로 보아 이 집은 바위로 된 계곡 사이를 복개해서 만든 것임을 알 수 있다. 그리고 몇 마디 영어로 자신의 아버지 사진과 잡지를 보여 준다. 그가 말하고자 하는 뜻은 이러했다.

"이봐, 친구! 우리 아버지는 한국 전쟁에 참전해서 공을 많이 세운 군인이셨어. 여기 잡지에도 나와 있어. 아버지는 한국 전쟁에 참전한 것을 늘 자랑스럽게 생각하고 계셔. 그리고 한국이 잘사는 나라가 된 것을 놀라워하시며 한국을 그리워해서. 자, 여기에 있는 것들은 전부 내가 만든 것인데, 아무거나 가져. 내가 싼값에 줄게. 우린 형제잖아."

처음에는 낯선 사람의 갑작스러운 친근감에 다소 당황해서 어쩔 줄 몰랐다. 그러나 시간이 조금 흐르자 이 친구의 넉살과 위트가 넘치는 행동이 재미있어 기념품 하나를 사서 갖고 나왔다.

마을 탐방은 이것으로 끝내고 숙소로 돌아가 체크아웃을 하였다. 주인장은 터키인 특유의 친절한 웃음을 보이며 즐거운 시간이었는지 물어본다. 그리고 조금 있으면 토요일마다 열리는 토요 시장이 시작된다며. 조금 더 머물다 갔으면 좋겠다는 제안을 한다. 하지만 시간이 없어 이만 떠나야 한다고 하니 무척 아쉬워한다. 그는 차에 짐 나르는 일을 도맡아 해 주며 호텔 예약 사이트에 댓글을 써달라는 부탁을 몇 번이고 하였다. 비록 1박만 하고 떠나는 숙소지만 터키 전통 가옥에서의 하룻밤은 꽤 운치 있어 보이기는 했다. 하지만 전통 가옥을 민박으로 개량한 것이라 호텔이나 일반 숙박업소와 비교해 봤을 때, 불편한 점이 많았던 걸 생각하면 가족여행은 고려해 볼 소지가 커 보인다.

☪ 인제카야 협곡

사프란볼루를 떠나기에 앞서 인제카야 협곡을 방문하기로 하였다. 차르쉬 마을 광장을 지나 10분 정도 가면 되는데, 폭이 좁은 도로라 샛길로 빠지는 길목을 지나쳤다. 차를 돌려 돌아갈 때, 지나가며 보았던 개가 길을 비켜서지 않고 앞장서서 인제카야 협곡 입구까지 안내하는 듯 뛰었다. 내가 길을 잃은 나그네인 줄 어떻게 알았을까? 영특한 행동이 귀여워 빵을 하나 건네주는 것으로 사례를 하였다.

크리스털 테라스에 들어가려면 입구에서 입장료(7리라)를 받는다. 전망 좋은 위치에 있는 카페 옆 계단을 조금만 내려가면 크리스털 테라스가 나오고 그 앞으로 인제카야 협곡이 펼쳐진다. 유리로 된 크리스털 테라스에서 협곡 아래까지는 약 80m의 절벽이다. 린과 예린은 테라스 유리 아래로 보이는 협곡을 구경하다가 점프를 하며 사진을 찍어달라고 한다. 가만히 서 있어도 오금이 저리도록 고소 공포가 일어나는데, 이 녀석들은 테라스에서 스릴을 즐긴다. 만일 안정감이 있는 전망대라면 고소 공포가 덜할 텐데, 유리로 된 테라스는 안전에 대한 불안 때문에 안

인제카야 수도교

심하지 못하고 공포가 느껴지는 심리를 극복할 수 없었다. 린과 예린은 이런 나의 약점을 알아채고는 나를 테라스 끝까지 끌고 가더니 점프를 하며 테라스를 흔들리게 하면서 괴롭힌다. 이 녀석들의 덩치가 커져서 둘이 합세하면 혼자의 힘으로 감당할 수 없다는 것을 알게 된 순간이었다. 결국, 아이들에게 굴욕적으로 사정하여 테라스의 공포를 벗어날 수 있었다.

가파르게 깎여있는 이 협곡 아래는 계곡물이 흐르고, 그 옆으로 굽이지는 트레일이 만들어져 있다. 평지가 보이는 곳에 캠핑 시설도 여러 곳이 있는 것으로 보아 날씨가 풀리면 휴가를 즐기러 오는 사람이 많을 것

인제카야

이다. 이 계곡은 사프란볼루에서 전통 주택과 함께하는 명소로서 많은 관광객이 찾는다는데, 지금은 겨울이라 그런지 찾는 사람이 거의 없다. 대신에 협곡 전망이 좋은 카페에서 따뜻한 커피를 한 잔 마시며 잠시 쉬는 여유가 바쁜 여행자의 긴장과 심신의 피로를 풀어 준다.

테라스에서 인제카야 계곡 위쪽으로 조금만 올라가면 인제카야 수도교가 있다. 사프란볼루에 물을 공급하기 위해 비잔티움 시대에 처음 만들었고, 18세기 후반 오스만 시대에 대규모 보수를 하였다. 2층 아치로 되어 있는 수도교 위를 걸어 볼 생각으로 가까이 가 보았으나 현재는 안전 문제로 인해 출입을 금지하고 있다.

도시를 향하여!

열흘 동안 쉼 없이 달려온 렌터카 여행이다. 오늘 이스탄불까지 마지막 운전을 하고 나면, 여행 내내 우리의 발이 되어 주었던 렌터카와 작별을 고하게 된다. 사프란볼루에서 이스탄불까지는 5시간이 소요될 것으로 예상되어 4시 이전에 이스탄불 시내에 들어가는 것을 목표로 삼고 11시에 출발했다. 앙카라는 넓은 평원에 위치한 것에 반해, 사프란볼루 근교는 산지였다. 주로 목축을 할 수 있는 지형으로 보이지만, 간간이 공업 지역도 통과하게 된다. 우중충하게 구름 낀 하늘에서 가끔 눈발이 날리는 데다, 고도가 높은 지역에서는 도로에 눈이 쌓이고 있어 운전에 지장이 있을지 몰라 괜히 걱정된다. 도로 상태가 좋은 길에 접어들면 규정 속도 이상으로 달리지 못하고 정속 운전을 하게 된다. 어젯밤 사프란볼루에 올 때, 도로에서 불빛이 번쩍하며 과속 카메라에 찍힌 것 같은 불길한 생각에 빠르게 달리지도 못하였다. 정오가 될 무렵, 휴게소에 들러 연료 보충을 하고, 점심은 컵밥으로 대신하였다. 그리고 한 시간 넘게 달리자 왕복 6차선인 E80번 고속도로에 진입하면서 마음이 가벼워진다. 어느 지점에 이르자 산은 보이지 않고 마치 미국 중부 내륙의 대평원이 연상될 정도로 끝없는 평지가 펼쳐진다. 고원 지대의 풍경은 우리나라에서 볼 수 없는 광활하고 멋진 풍경이다. 이 아름답고 넓은 평원에서 농산물이 생산되는 것을 생각하면 아나톨리아반도가 얼마나 풍요로웠을지 추측할 수 있다. 더욱이 실크로드를 통한 중계 무역으로 많은 부를 축적하였다고 하니, 그 재력이 오스만이 아나톨리아반도를 넘어 아랍에서 북아프리카에 이르는 대제국을 세우는 데 크게 기여했을 것으로 여겨진다. 터키인들의 여유롭고 친절하고 쾌활한 성격의 근원도 물질적

풍요로움에 있을 것 같다. 아내가 말하길 집에서 기르는 동물까지 주인인 터키 사람들의 성격을 닮았다고 한다. 여행 내내 보았던 고양이와 개를 떠올렸다. 터키인들만큼이나 살갑고 친근하게 다가오는 길고양이와 개를 보면서 동물의 성격까지 여유로워 보였다.

고속도로 왼편으로 마르마라해가 보이기 시작하면서 차량이 점점 많아지는 걸 보니, 드디어 이스탄불이 가까워지는 것 같다. 아시아와 유럽, 두 대륙에 걸쳐 있는 나라 터키!

그 넓은 땅에서도 이스탄불은 유럽의 동쪽 끝이자 아시아의 서쪽 끝에 위치하여 동서의 문명이 서로 충돌하고, 흡수와 융합을 반복해 왔던 도시이다. 은빛 물결이 너울거리는 마르마라해를 바라보며 터키의 관문이자 렌터카 여행의 종착지가 될 이 도시에 관해 린과 예린에게 설명해 주었다.

이스탄불의 유래와 역사

기원전 8세기 말에 메가라 출신의 그리스인들이 진출하여 보스포루스 해협의 전략적 요충지에 식민 도시를 세운다. 헤로도토스에 의하면 기원전 685년에 칼케돈이 건설되고, 비잔티움은 그보다 25년 후에 건설되었다. 메가라 사람들을 이끄는 비자스가 델포이 신전에서 어디에 도시를 세우는 게 좋을지 물었더니 신탁은 장님들 나라 반대편에 도시를 세우라는 수수께끼 같은 답을 준다. 비자스는 보스포루스 해협을 다니며 장님들의 나라가 어딘지 물었지만 아는 사람은 아무도 없었다. 이때 칼케돈 사람들이 사는 곳에 가서도 같은 질문을 던졌지만 역시 모른다고 했다. 이때 비자스의 눈에 바다 건너편 언덕이 들어왔는데, 도시를 세우기에 더없이 좋은 자리였다. 그는 이런 좋은 요지가 있음에도 알아보지 못한 칼케돈 사람들이 델포이 신탁이 말한 장님들이라 여기고 그곳에 도시를 세운다. 그리고 그 도시를 비자스의 이름을 따서 비잔티온이라 하였다. 비잔티온의 라틴어 표기가 비잔티움이다. 비잔티움에 이어 콘스탄티노플, 이스탄불로 이어지는 이 도시의 역사는 이렇게 시작되었다.
로마에게 정복당한 이후, 콘스탄티누스 대제는 330년에 이 도시를 로마의 새로운 수도로 선포한다. 그리고 도시의 이름도 콘스탄티누스의 이름을 따서 콘스탄티노플로 바꾸고, 훗날 비잔티움은 동로마 제국을 칭하는 단어가 된다.

비잔티움 시대에 이스탄불이란 단어는 그리스어로 '도시를 향하여.'란 뜻이다. 여기서 '도시'는 콘스탄티노플을 가리키는 대명사로 쓰일 만큼 중세 때 이 도시가 세계의 중심이었음을 의미한다. 비잔티움 제국을 정복하려는 세력에게 '이스탄불'이라는 말은 매력적인 구호였다. '이스탄불'이 이루어지는 순간 부와 권력 그리고 패권을 거머쥘 수 있었기 때문이다. 하지만 콘스탄티노플은 난공불락의 방어벽을 갖고 있었다. 그러나 영원할 것 같았던 천년의 영광은 1453년 술탄 메흐메트 2세가 이끄는 오스만 제국에 의해 무너졌다. 이렇게 난공불락의 신화도 끝을 맺는다. 이후 오스만 제국의 수도를 콘스탄티노플로 선포하고 이스탄불이라는 새로운 이름을 붙였다.

이스탄불에 가까워지자 고속도로에 차량이 점점 많아지더니 서서히 정체가 시작된다. 렌터카 회사의 영업이 끝나는 오후 6시까지 렌터카를 반납해야 하는데, 내비게이션이 숙소 도착 예정 시각을 5시로 알려준다. 도중에 방문하려고 계획했던 장소가 있었으나 차를 여유 있게 반납하는 편이 안전할 것 같아 숙소에 먼저 가기로 했다. 당초 계획은 이스탄불 중심가에서 떨어져 있는 루멜리 히사리, 베벡, 오르타쾨이, 예디쿨레성과 테오도시우스성벽까지도 지나갈 생각이었지만, 이것은 너무도 터무니없는 계획이었다. 이스탄불 외곽 순환도로는 큰 막힘이 없어서 그런대로 갈 만했음에도 시간을 더 벌기 위해 보스포루스 해협을 관통하는 해저 터널을 통과하기로 하였다. 이 해저 터널은 아시아와 유럽(이스탄불 구도심)을 연결하는 세계 최초의 자동차 전용 복층 터널인데, 우리나라 대기업이 건설했다고 하여 저절로 관심이 쏠렸다. 이 유라시아 터널 덕분에 보스포루스 해협을 통과하는 데 걸리는 시간이 크게 줄어들었다고 한다. 터널을 나와 구도심으로 들어가기 위해서 테오도시우스성벽 남쪽 끝에 있는 예디쿨레성[18]을 통과하는 길을 선택하였는데, 이때부터

---

18) 예디쿨레성은 테오도시우스 성벽과 마르마라해가 닿아 있는 곳에 지은 요새다. 테오도시우스 성벽의 제1문이자 황제의 개선문인 황금 문이 있던 자리다. 술탄 메흐메트 2세가 콘스탄티노플을 점령하고 기존에 있던 탑 4개에 3개의 탑을 더하며 새로운 성으로 만들어 7개의 탑을 의미하는 예디쿨레라고 부른다.

차가 심하게 막혔다. 에디쿨레성에 들어가서 테오도시우스 성벽과 마르마라해 전망을 보고 싶지만, 여유가 없어서 희망 사항에 그치고 말았다. 이 성에는 콘스탄티노플 함락 때 선해져 내려오는 전설이 있다. 이곳은 비잔티움의 마지막 황제였던 콘스탄티누스 11세 팔라이올로고스가 1453년 5월 29일 콘스탄티노플이 함락당할 때 끝까지 싸우다가 전사한 곳으로 알려져 있다. 성벽이 무너지며 성내가 유린당하기 시작하자, "도시가 무너졌는데 아직도 난 살아있구나!"라는 마지막 말을 남기고 적진으로 뛰어들었고, 오스만군은 황제가 신었다는 보라색 부츠를 근거로 시신을 찾아 목을 매달았다. 하지만 황제는 상징물을 모두 벗어버리고 적진에 뛰어들었기 때문에 실제 황제의 시신을 찾을 수는 없었다. 이런 이유로 그리스인들은 천사들이 콘스탄티누스 11세를 구해내어 대리석상으로 만들었고, 황금 문 근처의 지하 동굴에서 그리스를 해방시키기 위해 부활을 기다리고 있다고 믿었다.

구도심에 접어들자 좁은 1차선 도로는 사람들과 뒤섞여 혼잡하기 그지없었다. 더욱이 끼어들고 양보 없는 터키인들의 운전 성향을 보니 부드럽게 운전해서는 안 될 것 같았다. 밀집한 인파와 차량을 뚫고 한 치의 양보 없이 운전하여 예레바탄 사라이 인근에 있는 숙소에 무사히 도착하였다. 반갑게 맞이하는 호텔직원의 도움으로 힘들이지 않고 객실에 모든 짐을 풀고 나서, AVEC 렌터카 회사가 있는 레벤트(Levent)로 향했다. 호텔 골목을 가로지르고 에미뇌뉘를 지나 갈라타 다리에 접어들자 차량 정체가 더 심각해졌다. 렌터카 사무실 영업 종료 시각인 18시 이전까지 가야 해서 새치기가 다반사인 터키인들에게 양보 없는 운전을 이어갔다. 토요일 오후 이스탄불의 극심한 차량 정체로 인해 10km 정도 되는 거리를 1시간 이상 운전하여 영업 종료 10분 전에 렌터카 사무실에 겨우 도착할 수 있었다. 직원에게 열쇠를 건네주며 그동안 더럽혀진 차를 보자 만감이 교차하며 애석한 감정까지 일었다. 여행 내내 우리 가족의 발이 되어 주고, 때론 편하게 쉴 수 있게 해 주었던 렌터카와의 헤어짐이 못내 아쉬웠다.

이제 우리 가족들은 뚜벅이가 되어 지하철 M2라인 레벤트역으로 향했다. 처음 대하는 교통 카드 발매기 앞에서 항상 그렇듯이 두리번거리다가 역무원의 도움을 받아 카르트(교통 카드)를 구매하고 충전까지 하였다. 이스탄불 대중교통은 카르트를 1매만 구입하면 여러 명이 함께 사용할 수 있다(단, 환승 할인 불가). 이스탄불에서는 지하철을 탈 때 군인 복장을 한 사람이 보안 검색을 한다. 지하철에서 이런 모습은 처음 겪는데, 그만큼 테러를 방지하고 질서와 안전을 유지하는 데 힘을 쓰고 있다는 뜻일 것이다. 지하철 승강장으로 들어서자 안전문이 없어 건너편 승강장까지 훤히 넓게 보여서 좋다. 서울 지하철은 안전사고 문제 때문에 10년 전에 안전문을 만들었다. 보통 안전문은 경제적인 면과 공기 질 향상이라는 측면을 고려해서 설치된다. 하지만 가장 큰 이유는 타국의 추종을 불허하는 우리나라의 자살률이 만들어낸 결과다. 낙천적으로 보이는 이곳 사람들에게 안전문은 그리 중요하지 않을지도 모른다. 여하튼 터키의 지하철에는 안전문이 없어 터널에서 승강장으로 들어오는 열차 바람에 머리와 옷자락이 날리는 경험을 오랜만에 하게 되었다.

갈라타탑[19]에 가까운 쉬샤네(Şişhane)역에서 내리자 가로등에 불이 켜지기 시작했다. 이스탄불의 명동이라고 불리는 이스타크랄 거리에 갈까 하다가 갈라타 지역의 랜드마크인 갈라타탑을 둘러보고 갈라타 다리를 건너서 호텔까지 걷기로 했다. 언덕으로 오르는 좁은 일방통행 길을 따

---

19) 원뿔 모양으로 우뚝 솟아있는 중세풍의 갈라타탑은 갈라타 지역에서 가장 높은 곳에 위치하여 이스탄불에서 최고의 전망을 갖고 있다. 이 탑의 이름은 단순히 큰 탑이라는 뜻의 **메가로스 피르고스**였다. 제4차 십자군의 침입으로 파괴되었다가 제노바에서 이주해 온 사람들이 1348년에 다시 짓고, **기독교의 탑**이란 뜻의 **크리스테아 투리스**라고 이름 지었다. 오스만 제국의 기록에 따르면, 1638년에 헤자르펜 **아흐멧 첼레비**라는 사람이 직접 날개를 만들어 달고 이 타워의 꼭대기에서 보스포루스 해협을 지나 아시아 쪽인 우스크다르 언덕까지 날아가는 비행을 하여 성공하였다. 시민들은 이를 기념하여 그의 이름을 따 **헤자르펜 타워**라고 부르기도 했다.

라서 갈라타탑으로 향하자 명소에 가까워진 듯 사람들이 점차 붐비기 시작하면서 생동감이 느껴진다. 날이 더욱 어두워지자 조명이 불을 밝히며 갈라타탑에 은은한 색감을 입혀준다. 갈라타탑에 올라가 어슴푸레 변해가는 이스탄불의 풍경을 보면 좋겠지만, 이미 영업이 끝났다. 갈라타탑 주변 건물은 그리 높지 않고, 탑 자체가 언덕에서 제일 높은 위치에 있기 때문에, 멀리서도 탑이 단연 돋보인다. 길거리에 늘어선 음식점 앞을 지날 때면 호객행위하는 점원들과 계속해서 마주치게 된다. 호객행위를 피할 겸, 이미 저녁 시간도 되고 해서 피데가 있는 가게에 들어가 입에 맞는 저녁 식사를 간단히 하고 나왔다.

식당을 나와 천천히 경사가 급한 골목길을 걸어서 갈라타 다리 방향으로 가면, 카라쾨이[20] 지역이 나온다.

☪ 카라쾨이&갈라타 다리

우리는 이곳에서 구운 옥수수를 하나씩 사서 먹으며 갈라타 다리로 향했다. 다리를 건너려는 차량과 트램 그리고 사람들이 분주히 오가는 모습이 보이는 가운데 금각만을 둘러싸고 있는 이스탄불의 야경을 배경 삼아 한가로이 난간에 기대어 낚시하는 강태공의 모습이 서로 어울리지 않는 조합 같다. 하지만, 이스탄불 서민의 솔직한 삶의 모습을 보는 듯하여 친근하게 느껴진다. 금각만과 마르마라해, 보스포루스 해협이 만나는 이 지점은 바닷물이 교차하는 곳이라 물고기에게도 교통 중심지가

---

20) 카라쾨이(Karaköy)는 갈라타 지역의 터키식 이름이다. 카라는 터키어로 검다는 뜻이지만, 여기서는 유대교의 한 종파인 카라이(Karay)를 뜻한다. 카라쾨이를 갈라타라고 부르는 이유는 기원전 3세기부터 기원후 3세기 사이에 이 지역에 켈트족의 일파인 갈라티아인들이 살았기 때문이다. 또한, 이곳은 715년부터 717년 사이에 아랍인들이 콘스탄티노플을 점령하기 위해 진영을 설치하고 머물던 곳이다. 비잔티움 제국 시대에 그리스인들은 이 지역을 금각만 건너편이라는 의미로 '페라'라고 불렀다. 지금도 탁심 광장 부근을 페라라고 부른다.

갈라타탑과 카라쾨이

될 것이므로 누가 봐도 어종이 풍부한 어장이 형성되고 있을 것이다. 그런데 강태공들이 잡은 물고기를 보니 손바닥 반만

도 못한 고등어가 대부분이다. 이렇게 삶의 냄새가 물씬 풍기는 갈라타 다리도 여러 번 파괴되고 교체되었다. 이곳에 처음 다리를 놓으려고 한 것은 6세기 유스티니아누스 황제 때이지만, 실제로 다리를 놓은 것은 1845년이었다. 첫 번째 다리는 배를 띄워 상판을 덮은 부교로 만들었기 때문에 18년 뒤에 새 다리로 교체되었다. 영국의 기술로 세운 세 번째 부교는 1912년까지 사용되고, 이후 2층으로 된 네 번째 부교는 독일의 기술로 만들었는데 1992년에 화재로 소실되었다. 이때의 다리는 위층은 도로와 인도, 아래층은 식당으로 이스탄불의 명물이 되었다. 현재의 다리는 1994년에 순수한 터키 기술로 만들어진 것이다. 길이 490m, 폭 80m의 복층으로 위층은 왕복 6차선 도로, 아래층은 해산물 레스토랑과 카페, 고등어 케밥을 파는 가게들이 빼곡히 들어차 있다. 아래층을 보러 내려갔는데 줄곧 호객행위에 시달리다가 어렵게 갈라타 다리를 빠져나왔다. 에미뇌뉘에 이르자 웅장한 규모에 시선을 압도하는 쉴레이마니에 모스크가 가까이 보이고, 선착장에는 관광객을 태운 페리가 들어오고 나가기를 반복하고 있다. 관광객들로 보이는 사람들에 편승해 페리를 타려는 생각도 하였지만, 장시간 이동으로 가족들 모두가 지쳐 있어 빨리 숙소에 들어가서 쉬고 싶다는 의견이 압도적이라 다수의 의견에 따르기로 하였다.

에미뇌뉘에서 호텔까지는 약 1㎞ 거리다. 파리와 이스탄불을 왕복하던 오리엔트 특급열차의 출발역인 사르케지역을 지나 구도심의 좁은 도로에 접어들었다. 좌우로 늘어선 상가들은 모두 문을 닫아 한적하기만 한데, 찬바람이 불어오자 스산한 기분이 든다. 좁은 도로를 벗어나 사람들이 많은 카페와 선술집이 늘어선 거리에 들어서자 호객하는 친구가 우리의 숙소를 안내해주겠다며 동행을 하더니 자신의 주점을 기억해 달라고 당부한다.

이스탄불에서 이틀 동안 쉬어갈 숙소는 예레바탄 사라이 근처에 있는 아수나 호텔인데, 많은 탐색 끝에 선정하였다. 최우선으로 고려한 점은 구도심에 있는 명소와 가깝고, 아야 소피아 박물관을 전망할 수 있는 곳이라야 했다. 물론 가성비도 고려했지만, 가급적이면 깨끗하고 사우나도 겸비한 호텔을 찾고자 노력하였다. 이 호텔이 이런 점들을 모두 충족하고 있었기 때문에 가족 모두에게 호평을 받았다.

숙소에 들어가서 짐 정리를 마치고 나니 저녁 9시가 지나고 있었다. 마음이 한결 여유로워지자 아내와 저절로 눈빛이 통했다. 이스탄불의 밤 문화를 체험하자는 것이다. 린과 예린은 숙소에 남겨두고 우리 부부는 아야 소피아 박물관과 블루모스크의 야경을 보기 위해 산책을 나갔다. 늦은 시간임에도 두 명소를 감상하기 위해 나온 사람들이 많아 보인다. 우리도 이들처럼 벤치에 앉아 아야 소피아 성당 앞에서만 느낄 수 있는 밤의 정취에 빠져들었다. 가끔 여행은 낭만과 사랑의 싹을 틔워주는 씨앗이 되기도 한다. 노란빛을 내는 수많은 가로등 뒤로 살포시 모습을 보여 주는 것 같은 아야 소피아 박물관은 부드럽고 포근하게 보인다. 별이 쏟아지고 밤하늘에 희미하게 보이는 구름이 아야 소피아 박물관의 그림자처럼 보인다.

자리를 털고 일어나 숙소가 있는 좁은 길에 접어들자, 한창 영업 중인 선술집 창에서 나오는 오렌지색 불빛으로 밤거리가 활기 있어 보인다. 어느 곳이든 선술집에 들어가고 싶었는데 선뜻 마음이 내키지 않아 숙소에서 간단히 한잔하고 쉴 생각으로 주류를 파는 상점에 들러 맥주를 샀다. 그리고 숙소를 향해서 가고 있을 때, "오~! 마이 프렌드."라고 나를 부르며 다가오는 젊은 터키 남자가 있었다. 그는 두어 시간 전에 우리를 호텔까지 안내해 준 친구다. 나도 반갑게 인사를 하자, 그 친구는 우리 부부를 자기가 운영하는 선술집으로 끌고 들어가 버렸다. 덕분에 터키의 독특하면서도 맛 좋은 안주에 생맥주를 즐기는 시간을 가질 수 있었다.

아야 소피아 박물관 야경

YERIN'S STORY

2 월 15 일

오늘도 아침에 일찍 일어나보니 오빠가 일기를 쓰고 있었다. 어제 바로 쓰러져 자서 못 쓴 일기를 쓰는 것 같았다. 나는 샤워를 하고 아침 식사를 했다. 빵에 꿀을 발라 먹었다. 숙소에서 아침 식사를 하면 할수록 한국 음식이 그리워졌다. 조식에는 식빵과 꿀, 많은 종류의 치즈들, 계란 등이 있었다. 나는 식빵에 꿀과 계란을 넣어서 먹었다. 정말 맛있었다. 아침 식사를 하고 차에 짐을 싣고 숙소 주변을 둘러보았다.

마을 밑으로 걸어서 내려가서 옛날 왕들의 사진과 경력을 보고 내려오면서 구경을 했는데 어떤 사람이 우리한테 와서 자기 할아버지가 한국 전쟁에 참여했다고 말했다. 그러면서 자기 가게에 와서 구경해달라고 했다. 뭔가 사야 할 것 같아서 샀는데 돈이 없어서 걱정이다. 이제 돈이 별로 남지 않아서 진짜 조심해야 한다. 그리고 이제 차를 타고 이스탄불로 가야 하는데 무려 5시간 동안 타고 가야 한다고 한다. 거의 하루를 차 안에서 보내야 한다. 차 안에서 임시로 저장해둔 웹툰을 보면서 가는데 벌써 점심시간이 다 되어서 배고팠다. 그래서 씻어 놓은 토마토를 먹었더니 화장실이 가고 싶어졌다. 근데 여기는 고속도로라서 참다가 휴게소에 들러서 화장실을 갔다. 그런데 또 차를 타고 가는데 또 화장실이 가고 싶은 것이다. 토마토 때문에 화장실을 참았다가 휴게소에서 가는 것을 3번이나 했다. 그리고 긴 여정 끝에 이스탄불에 도착했다. 터키 수도인 앙카라보다 훨씬 더 좋은 것 같았다. 오후 4시에 숙소에 도착해서 짐을 숙소에 놓고 바로 렌터카를 반납하러 갔다. 렌터카를 반납하러 차를 타는 동안 이스탄불 시내를 구경했다.

렌터카를 반납하고 나서 지하철을 타고 이스티크랄 거리에 갔다. 이스티크랄 거리에서 식당을 찾으며 어디서 저녁 식사를 할지 고민하다가 무난하게 피자를 먹기로 했다. 점심을 굶어서 너무 힘들었다. 피자집에서 터키쉬 피자도 시켜서 먹어 봤는데 고기 등이 들어간 얇은 빵에 야채를 싸 먹는 특이한 피자였다. 다행히도 정말 맛있게 먹었다. 저녁 식사를 하고 나서는 갈라타탑에 갔다. 갈라타탑을 오르지는 못하고 앞에서 사진을 찍는 것으로 만족했다.

구경을 마치고 숙소로 향했다. 숙소로 가는 길에 <짠내 투어>에서 맛있다고 했던 군옥수수를 사서 먹어 보았다. 다 타고 맛이 없어서 먹다가 버렸다. 그렇게 터키 군옥수수에 실망하고 집에 가는 길에 옥수수 파는 곳이 하나 더 있길래 하나 더 사서 먹어 보았다. 전에 샀던 것보다 싸고 타지도 않아 맛있었다. 사기당한 기분이었다. 그렇게 걸어서 숙소에 간 후 난 일기를 쓰고 부모님은 술을 마시러 나가셨다.

Part × **13**

메르하바! 이스탄불

12일 차

"여행이란 자꾸자꾸 생각나고,
마치 어제 일 같다. 아쉬운 것도 생각나고…"

아야 소피아 박물관

여행 내내 아침마다 아잔 소리가 잠을 깨웠는데, 이젠 그 소리가 무감각해졌는지 7시까지 깊은 잠을 잤다. 아마 그동안 쌓인 긴장과 피로 때문이었는지도 모른다. 이스탄불의 아침 공기를 쐬려고 커튼을 걷고 창문을 열었다. 창밖으로 아야 소피아 성당으로 가는 예레바탄 거리가 내려다보인다. 이 시간까지도 동이 틀 기미가 보이지 않고 차가운 공기가 들이닥치는 걸 봐서는 아직 2월이기는 하지만 계절적으로 겨울을 벗어나지 못하고 있다. 그래서인지 관광객들로 혼잡할 것 같은 예레바탄 거리엔 오가는 사람이 드물다. 등을 켜고 이스탄불 지도와 책을 꺼내어 구도심 문화 유적지를 탐방하기 위한 동선을 몇 번이고 확인하였다. 잠시 후, 외출 준비를 마친 린과 함께 아침 식사를 하러 최고층에 있는 레스토랑으로 올라갔다. 스카이라운지에 있는 레스토랑은 사방이 통유리창으로 되어 있어 금각만과 보스포루스 해협이 드넓게 펼쳐져 보인다. 금각만에는 갈라타 다리와 아타튀르크 대교가 가로지르고 있고, 그 너머 언덕 같은 육지에 갈라타탑이 봉긋하게 솟아있다. 금각만 바깥으로 이어진 보스포루스 해협에는 거대한 화물선이 소리 없이 흑해와 마르마라해를 오가고 있다. 그 오른쪽 가까운 거리에는 우산을 펼쳐놓은 것 같은 돔 지붕을 한 건물이 눈길을 사로잡는데, 다름 아닌 아야 소피아 박물관이다. 그 좌우로 톱카프궁전과 블루모스크가 고풍스러우면서도 고즈넉하게 자리하고 있다. 한때 동서양을 아우르는 제국을 경영한 수도가 아침 햇살에 반사되어 눈이 부시도록 반짝이는 장엄한 풍경이다. 최고의 전망대라고 자랑하는 갈라타탑이 구도심에서 가장 높은 건물인 만큼 바다 인근에는 눈 앞을 가리는 고층 건물이 없어 더욱 시원스럽게 느껴지는 것 같다. 레스토랑에 조금 늦게 올라온 예린과 아내는 터키를 여행하면서 이스탄불 호텔이 가장 좋다며 스카이라운지 레스토랑에서 보는 멋진 전망까지도 높은 점수를 주었다.

아야 소피아 박물관

여행지 숙소마다 제공하는 아침 식사 메뉴를 보면서 터키인들이 아침에 주로 어떤 음식을 먹는지 이제는 잘 알 것 같다. 호텔의 규모, 위치, 청결도 외의 기타 서비스 측면에서 여행자들에게 꽤 매력적으로 보일 이 호텔의 아침 식사도 별반 다르지 않아 보인다. 다만 특징적인 것은 치즈다. 넉넉하고 다양한 치즈의 품질이 숙소의 등급을 보여 주는 것 같기도 하다. 도보에 의지하는 도시 여행은 가방의 짐을 최소화하는 편이 체력 유지에 중요할 것이다. 아야 소피아 박물관에서 불과 3분 거리에 숙소를 정한 것도 명소가 몰려 있는 구도심을 여행하다 피곤할 때마다 숙소에 돌아와 쉬었다 갈 목적이 있었기 때문이다. 가방에 달랑 물병 2개와 초코바 같은 간식만 넣고 이스탄불 여행자들이 가장 많이 찾는 아야 소피아 박물관으로 향했다. 이스탄불이 터키 여행의 꽃이라면 아야 소피아 박물관은 이스탄불 여행의 꽃이라고 할 수 있는 최고의 명승지이다.

박물관을 개방하는 9시 5분 전에 입구에 왔는데, 벌써 관람하러 몰려든 사람들이 입장권을 사기 위한 매표소 앞에 길게 늘어서 있다. 우리는 뮤지엄 패스 덕분에 곧바로 매표소 옆의 게이트를 통과하여 박물관으로 들어갔다.

☾ 모스크 안에 가려진 아기아 소피아 대성당

아야 소피아 박물관[Ayasofya Musesi, 영어로 하기야 소피아(Hagia Sophia)]은 '성스러운 지혜'라는 뜻의 그리스어인 '아기아 소피아(Agia Sophia)'라고 불렀다. 1400여 년의 세월을 버텨 온 만큼 건물 외벽은 낡고 색이 바랬지만, 세계에서 가장 손꼽히는 고대 건축 기술의 결작이다. 비잔티움 시대에 아기아 소피아 대성당은 동서 77m, 남북으로 71.7m의 직사각형 건물 위에 동서 지름 31.8m의 남북 지름 30.9m의 타원형 돔을 얹은 건물로 바티칸의 성 베드로 성당이 건축되기 전까지 세계에서 가장 큰 성당이었다. 그런데 현재의 아야 소피아 박물관은 세 번째로 지어진 건물이다. 처음 성당을 세운 것은 콘스탄티누스 대제의 아들 콘스탄티오스(콘스탄티누스 2세)의 치세인 320년이었다. 하지만 404년 아르카디오스 황제가 콘스탄티노플 총대주교 흐리소스토모스를 추방한 것에 화가 난 군중들이 불을 질러 화재로 소실되었다. 그 후 415년에 테오도시우스 2세에 의해 다시 지어졌으나, 니카의 반란(532년)으로 다시 불에 타고 도시까지 폐허가 되었다. 유스티니아누스 황제는 반란 진압 후 시민의 관심을 돌리고 국가의 위상을 세우기 위해 대규모 건설 공사를 시작하는데, 이때 가장 먼저 시작한 것이 종교적 권위를 상징하는 아기아 소피아 대성당 건축이었다. 황제는 "하늘은 둥글고 땅은 네모나다."라는 기독교 우주관을 표현할 수 있도록 네모난 건물 위에 둥근 돔 모양의 지붕을 만들도록 하였다. 또한, 기독교 형식에 맞도록 바실리카 건물을 유지하면서도 교회가 하나임을 표현하기 위해 내부에는 기둥이 없도록 하여야 했다. 그러나 사각형 위에 둥근 돔을 얹을 때 엄청난 지붕의 무게를 견디도록 하는 것이 문제였다. 또한, 유스티니아누스 황제는 화재를 막기 위해 목재 사용을 바라지 않은 데다가 당시 고대 로마 건축가들이 판테온의 돔을 건설할 때 사용했던 콘크리트 생성 기술이 전수되지 못하였다. 당시 건축 기술로 난제인 이런 조건은 건축가가 아니라 알렉산드리아에서 세계 최고의 교육을 받은 원추와 포물신, 아치에 대한 기하학과 수학에 능통했던 귀족 가문 출신의 수학자들이 해결하였다. 설계도는 밀레토스 출신의 이시도로스가 단 6주 만에 만들었다.

　건축 자재는 제국의 곳곳에서 조달하는데, 보스포루스의 흰색 줄이 있는 검은 대리석, 스파르타의 여덟 개의 녹색 대리석, 프리기아의 다채색 대리석, 타우로스산맥의 적백색 대리석, 리비아의 꽃무늬 녹색 대리석, 프리기아의 다채색 대리석, 타우로스산맥의 적백색 대리석, 리비아의 꽃무늬 녹색 대리석, 로마 태양 신전의 반암 기둥 8개, 시리아 발베크의 디오니소스 신전과 헬리오폴리스 신전, 델포이 신전, 에페소스 신전의 기둥 등이 건설을 위해 옮겨졌고, 1천 명의 목수와 1만 명의 인부가 참여하여 5년 10개월 만인 537년에 완공하였다. 성당이 완성된 후, 유스티니아누스 황제가 첫 예배를 드리러 아기아 소피아 대성당에 들어섰을 때, 건물 내부의 아름다움에 취해 자신도 모르게, "완공을 허락해 주신 신께 영광을! 솔로몬이여, 내가 그대를 이겼노라!"라고 말했다고 한다. 그리고 하느님께 감사의 재물로 황소 1천 마리, 양 6백 마리, 1만 마리 이상의 닭을 제물로 바쳤고, 백성들에게는 밀가루 3만 부셸(1부셸≒27kg)을 나누어 주었다고 한다. 이후 몇 번의 지진 피해로 수리와 복구가 이어졌는데, 이보다 큰 피해를 입힌 것은 729년과 834년에 있었던 성상 파괴 운동이었다. 이때 성당 안의 많은 모자이크와 성화가 손상되었다. 그래서 지금의 모자이크를 비롯한 성화는 성상 파괴 운동이 끝난 9세기 중반 이후의 것들이다. 하지만 더 치명적인 피해는 제4차 십자군의 점령으로 약탈이 일어났을 때였다. 이때 베네치아 상인들을 비롯한 십자군들은 대성당 안에 장식된 수많은 보화를 뜯어서 가져갔고, 성물마저 팔아서 군자금으로 썼다. 이후 아기아 소피아 대성당은 화려하고 장엄한 위엄을 되찾지 못했다.

약 200년 후, 1453년 5월 오스만 제국이 콘스탄티노플을 함락했을 때, 술탄 메흐메드 2세는 아기아 소피아 대성당 앞에 와서 말에서 내린 후 흙을 한 줌 쥐어서 자신의 터번 위에 뿌렸다. 이렇게 알라에 대한 감사의 표시를 하고 대성당 안으로 들어갔다. 술탄은 한쪽에 모여 있는 성직자들과 시민들에게 수도원에 가라는 말만 했을 뿐, 다른 명령은 없었다고 한다. 이 도시의 소유자가 된 술탄은 서두를 이유가 없었다. 그는 잠시 모자이크를 바라보다가 성당을 모스크로 바꾸라는 명령을 내린다. 그래서 이 성당은 파괴되지 않고 모스크로 바뀌게 된다. 성당 안은 메카의 카바 방향 키블라를 가리키는 미흐랍을 설치하고, 이슬람에서 우상숭배로 여기는 모자이크 성화 위에는 회반죽을 덧칠하여 입히고서 이슬람 특유의 당초 문양과 쿠란 구절들로 덮고, 성당 밖은 모스크의 상징인 미나렛을 세워서 이슬람 사원인 모스크로 개조하였다. 이로써 961년 동안 동방 정교회의 총대주교청이었던 아기아 소피아 대성당의 역사가 끝나고 술탄의 모스크 시대가 시작된다. 모스크로 사용되면서 중앙 돔 천장에 거대한 샹들리에를 걸고, 2층 갤러리 여섯 곳에 알라와 선지자 무함마드, 4명의 초대 칼리프의 이름을 쓴 큰 방패 모양의 원판들을 걸었고, 가장 안쪽에는 오른쪽으로 살짝 치우친 미흐랍과 설교단인 밈바르가 설치되었다.

아야 소피아 모스크는 오스만 제국의 모스크 건축에도 많은 영향을 미친다. 그리고 터키 공화국을 건국한 아타튀르크가 1934년에 박물관으로 바꾸기 전까지 481년 동안 술탄의 모스크가 되었다.

회랑

성당 입구 앞에 움푹 파인 곳의 기둥들과 건물 기초들은 두 번째로 지어졌던 아야 소피아 대성당의 흔적인데, 니카의 반란 때 불에 타고 남은 것을 기념해 놓은 듯하다. 입구를 지나면 나르텍스, 즉 현관에 해당하는 두 개의 회랑(외랑과 내랑)을 지나게 된다. 외랑에는 장식이 없고, 내랑 천장은 금색 모자이크로 장식되어 있다. 내랑에서 본당으로 들어가는 가장 큰 문이 황제와 대주교가 이용하던 제국의 문이다. 문 위에는 예수, 좌측에는 성모 마리아, 우측에는 가브리엘 천사의 모자이크화가 있다. 이 그림에는 수염이 난 황제가 예수 앞에서 엎드려 복종과 존경을 표시하고 있고, 예수가 펼친 성경에는 요한복음의 "너희에게 평화가 있기를", "나는 세상의 빛이다"라는 구절이 적혀있다. 학자들은 이 황제를 레오 6세로 추정한다. 레오 6세는 비잔티움 제국의 기틀을 다진 훌륭한 황제였지만, 개인적으로는 기구한 삶을 살았던 인물이다. 이 모자이크는 그가 네 번이나 결혼하면서까지 자신의 핏줄로 제위를 계승하려는 과정에서 저지른 죄에 대해 속죄하는 모습이다. 이 작품은 성상 파괴 운동이 끝난 직후의 작품으로 추정된다.

본당

본당으로 들어가면 입구 양쪽에 대리석 항아리 두 개가 놓여 있다. 페르가몬의 한 농부가 발견한 이 항아리들은 헬레니즘 시대의 것으로 발견 당시 세 개였고 안에는 은화가 가득 들어 있었다고 한다. 그중 한 개는 항아리를 발견한 농부에게 상으로 주었고, 두 개는 아기야 소피아 대성당으로 가져왔다. 입구 왼쪽 구석에는 그레고리우스 성인이 자신의 치유 능력을 옮겨 놓았다는 일명 '땀 흘리는 기둥'이 있다. 돌의 습기가 눈병을 치료하고 생식능력을 증대시킨다고 믿은 사람들은 돌을 보호하는 동판을 뚫어 구멍을 냈다. 지금은 구멍 안에 엄지손가락을 넣고 한 바퀴 돌려서 제자리로 오면 아기아 소피아 대성당에 다시 올 수 있다는 소원이 이루어진다는 설이 있다.

이 성당의 107개 기둥 대부분이 새로 만들어진 것들이지만, 이들 가운데 일부는 고대 신전에서 가져온 것도 있다. 이런 기둥의 출처를 놓고 에페소스의 아르테미스 신전이나 레바논 발벡의 아폴론 신전 등에서 가져 왔다는 논란이 있다. 중앙 돔의 왼편에는 술탄이 기도할 때 사용한 정자가 있다. 마흐무드 1세 때인 1740년에 만든 이 정자는 오스만 금속 공예의 정수라고 할 수 있다.

한편, 중앙 돔을 비롯한 건물 상부는 원래 모자이크로 장식되어 있었다. 그 가운데 6세기의 돔 모자이크는 금색을 배경으로 십자가가 그려져 있었고, 여백은 무늬로 채워져 있었다. 하지만 16세기 술레이만 1세 때, 그 위에 회반죽을 칠한 뒤 이슬람 문양을 그려 넣어 원래의 모습을 볼 수 없게 되었다.

제국의 문 모자이크

대리석 항아리　　땀 흘리는 기둥　　본당

⊙ 설교단 모자이크

정자 건너편에는 설교단이 있고, 그 안쪽에는 예수를 안은 성모 마리아를 중심으로 좌우에 가브리엘과 미카엘 천사의 모습이 있는 모자이크 성화가 있다. 이 성화는 6세기에 그려졌다가 성상 파괴 운동으로 파괴된 것을 9세기에 다시 그린 것으로서, 현존하는 모자이크 가운데 가장 오래된 최고의 걸작이다. 지성소 내부의 남쪽 벽과 사제석에도 대천사와 니키포로스 총대주교를 그린 모자이크 성화가 있지만. 이 공간은 공개되지 않고 있다.

⊙ 데이시스 모자이크

북서쪽 코너에 2층으로 올라가는 입구가 있는데, 완만한 경사로를 빙빙 돌아서 올라가게 된다. 서쪽 테라스의 한가운데 원이 그려진 곳이 왕비가 예배를 보는 장소다. 이곳에서는 아래층과 지성소가 훤히 보이기 때문에 이 성당 내부의 아름다움과 웅장함을 한번에 볼 수 있는 최고의 자리다. 이곳을 지나 남쪽 회랑으로 가면 천국과 지옥의 문으로 알려진 하얀 대리석 문이 나오는데, 황족과 주교들만 지나갈 수 있었다. 이 문을 지나가면 예수를 중심으로 오른쪽에 세례 요한, 왼쪽에 성모 마리아가 있는 13세기의 모자이크가 보인다. 이것은 데이시스(간청, 탄원)로 알려진 성화다. 심판의 날을 맞은 인류를 위해 세례 요한과 마리아가 예수 그리스도에게 간청하는 내용으로 미하일 8세가 4차 십자군의 라틴 제국 수도인 콘스탄티노플을 탈환한 1261년에 제작된 것으로 추정된다. 현재 그림의 반 이상이 유실되었지만 남은 부분만으로도 아야 소피아에서 가장 아름답고 섬세한 모자이크로 손꼽힌다.

⊙ 소피아 성당 내에 있는 단돌로 무덤

성화 맞은편 대리석 판에 'HENRICUS DANDOLO'라고 새겨진 곳이 단돌로의 무덤이 있던 자리다. 그는 십자군이 베네치아에 진 빚을 갚으려면 콘스탄티노플을 점령하여 약탈하는 길밖에 없다고 부추겼고, 결국 제4차 십자군은 본래 목적인 성지를 탈환하는 대신에 같은 기독교 국가의 수도를 점령하고 라틴 제국(1204~1261년)을 세웠다. 이것은 기독교 역사에서 있을 수 없는 사건으로 57년 동안 자행된 약탈로 인해 도시 전체가 파괴되었다. 이후 미하일 8세가 콘스탄티노플을 탈환하였고, 단돌로의 무덤은 파헤쳐져 그의 뼈를 개에게 던졌는데, 개조차 외면했다는 일화가 전해질 정도로 그에 대한 그리스인들의 증오가 크다.

⊙ 콤네누스 황제 모자이크

2층 남쪽 회랑 끝에는 아기 예수를 안고 있는 성모 마리아를 중심으로 왼쪽에 돈 자루를 쥐고 있는 요한네스 2세 콤네누스 황제, 오른쪽에 봉납의 명세가 적힌 문서를 든 왕비 이레네 황후와 오른쪽의 꺾인 벽에 그의 아들 알렉시우스가 있는 모자이크가 있다. 요한네스 2세는 그의 아버지 알렉시오스 1세 콤네누스와 함께 비잔티움 제국의 마지막 영광을 이끈 유능한 황제였다. 이레네 황후는 헝가리 왕의 딸로 콘스탄티노플에 온 후 동방 정교회로 개종하였으며, 필로스카라는 이름도 비잔티움식인 이레네로 개명하였다. 둘 사이에서 낳은 8명의 자식 중 큰아들 알렉시우스는 아버지와 함께 공동 황제에 올랐지만, 이 모자이크가 만들어지고 얼마 되지 않아서 동방 원정 도중 전염병으로 죽었다.

⊙ 황후 조에 모자이크

2층 남쪽 회랑의 또 다른 모자이크는 예수를 중심으로 조에 황후와 그녀의 세 번째 남편 콘스탄티누스 9세가 새겨진 11세기 작품이다. 황제는 돈 자루를 들고 있고, 황후가 봉납 명세서를 들고 있다. 콘스탄티누스 9세는 아기아 소피아 대성당에 많은 돈을 기증했다. 이런 공로를 인정해 교회는 황족 전용 구역에 황제 부부의 모자이크를 만드는 것을 허락했다. 콘스탄티누스 8세의 딸인 조에는 비잔티움 제국의 역사에서 몇 안 되는 정식 황녀로서 그녀가 결혼한 세 명의 남편이 비잔티움의 황제가 되었고, 자신 스스로가 여제에 오르기도 했다. 그녀는 50살이 되는 늦은 나이에 결혼하지만, 이후에도 두 번이나 더 결혼하면서 파란만장한 생애를 보낸다. 이 작품에서 가운데 예수는 황제 부부에게 손을 들어 축복하고 있다. 그런데 모자이크에 변형이 많이 이루어진 것을 볼 수 있다. 조에의 얼굴과 콘스탄티누스 모노마호스라는 글자는 새롭게 고친 흔적이 분명하다. 당시 64세인 조에 황후의 얼굴이 더 젊고 아름답게 묘사되고 있다.

⊙ 남서쪽문 모자이크

1층 본당의 출구인 남서쪽 문 위에는 예수를 안고 있는 성모 마리아와 좌우에 황제들의 모습이 새겨진 10세기 황제들의 모습이 새겨진 모자이크가 있다.

오른쪽의 콘스탄티누스 대제는 콘스탄티노플을 봉헌하고 왼쪽의 유스티니아누스 황제는 아기아 소피아 대성당을 봉헌하는 장면이다. 모자이크 그림은 나가는 문 뒤편 위에 있는데, 앞쪽에 거울을 달아 놓아 반사되어 볼 수 있다. 예수의 오른쪽이 더 높은 자리임을 생각하면 이 성화에서 도시를 바친 콘스탄티누스 대제보다 대성당을 건축한 유스티니아누스의 공이 더 큰 것으로 묘사되고 있다. 성모 마리아 좌우에 있는 동그라미 안의 글자는 성모 마리아를 뜻하고, 왼쪽 명문은 '영광의 왕 유스티니아누스', 오른쪽 명문은 '성스러운 왕 콘스탄티누스'라고 쓰여 있다. 이것도 성상 파괴 운동이 끝난 후의 작품으로 추정된다.

설교단 모자이크와 방패 모양의 원판

데이시스

콤네누스 황제 모자이크

황후 조에 모자이크

성당 밖으로 나오면 오른쪽에는 무슬림이 기도하기 전에 얼굴과 손발을 씻던 수도 시설이 있고, 왼쪽에는 비잔티움 시대에 세례실로 쓰이다가 오스만 술탄들의 무덤으로 전용된 건물이 있다. 네모난 건물에 둥근 돔을 씌운 아기아 소피아 대성당을 멀리서 보면 여전히 성당의 모습을 하고 있는데, 성당을 둘러싼 우뚝 솟아있는 미나렛(첨탑)을 보면 모스크임을 알게 된다. 그래서 지금은 그리스정교와 이슬람교, 이들 두 종교가 공존하는 역사적인 기념물로서 박물관이 되어 남아 있다.

어떤 문명이든 영원한 헤게모니는 없다. 달이 차면 기우는 날이 오듯, 언제든 한 문명이 다른 문명을 정복하거나 흡수하며 헤게모니는 항상 변한다. 영원할 것 같았던 비잔티움과 오스만 제국의 흥망성쇠를 아야 소피아 박물관에서 배우는 계기가 되지 않았나 싶다. 어떤 제국도 그 끝은 있었다. 그래서 역사가들이 문명을 볼 때, 중요하게 여기는 요소 중 하나가 문명이 얼마나 오랫동안 존속하였는지의 여부다. 천 년의 수도 콘스탄티노플, 그 뒤를 이은 이스탄불도 찬란한 문명을 꽃피우며 이 박물관에 남아 있을 뿐, 역사 속으로 사라져 갔다. 이런 역사를 통해 우리가 배워야 할 것은 자신을 지켜낼 건강과 체력을 꾸준히 유지해야 한다는 것이다. 우리 가족에게 아야 소피아 박물관 관람은 천 년의 흥망성쇠를 단 몇 시간으로 압축한 만남이었다.

예레바탄 사라이

아야 소피아 박물관 출구를 나와 오른쪽 방향으로 50m 정도만 가면 예레바탄 사라이[21]가 나온다. 이곳은 지하 유적지라서 지상에서 쉽게 눈에 띄는 구조물이 없다. 지도에서 봤을 때, 근처에 있는 것은 확실하지만, 정확한 입구를 찾지 못하다가 간판을 보고 알게 되었다. 이곳은 뮤지엄 패스로 들어갈 수 없는 곳이라 별도의 입장료(1인 20리라)를 내야 한다. 계단을 따라 지하로 내려가자 어둠 속에서 거대한 동굴 궁전이 나타났다. 간간이 떨어지는 물방울 소리가 발걸음을 멈추게 하고, 수많은 기둥이 오렌지빛 조명을 받고서 나란히 사열해 있는 광경에 보는 이의 동공이 확장된다. 자연 동굴이 아닌 인간이 만든 지하 세계에 이렇게 큰 궁전 같은 구조물은 세상 어디에도 없을 것이다. 아니나 다를까? 예레바탄 사라이는 터키어로 물에 잠긴 궁전이라는 뜻이다. 그 모양이 바실리카 건물과 같아서 바실리카 저수지(Basilica Cistern)라고 불리기도 한다.

예레바탄 사라이　　　　　　옹이 박힌 기둥　　　　기둥 받침대로 쓰인 메두사의 두상

---

21) 그리스인들이 처음 정착할 때는 전략적으로 유리한 이곳 이스탄불을 선택하였지만, 물을 구하기 쉬운 강가나 샘이 있는 곳이 아니었기 때문에 항상 물 문제가 심각했다. 이 문제를 해결하기 위해 하드리아누스 황제 때부터 트라키아 지방에서 물을 끌어들이는 수로 공사를 하였다. 하지만 가장 안전하고 발전한 저수 시설은 지붕을 가진 지하 저수조였기 때문에 유스티니아누스 황제 때 이곳에 지하 저수 시설을 만들었다.

이곳의 분위기에 어울리는 잔잔한 고전 음악을 배경으로 수면에서 반사되는 조명 빛을 보며 기둥 사이를 걸으면 지하의 세계에 와 있는 듯한 묘한 기분이 들면서 특별한 경험이 된다. 제국 각지에서 가져온 대리석 기둥은 저마다 모양이 제각각인데 중간쯤 가면 옹이가 잔뜩 박힌 기둥이 나온다. 린은 나무의 옹이를 모른다며 오히려 여행 중에 봐 오던 악마의 눈(나자르 본주우, Nazar boncuğu)을 닮았다고 한다. 길을 따라 끝까지 가면 저수조에서 가장 유명한 머리가 뒤집힌 것과 옆으로 뉘어진 메두사의 머리가 있다. 조명 빛을 받아 드러난 얼굴은 측은하여 금방이라도 기둥의 무게를 견디지 못하고 괴로운 표정을 지을 것 같은데, 아무런 감정 없는 표정으로 묵묵히 있다. 메두사를 본 사람은 곧 돌로 변하게 한다는 전설 때문에 가장 안쪽 깊숙한 곳에 숨겨 놓듯이 기둥을 세웠는지도 모른다. 기독교인들은 자신들의 종교가 위대하다는 것을 나타내기 위해 이교도의 신인 메두사를 그렇게 놓았다고 주장하지만, 사실은 기둥의 높이를 맞추려고 그렇게 놓았다고 한다. 예레바탄 사라이 관람은 30분 정노년 충분한 것 같다. 더운 여름철이면 시원해서 오래 머물고 싶은 욕구가 있을 테지만, 추운 날씨라 땅 밑에 오래도록 머물고 싶은 마음은 들지 않는다.

　예레바탄 사라이를 나오자, 린과 예린은 가이드북을 읽어 가며 아야 소피아 박물관과 예레바탄 사라이를 관람하느라 배가 고파 힘들다며, 노상 수레에서 파는 옥수수를 사달라고 한다. 어제 카야쿄이에서 10리라에 팔던 옥수수를 이곳에서는 3리라 혹은 4리라에 팔고 있었다. 옥수수를 사서 하나씩 입에 물고 이스탄불 고고학 박물관으로 향했다. 이때, 예린이보다 어리게 보이는 소녀가 장미꽃 한 송이를 들고 다가왔다.

　"이 꽃을 사 주세요. 부모님을 잃었어요. 동생이랑 집도 없이 살고 있어요. 배가 고파요. 이 꽃을 사 주시길 부탁드려요."라며, 몇 마디의 영어로 애타게 말한다.

아내가 호주머니에서 약간의 돈을 꺼내 건네주며 꽃은 필요 없다고 하자. 고맙다면서 몇 번이고 꽃을 건네주려고 한다. 그래도 재차 꽃은 필요 없다는 의사 표시를 하자, 고개 숙여 인사를 하고 어디론가 사라졌다. 그리고 이번에는 30대로 보이는 젊은 남자가 다가왔다.

"저는 시리아에서 온 난민이에요. 제게 두 명의 어린아이가 있는데, 터키에 불법으로 체류하고 있기 때문에 일을 할 수 없어요. 도와주세요." 라고 말한다.

아내가 이 남자에게는 대꾸를 하지 않고 피했다. 그래서 왜 도와주지 않느냐고 물었더니, 어른이라 싫다고 한다. 평소 아내는 뉴스를 거의 보지 않기 때문에 국제 분쟁이나 내전이 있는 나라에 대해 잘 모르는 것 같다. 그래서 시리아에서 벌어지고 있는 내전을 피해 탈출한 난민 문제에 대해 말해 주었다. 그러자 이해를 하고 마음이 아프다고 한다. 우리는 편하게 즐기자고 터키 여행을 왔는데, 그들은 살기 위해 목숨을 걸고 이곳에 왔다. 그들이 보는 여행자들의 모습은 부러움을 떠나 사치로 보일지도 모르지만, 현실은 여행자들이 잠시나마 그들의 급한 허기를 달래줄 수 있는 창구일 것이라고 생각하니, 조금이라도 여유가 있다면 도우려 하는 마음의 자세를 가져 볼 필요가 있겠다. 벌써 70년이란 시간이 지나기는 했지만, 한국 전쟁 당시에 저들보다 더 심한 고통 속에서 살아야 했던 우리 부모님 세대의 불행을 생각하면 더 슬프다. 권력을 가지려는 자들이 아무것도 모르는 백성들에게 이념과 사상을 불어넣고 투쟁을 선동하고 전쟁을 일으켜 얼마나 많은 사람이 희생되고 국토가 폐허로 변했었던가?

이스탄불 고고학 박물관

예레바탄 사라이에서 이스탄불 고고학 박물관까지는 300m 거리에 불과해서 금방 걸어갈 수 있다. 이스탄불 고고학 박물관은 이스탄불뿐만 아니라 터키 최고의 소장품과 방대한 유물을 자랑하는 세계 5대 박물관이다. 박물관 매표소 입구를 통과하면 고고학 박물관인 본관 외에도 별관인 고대 동방 박물관과 타일 정자 박물관을 함께 둘러볼 수 있다. 일단, 매표소를 통과하면 바로 왼쪽 건물이 고대 동방 박물관이고, 더 안쪽에 있는 정자 모양의 건물이 타일 정자 박물관, 오른쪽에 있는 ㄷ자형 본관 건물이 고고학 박물관이다.

19세기 후반까지만 해도 오스만 영토 안에 있던 그리스 로마 시대의 유물들은 대부분 영국, 프랑스, 독일의 고고학자들에 의해서 발굴되었다. 이들은 허가를 받기도 했지만, 불법으로 유물을 반출하였는데, 이 때문에 터키의 많은 유물이 유럽의 박물관에 있다. 19세기 후반부터 서구의 영향을 받아 근대화를 진행하면서 유적 보전에 대한 인식이 높아졌고, 이후의 발굴 유적과 유물은 오스만 제국이 직접 관리하게 된다. 이런 배경에는 터키 고고학의 아버지로 불리는 오스만 함디 베이가 있었다. 최초의 박물관은 1891년경에 제국 박물관이라는 이름으로 지어졌는데, 이스탄불 박물관의 전신인 제국 박물관의 첫 번째 큐레이터이자 설립자가 바로 오스만 함디 베이다. 그는 전직 수상의 아들이라 명문 권력가들과 밀접한 관계를 맺고 있어 정치적인 영향력을 행사할 수 있었다. 그는 터키 근대 회화의 거장이자 고고학자로서 콤마게네 왕국의 넴룻 유적 발굴 등을 이끌었다. 오스만 제국의 문화유산을 보존하라는 황제의 칙령이 내려지자 제국 전역의 지방 장관들은 유물들을 보내왔고,

이런 과정을 통해 축적된 방대한 컬렉션 덕분에 박물관 개관 100주년인 1991년에 유럽 연합이 선정하는 최고의 박물관으로 꼽히기도 했다.

고고학 박물관(본관)

오스만 제국의 전역에서 발굴된 유물들을 수집하여 전시하고 있는 본관이다. 1881년 오스만 함디 베이가 사이다(고대의 시돈)의 네크로폴리스에서 발굴한 석관들을 보관하기 위해 짓기 시작하여 1908년 현재의 신고전주의 양식의 건물로 완공하였는데, 헬레니즘 시대부터 로마 시대까지의 조각상과 석관들이 이곳의 주요 소장품이다.

고고학 박물관(본관)

알렉산더 대왕의 석관

(왼쪽부터) 페르시아 복장의 사냥꾼, 마케도니아 사냥꾼, 알렉산더 대왕, 압달로니오스, 페르시아 복장의 사냥꾼, 헤파이스티온, 마케도니아 사냥꾼, 페르시아 복장의 사냥꾼

가장 유명한 유물은 알렉산더 대왕의 관으로 불리는 석관이다. 1887년 레바논의 시돈에서 한 농부가 우물을 파던 중 여러 개의 고대 석관이 묻혀 있는 묘지를 발견하는데, 이것은 지하 10m 아래에 묻혀 있던 왕실묘지였다. 최상품 대리석으로 만들어진 석관 외벽 한쪽 면의 맨 왼쪽에 말을 탄 알렉산더 대왕이 그의 군대와 페르시아군이 싸우는 장면이 묘사되어 있다. 반대편은 말을 탄 알렉산더 대왕이 중앙의 페르시아풍 옷을 입은 페니키아의 왕 압달로니모스를 도와 사자 사냥을 하는 장면이다. 석관의 좁은 면 한쪽은 이소스에서 벌어진 그리스인과 페르시아인의 전투 장면이고, 다른 쪽에는 페르시아 복장의 전사들이 표범 사냥을 하는 장면이 그려져 있다. 이것을 학자들은 오랫동안 알렉산더 대왕의 관이라고 여겼다. 시돈의 왕 압달로니모스는 자신을 왕으로 만들어 준 알렉산더와 헤파이스티온을 자신의 석관에 새겨 넣어 권위를 과시하고 싶었다는 설이 가장 유력한 학설이지만, 바빌론의 통치자인 마제우스를 위한 관이라는 설도 있는 등 학계의 의견은 다양하다. 이 외에도 시돈에서 가져온 석관, 이집트 관리의 석관, 리키아 지방의 석관, 열여덟 명의 애도하는 여인들을 새긴 스트라톤 왕의 석관 등 아름다운 조각 작품이 새겨진 석관들이 즐비하다.

애도하는 여인들의 석관

타일 박물관

이 박물관은 오스만 제국의 타일과 도자기를 모아 놓았는데, 이스탄불에서 모스크를 빼고 가장 오래된 건물인데 타일로 장식한 벽면이 아름답다. 정복자 술탄 메흐메트 2세는 이스탄불을 점령한 뒤 자신의 궁전 정원에 세 개(터키식, 그리스식, 페르시아식)의 정자를 세웠는데, 1472년에 지은 페르시아풍의 박물관 건물만 유일하게 남아 있다.

채색타일 부조

고대 동방박물관

타일 박물관 왼쪽에는 후기 히타이트 시대의 현무암 사자상이 지키고 있는 고대 동방 박물관이 있다. 이 건물은 1883년 오스만 함디 베이가 미술 학교로 지었는데, 1935년에 박물관으로 개조하였다가 1974년 고대 동방박물관으로 바뀌어 개관되었다. 이 박물관은 오스만 제국 내에서 출토된 고대 유물 2만여 점을 전시하고 있다.

카데쉬 조약 점토판

규모가 크지는 않지만, 인류 문명의 초기 모습을 되짚어 볼 수 있는 역사적 가치가 높은 유물이 많다. 점토판이 전시된 곳에 수메르의 우르 제3 왕국의 왕 우르남무가 남긴 인류 최초의 성문법인 우르남무 법전과 두 번째로 오래된 성문법인 고대 바빌로니아의 함무라비 법전 일부가 적힌 점토판이 전시되어 있다. 또한, 기원전 13세기경 이집트의 람세스 2세와 히타이트의 무와탈리 2세가 카데쉬에서 전쟁 후에 맺은 카데쉬 평화 협정 점토판이 있다. 이 점토판은 세계에서 가장 오래된 평화협정문으로 UN은 평화의 상징물로 UN 본부에 이 협정문을 복제해 놓았다.

비수기라서 고고학 박물관은 관람객이 많지 않아 편하게 관람할 수 있었다. 박물관에 전시된 수많은 작품을 관람하였더니, 아득한 옛날 전설 혹은 신화 속 이야기로만 여겼던 고대의 시간이 매우 가깝게 느껴지기 시작했다. 석기 시대와 청동기 시대라고 하면 무조건 원시적이고 초보적인 문명으로만 여겼던 잘못된 생각은 터키 여행 중에 많이 바뀌었는데, 이스탄불 고고학 박물관을 보고서 선사시대에 가까운 고대 문명도 대단히 우수하고 현대인과 별반 다를 것이 없다는 생각을 하게 되었다. 특히 알렉산더 대왕의 관을 장식한 조각상의 사실적인 표현은 현대의 사진이나 동영상보다 더 훌륭하게 남겨진 작품이자 기록이다.

오스만 술탄의 진상품이 가득한 궁전

톱카프궁전

　고고학 박물관을 나와서 왼쪽으로 300m 정도만 걸어가면 톱카프궁전의 첫 관문인 황제의 문이 나온다. 톱카프궁전도 뮤지엄 패스로 입장할 수 있다. 톱카프는 '대포의 문'이라는 뜻인데, 보스포루스 해협 쪽에 해상 포가 설치되어 있었기 때문에 대포의 문이라고 불린다. 이 궁전은 로마 제국처럼 지중해를 내해로 만들었을 만큼 아시아, 아프리카, 유럽에 이르는 대제국을 건설한 오스만 제국의 힘과 영광을 볼 수 있는 좋은 명소다. 콘스탄티노플을 점령한 메흐메트 2세는 이스탄불 대학과 슐레이마니예 모스크가 위치한 언덕에 있던 작은 궁전에 머물다가 1459년 비잔티움의 아크로폴리스였던 자리에 새롭게 톱카프궁전을 지었다. 그리고 1856년경에 서방 문화에 심취한 압뒬 메지트 1세가 돌마바흐체궁전을 건축하여 옮기기 전까지 술탄은 400년 동안 이 궁전에서 살았다. 당시 시종, 군사, 관료를 비롯하여 거주하는 인구가 5만 명이 넘었을 정도로 큰 규모를 자랑한다. 개략적인 구성은 크게 세 개의 문과 네 개의 정원, 각 정원에 딸린 건물들로 이루어져 있는데, 이것은 유럽의 궁전과는 다르게 넓은 정원을 중심으로 사방에 건물을 세우는 독특한 구조이다. 게르(유목민의 집)와 같은 비슷한 구조에서 중앙아시아의 유목민이던 투르크족의 전통이 숨겨져 있고, 고전적인 오스만풍의 건축 양식을 볼 수 있다.

0. Besir Aga mosque
1. 술탄의 마구간
2. 하렘 입구
3. 디반 (회의실)
4. 무기
5. 정의의 탑
6. 흑인 환관의 방
7. 오달리스크의 정원
8. 황태후의 안뜰

9. 하렘 출구
10. 백인 환관의 방
11. 애섭들의 방
12. 술탄의 큰방
13. 무라트 3세의 방

14. 과일의 방
15. 알현실
16. 술탄아흐메드 3세 도서관
17. 술탄의 초상화와 미니어처
18. 성물의 방

19. 레반의 정자
20. 왕자의 할례방
21. 바그다드 정자
22. 세밀화, 칼리그래피
23. 무스타파 파샤 정자
24. 메시디예 정자
25. 보물관
26. 의상 전시실

톱카프 궁전

제1정원

초록색 바탕에 황금색 아라비아 글씨를 휘갈겨 쓴 문양이 인상적인 황제의 문을 통과하면 제1정원에 들어서게 된다. 큰 나무와 잔디가 깔린 제1정원은 공원이라고 하는 편이 좋을 것 같다. 정원 왼쪽에는 아기아 이리니 성당과 화폐 제조소가 있고, 정원 오른쪽에는 궁전 병원과 제빵 공장이 있으며, 어린 예니체리들의 숙소 등의 건물도 있다. 아기아 이리니 성당은 아기야 소피아 대성당 건설 전에는 **그리스 정교회의 총본산** 역할을 하던 성당으로, 아리우스파를 이단으로 파문하였던 제2차 공의회(381년)가 열렸던 곳이다.

제1정원인 아기아 이리니 성당 앞의 광장은 예니체리의 정원이라고 부르기도 하는데, 이곳에 술탄의 근위병인 예니체리들이 있었기 때문이다. 예니체리란 새로운 징병 또는 새로운 군대란 뜻이다. 예니체리는 오스만 제국의 초창기 무라드 1세 때 창설된 군대로 비이슬람, 비터키인들로 구성되었다. 무라드 1세는 예니체리의 병력 충원과 세력 강화를 위해 데브쉬르메라는 제도를 도입하였다.

제1문(제발리 문, 우마운 문)

데브쉬르메는 주로 발칸반도의 기독교 아이들 가운데 7~10세 사이의 똑똑한 소년들을 강제로 궁전으로 데려와 자신의 개인 노예로 삼으며 이들에게 이슬람 교육을 철저하게 한 뒤 우수한 사람은 궁전 관리로 등용하고, 그보다 못한 사람들은 근위병으로 복무시키는 제도였다.

제2정원(공공의 정원 또는 디반의 정원)

제1정원을 가로질러 가면 제2
정원으로 들어가는 경의(또는
인사)의 문이란 뜻의 **밥 웃 살
렘**(Bab-üs-Selam)과 톱카프궁
전의 매표소가 있다. 술탄 이
외에는 모두 말에서 내려 경
의를 표한 다음에야 문을 통
과할 수 있었기에 경의의 문이
라는 이름이 붙었다.

톱카프궁전_제2문(경의의 문)

경의의 문 양쪽에는 팔각 원
뿔 모양의 석탑이 세워져 있
고, 문 양 옆방은 초병들의 숙
소였다. 그 뒤에 있는 방은 정
부의 명령으로 체포된 고위
관료들을 가두어 두는 감옥
으로 사용하기도 했다. 경의
의 문 바로 바깥쪽에 있는 샘
은 망나니들이 죄수들을 참수
한 다음 손과 칼을 씻던 곳으
로 참수된 머리를 문 위에 걸
어 두기도 했다고 한다. 경의
의 문부터는 일반인들의 출입
이 금지되고 관료들만 들어갈
수 있었다. 이 문은 표를 사야
들어갈 수 있다. 물론 뮤지엄
패스로 입장이 가능하다. 한
편, 이 문은 **오르타 카프**(Orta
kapı, 중간 문)라고도 불린다.
궁전에 출입할 수 있는 세 개
의 문 가운데 두 번째 문이기
때문이다.

제2정원

뾰족 첨탑과 간류 회의실(왼쪽), 재무부 건물(오른쪽)

경의의 문을 통과하면 다섯 갈래 길이 부챗살처럼 퍼져 있는 제2정원이 나온다. 가장
왼쪽 첫 번째는 마구간으로 가는 길, 두 번째 길 끝에는 궁전의 여인들이 머물던 하
렘의 입구와 매표소가 있다. 세 번째 길은 대신들이 국사를 논의하던 의회 건물로 이
어지고, 네 번째 정면의 길은 제3정원의 정문으로 이어진다. 맨 오른쪽에 있는 길은
황실 주방과 식품 창고로 연결된다.

고위 관리들이 타고 온 말을 이곳 마구간에서 쉬게 했다. 마구간이 끝나는 곳에 위치한 아담한 건물은 궁전 여인들을 위한 하렘이다. 하렘 입구를 지나 중앙으로 들어가면 정의의 탑이라고 불리는 뾰족한 지붕의 탑이 있는데, 궁전 내부를 감시하는 망루다. 탑 아래에는 있는 돔 세 개를 뒤집어쓴 건물은 오스만 제국의 정치 중심지였던 의회 건물이다. 쿱베알트(Kubbe Alti)라고 부르는데 쿱베는 돔이라는 뜻이고, 알트는 아래라는 뜻이다. 이곳에서 재상이 주재하는 회의가 열렸다. 의장 좌석 뒤에는 창살을 설치해 내부를 볼 수 있게 한 창이 하나 있다. 술탄은 이 창 너머로 모든 회의 과정을 볼 수 있었다. 각료 회의를 터키어로 디반이라고 하는데, 이 회의실 이름도 디반이라고 한다. 그래서 제2정원을 디반의 정원으로 부르기도 한다. 쿱베 알트 옆에 여덟 개의 작은 돔이 있는 건물이 당시 재무부로 사용하던 곳으로 지금은 오스만과 십자군의 갑옷과 투구 등 무기를 전시하고 있는 무기 박물관이다. 그곳을 지나면 제3정원으로 가는 문이 있다. 제2문에서 보면 오른쪽에는 아치가 있는 아케이드가 있는데 그 안은 궁전 요리를 하는 주방이다. 굴뚝이 늘어선 황실 주방 건물에는 궁전 안에 있는 사람들의 직분에 따라 용도가 분리된 열 개의 주방이 있다. 그다음 방에는 유럽 도자기와 은 세공품들이 전시되어 있다.

제3정원(백인 내시의 정원)

제3정원의 정문은 **행복의 문**이란 뜻의 **밥 웃 사데트**(Bab-üs Saadet)인데, 여섯 개의 원형 기둥과 화려한 지붕으로 장식되어 있다. 이 문 아래에서 술탄의 대관식이 열렸으며 술탄이 참가하는 종교 축제도 해마다 두 번씩 개최되었다. 행복의 문을 통과하면 바로 앞에 외국 사신들을 맞이하고 중요한 협상을 하던 알현실이 나오는데, 외국 사절이나 고관들도 이 알현실 이상은 들어갈 수 없었다. 술탄은 이곳에서 1만 5천 개의 진주가 박힌 긴 의자에 앉아서 각료 회의의 결재사항을 결재한다. 알현실은 색색의 타일로 화려하게 장식되어 있고, 알현실 입구에는 수도꼭지가 설치되어 있어 물소리를 통해 술탄의 대화를 듣지 못하도록 만들었다.

알현실을 지나면 술탄의 개인 공간이었다. 제3정원은 백인 내시들에 의해 호위되고 운영되었기에 백인 내시의 정원이라고도 불렀다. 알현실 뒤에 있는 작은 건물은 아흐메드 3세의 도서관이다. 문학과 음악, 서예에 조예가 깊었던 이 술탄은 궁전에 도서관을 지을 정도로 학문과 예술을 사랑했다. 그는 튤립 시대라고 알려진 터키의 문예 부흥기를 이끈 인물이지만 정치적 역할은 모자라서 끝내 예니체리의 반란으로 술탄 자리에서 쫓겨난 인물이기도 하다.

정원 오른쪽에는 **전통 의상 전시실과 보석 박물관**이 있다. 예전에 술탄의 보물 창고였던 보석 박물관은 톱카프궁전의 하이라이트로 꼽히는 곳이다. 세계 각지에서 모은 보물을 진품으로 전시해 놓았는데, 막대한 소장품 가운데 일부를 정기적으로 교체하며 전시하고 있다. 손잡이에 에메랄드가 박혀있고 칼집에 수많은 다이아몬드가 장식된 단검은 오스만의 사절이 페르시아에게 선물로 주려고 만든 것인데, 정치적 상황이 불안해서 그냥 가지고 돌아와 이곳에 보관하게 되었다고 한다.

또한, 8만 개의 금화를 녹여서 만들었다는 황금 의자 등도 대표적인 이곳의 볼거리이다.

보석 박물관 뒤쪽에는 마르마라해와 금각만이 동시에 보이는 넓은 테라스가 있다. 이 건물은 술탄의 여름 궁전으로 지어진 것으로 나중에는 손님 접대와 휴식 공간으로 전용된 건물이다. 보석 박물관 건너편에는 이슬람 세계에서 가장 성스럽게 여겨지는 유물들을 보관해 둔 **이슬람 성물 전시관**이 있다. 오스만 제국 술탄이 이슬람 세계 최고 통치자인 칼리프의 지위를 가지고 있었기에 메카와 바그다드, 카이로 등지에서 가져온 것들이다. 예언자인 무함마드가 쓰던 외투와 칼, 깃발, 친필 편지, 발자국, 턱수염과 치아가 전시되어 있다. 또한, 모세의 지팡이, 다윗의 칼, 세례 요한의 손뼈 등도 보관되어 있어서 기독교인이나 유대교인에게도 성스러운 장소이다.

알현실과 아흐메드 3세 도서관

성물 전시관

이프타리예 정자

제4정원(술탄의 개인 정원)

제3정원을 지나면 술탄과 가족들만 들어갈 수 있는 제4정원이다. 정원 곳곳에 있는 아름다운 정자에서 훤히 내려다보이는 마르마라해와 보스포루스 해협의 경치가 일품이다. 술탄 아흐메드 3세 때는 이곳에 여러 가지 튤립을 심어 튤립 정원이라는 별칭이 있다. 튤립은 꽃 모양새가 이슬람교도 남자가 머리에 감는 터번을 닮았다고 해서 프랑스어인 tulipan에서 tulip이라는 이름의 기원이 되었다.

라반 정자

정원 가운데에는 오스만 제국의 명장 무스타파 파샤를 기념하는 무스타파 파샤 정자가 있다. 그 앞에는 무라드 4세가 아르메니아 예레반을 정복한 기념으로 만든 레반 정자가 있다. 그 왼쪽에 있는 바그다드 정자도 무라드 4세의 바그다드 정복을 기념해서 세운 것으로 우아한 아치와 이즈닉 타일 장식이 인상적이다. 바그다드 정자 옆에는 술탄이 라마단 단식이 끝난 뒤 첫 번째 저녁 식사를 하던 이프타리예 정자가 있다. 황금 지붕이 있는 아름다운 정자에서 멋진 금각만의 전망을 볼 수 있다. 정원 오른쪽에는 술탄 가족을 위한 작은 모스크와 압뒬메시드 정자가 있다. 건물 내부의 계단을 따라 내려가면 이스탄불에서 유명한 전통 로칸타 콘얄르가 있는데, 바다 전망을 즐기며 식사를 할 수 있는 곳이다. 이 건물 앞을 지나는 길을 따라 바다 쪽으로 내려가면 궁전의 네 번째 문이 있다. 이 문 앞에 이곳을 톱카프궁전이라고 불리게 한 대포들이 놓여 있다.

하렘

술탄의 어머니와 여인들, 즉, 술탄의 가족과 궁녀들이 살던 곳이 하렘이다. 하렘은 제2정원과 제3정원의 북쪽에 있다. '금지된'이라는 뜻의 아랍어인 '하람'에서 비롯된 하렘은 이슬람 사회의 부인들이 거처하는 공간이다. 외부와 격리되어 가족에게만 개방되는 곳으로서 특수한 경우를 제외하고는 일반 남자의 출입이 금지된다.

하렘 안에는 다양한 인종의 젊은 여자들이 살고 있었다. 빼어난 미모를 자랑하는 처녀들만이 선발 과정을 거쳐 들어갈 수 있었기에 당시 하렘 입성은 명예로운 일이기도 했다. 물론 술탄에게 선물로 바쳐지거나 전리품으로 잡혀 온 여자들, 노예 시장에서 팔려 온 여자들도 있었다. 이들은 시종과 비슷한 교육 과정을 거쳐 이슬람 규율을 배우고 온갖 기예를 익히며, 이른바 '완벽한 여자'로 길러졌는데, 모든 여자가 술탄에게 속한 것은 아니었다. 술탄이 죽으면 여자들은 새로운 술탄의 여자들을 위해 하렘을 떠나야 했다. 옛 술탄의 어머니와 술탄의 아이를 낳은 정실들은 메흐메트 2세가 이스탄불에 가장 먼저 지은 목조 궁전으로 옮겨갔다. 죽은 술탄의 총애를 받지 못한 여자들, 총애를 받긴 했으나 아이를 낳지 못한 여자들, 그리고 술탄의 딸들은 궁내 고급 관리들이나 제3정원에서 교육을 받은 에데룬 출신 관리들과 결혼했다.

하렘의 연회실

술탄의 여자로 뽑힐 정도의 미모에 하렘에서 받은 교육 덕분에 글공부는 물론, 요리와 바느질에 능하고 음악과 춤까지 익힌 데다가 터키의 문화와 역사까지 교양을 두루 갖춘 궁전 여인을 아내로 삼기에 좋았을 것 같다. 게다가 술탄의 어머니와 함께 하렘에서 살았으므로 출세에도 영향을 주었을 것이다.

이스탄불 고고학 박물관부터 톱카프궁전을 거쳐 소욱 체쉬메 골목까지 관람은 쉼 없이 이어졌다. 이스탄불의 유적과 터키의 역사를 보여 주는 박물관과 유적지는 경외감을 일으키는 차원을 넘어섰다. 하지만 그것이 제아무리 훌륭하고 보물로서 가치가 대단하다 할지라도 장시간 관람하니 지루해져서 결국엔 그저 그런 물건이나 건축물로 변질되어 보인다. 아침에 아야 소피아 박물관을 향해 첫발을 뗄 때는 의욕이 넘쳤던 아내와 나도 장시간 관람으로 많이 지치게 되었다. 결국, 톱카프궁전의 주방과 도자기 전시실부터는 스치듯 둘러보며 지나쳤다. 술탄 아흐메드 3세의 샘에 와서 시계를 보니 오후 2시가 지나고 있었다. 점심때가 지났지만, 관람을 도중에 쉬는 것보다 동선에 있는 명소를 모두 관람하고 점심 식사를 하러 가는 편이 좋을 것 같았다. 그런 후에 검증된 맛집을 찾아서 어젯밤에 갔던 레스토랑으로 갔다. 주인은 우리 가족을 알아보고 반가움을 표하며 어디를 여행하고 있는지, 오후에 어디를 갈 것인지 시시콜콜 물어본다. 음식은 린과 예린이 좋아할 만한 메뉴를 추천해주는 대로 주문하였다. 테이블에 음식이 올라오자 맛깔스럽게 보이는 모양에 입이 동요되어 뜨거운 줄 모르고 입에 넣었다가 입천장을 데었다. 이것은 나만 겪은 일이 아니었다. 린과 예린, 아내도 데었다고 한다. 그만큼 우리의 입맛을 사로잡는 음식이었다.

장시간 관람으로 피로해진 상태에서 배가 부르니 몸이 노곤해진다. 그러자 아내가 숙소에서 쉬었다가 나가자고 제안을 했고, 모두 그 제안을 반겼다. 이럴 줄 알고 구도심에서 접근성이 좋은 예레바탄 사라이 앞에 숙소를 정한 것은 정말 잘한 일이다. 혼자가 아닌 가족여행에서 이 같은 방법은 체력을 관리하는 데 있어서 정말 중요하다. 호텔에 들어가 30분만 쉬기로 하고 침대에 눕자 모두 피곤했던지 잠을 자려는 모양새다. 그사이 다음 목적지인 돌마바흐체궁전 운영 시간을 확인하고 교통편을 검색하는데, 발등에 불이 떨어지는 정보가 눈에 들어왔다. 돌마바흐체궁전은 겨울철에는 4시까지만 입장을 할 수 있다. 또한 내일(월요일)은 폐관하는 날이다. 현재 시각은 3시 30분. 트램을 타고 돌마바흐체궁전까지 소요 시간은 17분이 걸린다. 오늘 당장 가지 않으면 돌마바흐체궁전은 보지 못하고 터키를 떠나야 한다. 그래서 30분 만에 돌마바흐체궁전까지 가기로 하고, 가족들을 깨워 술탄 아흐메드 트램 정류장으로 뛰었다. 트램은 아야 소피아 성당을 지나서 금각만이 보이는 갈라타 다리를 건넌 후 종착지인 카바타쉬 정류장에 우리를 금방 데려다주었다. 이제 5분 안에 돌마바흐체궁전까지 가야만 했다. 4시 1분 전에 입구에 도착하여 뮤지엄 패스를 꺼내 들고 들어가려는데, 직원이 고개를 흔들며 들어갈 수 없다고 한다. 이곳은 뮤지엄 패스 사용이 되지 않아 별도의 티켓을 구입해서 오라고 한다. 티켓 판매소는 입구에서 상당히 떨어져 있었다. 그 사이 4시가 되자 직원들은 궁전 문을 닫아버렸다. 결국 돌마바흐체궁전에 들어가려던 우리의 도전은 좌절되고 말았다. 그러자 아내가 하는 말이 다음에 이스탄불에 다시 오라는 하늘의 뜻이라고 한다. 나는 내부 사진이라도 찍어보려고 궁전문의 쇠창살을 붙잡고 안쪽을 들여다보았지만, 그다지 좋은 장면이 만들어지지 않았다. 그런데 이런 나의 행동을 보고 주변의 관광객들도 쇠창살에 매달려서 돌마바흐체궁전을 들여다본다.

"아빠~ 아빠는 가끔 남들이 하지 않는 이상한 행동을 하는데, 사람들 눈에 잘 띄나 봐. 왜냐면 아빠를 따라 하는 사람들이 많거든. 그걸 보면 참 신기해." (예린)

"맞아. 지난번에는 미 서부 델리케이트 아치 밑에 누워서 사진을 찍으니깐 사람들이 다들 그 행동을 따라 했고, 아까 톱카프궁전 전망대에서 아빠가 금각만 사진 찍는 모습을 보고 따라 하는 사람이 여러 명 있었어. 사람들은 아빠가 하는 것이 좋아 보이나 봐." (린)

"린, 아빠는 지금 속으로 절규하고 있는 거야. 아쉬움에 사진이라도 찍어보려고 하는 거라고. 이제 그만할 테니까, 저기 있는 대포와 시계탑이나 둘러보고, 카페에서 잠깐 쉬었다가 가자. 여기까지 뛰어오느라 힘들었나."

우리는 돌마바흐체궁전 앞 금각만 해변에 있는 카페에서 잠시 쉬었다 가기로 하고 커피를 한 잔씩 주문하여 비어 있는 테이블에 앉았다. 그런데 옆 테이블에서 담배 연기가 날아온다며 아내가 자리를 두 번이나 옮기자고 한다. 이에 나는 귀찮아서 짜증을 내며 말했다.

"다리 아프니깐 그냥 담배 연기 맡아! 어쩌다 한 번 맡는 거니깐 참아봐. 옛날에는 어른들이 방에서 담배를 피우는데도 같이 잘 있었는데…"

그랬더니 아내도 이제는 다리가 아파서 자리 옮기기도 힘들다며 담배 연기 피하는 것을 포기하고 만다.

터키 사람들은 때와 장소를 가리지 않고 어디서나 담배를 정말 자주 피운다.

여기저기서 내뿜는 담배 연기를 커피 향기로 중화시키며 금각만에 떠다니는 유람선을 바라보니 유유자적해서 좋다. 어떻게 보면 돌마바흐체 궁전에 못 들어간 것도 잘됐다는 생각이 든다. 이렇게 금각만에서 커피 한잔을 하며 여유로운 시간을 언제 가져 보겠는가? 그렇지 않아도 오후 1시를 넘겨 가며 구도심의 명소를 열심히 돌아다녔는데, 이렇게 바닷가에서 쉬는 것은 예정에 없던 좋은 일정이 되었다.

이제 어디로 가야 할지 고민하다 그랜드 바자르에 가서 기념품을 사기로 했다. 다시 트램을 타고 가서 술탄 아흐메드 정류장을 지나 베야즈트(Beyazıt) 정류장에서 내렸다.

그런데 이게 웬일인가? 일요일은 그랜드 바자르가 쉬는 날이다. 좀 더 꼼꼼하게 정보를 파악하지 못한 나의 잘못이다. 하는 수 없이, 대안으로 이집트 바자르까지 구도심을 걸어서 가기로 하였다. 좁은 골목길을 걷다

술탄 아흐메드 3세의 샘

돌마바흐체궁 입구

보니 이스탄불의 여러 상점을 두루 거치게 된다. 생과일 가게에 들러서 즉석으로 즙을 내어 주는 석류와 과일 주스를 마시며 잠시 쉬었다 가던 중, 어느 길모퉁이를 돌 때 깜짝 놀랄 만한 광경을 보게 되었다. 생후 몇 개월로 보이는 아기가 길바닥에 앉아 있고, 그 아기 엄마는 휴지통을 뒤지고 있었다. 순간 어려 보이는 아기 엄마와 눈이 마주쳤다. 너무 당황스러웠다. 난 그저 못 본 척하며 그 옆을 지나쳤다. 하지만 아기가 눈에 들

으스르 차르쉬

어왔다. 아직 기어 다니지도 못하는 아기가 위험한 길바닥에 있는 모습에 너무 가슴이 아팠다. 어떤 사회든 어두운 면은 있다. 그러나 막상 사회의 그늘진 사람을 직접 보게 되니 온 가족이 여행하는 우리의 마음이 편하지 않다.

므스르 차르쉬(이집션 바자르)

　이윽고 도착한 이집션 바자르는 한창 성업 중이었다. 여행자 입장이라 그런지 이집션 바자르[22]는 관광객을 위한 시장으로 보였다. 하지만 이곳은 오랫동안 향신료를 취급하는 시장이다. 상인들은 가게 앞에 나와 우리를 위해 사열이라도 하는 듯 가게 앞을 지날 때마다, "중국? 한국?"이란 말을 던지면서 어디에서 왔는지 물어본다. 하지만 우리는 한마디 대꾸 없이 웃으며 그들 사이를 지나가고 있었다. 그러다가 어느 가게 앞을 지날 때, 넉살 좋은 터키 아저씨에게 낚여서 그만 호구 고객이 되어버리고 말았다. 아내는 어차피 여행 선물을 어느 정도 사야 하는데 여기서 해결하자면서, 로쿰, 홍차, 사프란 차, 꿀, 로즈 오일 등을 금세 쓸어 담고 계산을 하고 있었다. 나는 이때 가격을 사정없이 깎으며 흥정을 시작하였다. 백화점이 아니라 시장인 만큼 에누리 없는 장사란 없을 것이라는 생각과 관광객들에게 비싼 가격을 부른다는 여행 정보지를 보았기 때문이다. 이윽고 나름 저렴하게 샀다는 생각에 기분이 좋아서 회심의 미소를 지었다. 그렇게 계산하고 시장을 나오던 중 물건을 더 사려고 다른 가게를 들렀다. 그런데 그 가게는 흥정 없이 더 싼 가격을 제시한다. 아내와 나는 어이가 없어서 서로의 눈을 빤히 쳐다보았다. 만일 처음 샀던 가게에서 흥정하지 않았다면 엄청난 바가지를 쓸 뻔한 것이다. 그래도 쇼핑백을 한가득 손에 들고 흥겨운 마음으로 숙소까지 걸었다. 구도심에서 웬만한 거리는 걸어 다닐 만해서 좋다. 조금씩 어두워져 가는 골목 어귀를 린과 예린이 앞서가며 떠드는 소리가 조용해진 이스탄불 거리에

---

22)　1663년 메흐메트 4세의 어머니인 하티제가 지은 시장이다. 오스만 제국의 향신료들이 대부분 이집트에서 수입되었기 때문에 므스르(이집트라는 뜻)라는 이름으로 불렸다. 외국인들은 이집션 바자르 또는 향신료 시장이라는 뜻의 스파이시 바자르라고 부른다.

활력을 불어넣어 준다. 이윽고 숙소에 들어가서 짐을 풀자 도시는 어슴 푸레한 밤이 되었다. 잠시 쉬다가 미리 알아두었던 맛집의 위치를 파악하고 이스탄불 밤거리로 나왔다. 은은한 조명에 비치는 아기아 소피아 성당과 블루모스크의 자태가 우아한 듯하면서 소박해 보이고, 웅장한 듯하면서 부드럽게 느껴진다. 또, 어느 때는 화려하면서도 잔잔한 기품과 멋을 품고 있다. 술탄 아흐메드 공원에는 산책을 나온 사람들도 많지만, 사진을 찍기 위해 나온 경우도 많다. 나는 삼각대를 갖고 나오지 않아 높은 의자 위에 카메라를 얹어 놓고서 셔터 시간을 길게 하여 가로등 빛에 비친 아기아 소피아 성당과 블루모스크를 선명하게 찍었다. 그리고 블루모스크 옆에 있는 술탄 아흐메드 광장으로 향했다. 게르만 분수와 테오도시우스 오벨리스크, 뱀의 기둥, 콘스탄틴 오벨리스크를 차례로 지

나서 작은 길모퉁이에 있는 오르타클라르 케밥 식당을 찾았다. 식당에 들어가서 웨이터가 안내하는 2층으로 올라가자, 빈자리가 거의 없을 정도로 현지인들이 꽉 들어차 있었다. 이스탄불 현지인들의 저녁 외식문화를 볼 수 있는 기회였다. 웨이터의 추천으로 주문한 음식은 푸짐하면서도 비주얼조차 먹음직스러워 보였다. 린과 예린은 입맛에 잘 맞는다며 입안에 음식을 넣을 때마다 밝고 행복한 표정을 지었고, 맛을 음미하는 감탄사를 연신 쏟아냈다. 이스탄불의 마지막 밤은 이렇게 깊어갔다.

스페인의 가우디(1852~1926), 오스만의 시난(1489~1588)

지중해 서쪽 스페인 바르셀로나에서 천재 건축가 안토니오 가우디가 태어나기 훨씬 이전에 지중해 동쪽 오스만 제국 이스탄불에는 미마르 시난이 있었다. 현대의 패권이 서방 세계에 있기 때문에 시난은 우리에게 가우디보다 덜 알려진 인물이다. 가우디보다 400여 년을 앞서서 살았던 그를 생각하면 동방의 문명이 훨씬 앞섰던 것을 이해할 수 있다. 아랍 문명이 서양으로 전해지던 경로를 고려했을 때, 가우디가 이루어 놓은 업적의 뿌리는 어느 정도는 시난으로부터 전해졌을 것이라는 단순한 해석도 가능할 수 있다.

미마르 시난!

그는 커다란 돔과 연필처럼 생긴 첨탑을 특징으로 하는 오스만 특유의 모스크 양식을 완성한 건축의 거장이다. 건축 역사의 걸작, 아야 소피아는 그의 교과서이자 경쟁 상대였고, 언젠가는 아야 소피아를 능가하는 건축물을 짓겠다는 꿈을 키웠다고 한다. 아야 소피아보다 더 크고 높은 돔을 짓는 데 성공한 그의 말년 작품 에디르네의 셀리미예 자미가 가장 그의 마음에 들었다고 한다. 그렇게 오스만 제국의 전성기를 화려하게 장식한 미마르 시난은 슐레이마니예 자미의 북동쪽 거리 한 귀퉁이에 소박하게 묻혀 있다.

그가 이루어 놓은 건축물들은 지금도 터키 전역에 있다.

공식적인 것만 해도 자미 94개, 대학 57개, 예배당 52개, 하맘 48개, 저택 35개, 튜베르 22개, 대상 숙소 20개, 이마렛(순례자 숙소) 17개, 다리 8개, 창고 8개, 신학교 7개, 수도교 6개, 병원 3개 등을 지었다고 한다. 그중에 84개가 이곳 이스탄불에 남아 있다고 하니 거리를 걷다 보면 곳곳에서 그의 작품을 만날 수밖에 없다.

YERIN'S STORY

2 월 16 일

 아침 일찍 일어나서 조식을 먹으러 6층에 있는 레스토랑으로 올라갔다. 나는 터키식으로 된 조식이 너무 마음에 들었다. 그래서 거의 한 시간 동안 먹었다. 오빠는 터키식 조식이 질린다고 중간에 먼저 내려갔다. 나는 계속 먹고 내려갔다. 숙소에서 옷을 입고 아야 소피야 성당에 갈 준비를 했다. 소피아 성당은 이제 박물관으로 쓴다고 한다. 소피야 성당에서는 모자이크 된 작품들이 많았는데 실수로 긁어내니 아름다운 그림이 나왔다고 했다. 그런데 나머지는 안 긁어냈다고 했다. 왜냐하면 그것도 하나의 유적이기 때문이다. 여기는 어찌나 유적이 많은지, 길바닥에도 유적인 기둥들 천지였다. 그리고 고고학 박물관에 가서 많은 유적을 구경했다. 그다음에 궁전으로 갔다. 궁전엔 250여 개의 방이 있었다. 아름다운 술탄의 여인들이 살았다고 하는데 궁전엔 술탄만이 들어갈 수 있었다고 한다. 궁전을 둘러보는데 엄청나게 넓고 방들이 많아서 마치 미로 같았다.

 너무 넓어서 신기하고 내가 이 궁전에서 살고 싶었다. 궁전에는 제1의 정원, 제2의 정원, 제3의 정원이 이었다. 제3의 정원은 4~5월에 튤립이 많이 피어서 아름다운 것으로 유명하다. 정원들을 걸어 다니는데 아침 일찍 나와서 오후 2시 반까지 점심도 안 먹고 걸으니 발바닥에 감각이 없어지고 너무 힘들었다. 그래서 식당에 가서 쫄깃한 빵과 새우 요리와 생선을 먹었다. 매우 맛있었다. 그리고 피스타치오가 들어간 디저트가 나왔는데 정말 좋았다. 그리고 너무 힘들어서 집에서 쉬려고 누웠는데 궁전이 4시에 닫는다고 해서 쉬지 않고 달려 나가서 전철을 타고 궁전으로 갔다. 그런데 시간이 부족해서 궁전으로 못 들어갈 수도 있었다. 우리는 아빠만 믿고 아빠가 빠르게 뛰어야 우리가 빠르게 쫓아가는데 아빠가 느리면 큰일이다. 하지만 엄마는 아빠가 달리기가 빠르다고 했다. 그리고 내리자마자 뛰었는데 아빠가 너무 느린 것이다. 그래서 할 수 없이 길을 모르니 그냥 뒤에서 따라갔는데 나랑 오빠도 달리기가 힘들어지는 것이었다. 왜냐하면 아빠가 너무 웃기게 뛰어서 웃느라 뛸 힘도 사라진 것이었다. 아빠는 뒤뚱뒤뚱 뛰었다. 그리고 내가 걸어도 아빠랑 속도가 똑같을 것이다. 결국에는 시간을 놓치고 말았다. 3시 59분에 궁전에서 짐 검사까지 하고 들어갔는데 알고 보니 티켓을 사야만 들어갈 수 있었다. 그래서 티켓 매표소까지 또 갔는데 딱 4시 정각이 되어서 궁전에 들어가지 못했다. 아쉬운 대로 아빠는 구멍으로 궁전을 보았다. 그랬더니 사람들이 똑같이 구멍을 보는 것이다. 역시 아빠의 영향력은 대단하다.

숙소에 돌아가려다가 숙소에 갔다가 다시 나오기 귀찮으니 바자르에 갔다. 바자르는 없는 게 없고 엄청나게 큰 대형 마트였는데 맛있는 간식들이 엄청 많았다. 바자르에서 과자랑 차와 선물용 향수 등을 사고 숙소에 돌아와 짜장밥을 먹고 쉬었다. 1시간 동안 쉬다가 블루모스크를 보러 갔다. 블루모스크를 밤에 보니 더욱더 아름다웠다. 아빠는 사진작가로 빙의해 사진을 찍어댔다. 엄마가 아빠를 건드리자 아빠는 엄마한테 짜증 내면서 사진이 흔들렸다고 했다. 아빠는 사진에 목숨을 거는 것 같다. 블루모스크를 구경하고 오벨리스크도 구경한 후 아빠가 인터넷에서 찾은 식당에 갔다. 가성비도 좋고 정말 맛있었다.

Part × **14**

아! 콘스탄티노플

13일 차

"여행이란 언제든지 꺼내어 볼 수 있는 추억 상자다."

*술탄 아흐메드 모스크(블루모스크)

여행은 긴장과 설렘이 연속해서 반복되는 시간이다. 그런 시간도 오늘이 지나면 끝을 맺게 된다.

거의 매일 그래 왔듯, 오늘도 아잔 소리에 잠에서 깼다.

여행 마지막 날이라 짐을 정리해서 호텔에 맡겨두고 오후에 되찾기로 하였다. 여행하는 동안 바쁘게 하루를 시작했지만, 오늘은 여유 있게 호텔을 나서기로 하고 전망 좋은 스카이라운지 레스토랑에서 느긋한 아침 식사 시간을 가졌다. 그리고 이스탄불의 명소 중에서 몇 곳만 찾아가기로 했다. 먼저, 호텔 앞에 있는 예레바탄 사라이와 아야 소피아 성당 옆을 지나 블루모스크라 불리는 술탄 아흐메드 모스크를 찾았다.

이스탄불에서 아야 소피아 박물관과 술탄 아흐메드 모스크를 처음 보는 사람이라면 둘의 닮은 모습에 어느 것이 박물관이고, 술탄 아흐메드 모스크인지 구분하기 힘들 것이다. 그러나 이 건축물들을 3일째 보게 되자 눈에 익어서 그런지 많은 차이가 느껴지기 시작했다. 아야 소피아 박물관에서 풍기는 고풍스러움이 할아버지나 할머니 같은 포근함이 느껴진다면, 술탄 아흐메드 모스크는 더 웅장하고 세련되어 보이는 모습에 경건함이 느껴지면서 자식들 앞에 서 있는 부모님처럼 비친다. 술탄 아흐메드 모스크는 아기아 소피아 박물관보다 상당히 높은 지대에 있어, 눈으로만 봐서는 아야 소피아 박물관보다 더 크고 웅장해 보인다. 또한, 아야 소피아 박물관 앞에는 시야를 가리는 건물이 꽤 있지만, 술탄 아흐메드 모스크 앞은 공원과 광장으로 시원하게 뚫려 있어서 더욱 그렇게 보인다. 하지만 이것은 착시 현상에 불과하다.

술탄 아흐메드 모스크의 중앙 돔은 지름 23.5m, 높이 43m로 아야 소피아 박물관의 지름 33m, 높이 56m보다 크기가 작고 높이도 낮다. 또한, 건물 전체의 크기도 술탄 아흐메드 모스크는 길이 51m, 너비 53m이지만, 아야 소피아 박물관은 길이 77m, 너비 71.7m이므로 그 크기 차이가 상당하다. 이 모스크 구조를 보면 기둥이 받치는 각각의 아치 위에 작은 돔들이 있고, 위로 올라갈수록 돔 숫자가 점점 줄어들다가 마지막에 커다란 중앙 돔으로 마무리된다. 중앙 돔 위에는 이슬람을 상징하는 별과 초승달이 세워져 있고, 돔 주위에는 여러 개의 창이 나 있어서 자연광이 모스크 안으로 들어가게 된다.

모스크는 단순히 기도만 드리는 장소가 아니다. 성당처럼 무덤도 있는데, 술탄 아흐메드 공원과 광장 사이, 즉 술탄 아흐메드 모스크 북서쪽에 술탄 아흐메드 2세의 무덤을 비롯해 그의 부인 괴젬과 그의 세 아들인 오스만 2세, 무라드 4세, 바니에트 왕자의 무덤이 있다. 또한, 지금은 없지만 19세기에는 이곳에 대상들의 숙소인 카라반사라이와 거래소

술탄 아흐메드 모스크

가 있어서 모스크의 재정을 도왔고, 가난한 사람들을 위한 병원과 식당, 하맘도 있었다. 그러나 현재는 코란을 가르치는 신학교인 메드레세만 남아 있다.

술탄 아흐메드 모스크를 특징지을 수 있는 것 중의 하나는 여섯 개의 미나렛이다. 여섯 개의 미나렛은 메카에 있는 카바의 모스크만 가질 수 있었다. 그런데 이 모스크에 여섯 개의 미나렛을 만든 사실이 알려지자 이슬람 세계 전체가 비난하고 나섰다. 술탄이 선을 넘어섰기 때문에 신성 모독을 했다는 것이다. 당시 술탄인 아흐메드 1세는 성지 순례를 떠나면서 건축가 메흐메드 아가에게 미나렛을 황금으로 만들라고 지시했다고 한다. 하지만 그것은 감당할 수 없는 천문학적 비용이 요구되는 명령이었기 때문에 불가능한 과제였다. 그렇다고 술탄의 명령을 어기면 살아남기도 어려웠을 것이다. 고뇌하던 아가는 좋은 아이디어를 생각해 냈다. 터키어로 황금은 알튼이라고 하고, 여섯은 알트라고 하는데, 알튼을 알트로 들은 것으로 간주하고 여섯 개의 미나렛을 세웠다. 그리고 술탄이 돌아왔을 때 자신이 술탄의 말을 알트로 잘못 알아들었다고 변명했다는 것이다. 이 이야기 속에는 다음과 같은 속사정이 있었다. 오스트리아와 전쟁에서 승리하지 못했기 때문에 재정이 불안한 가운데, 술탄이 큰 역사를 벌여 국고를 낭비하는 모습에 이슬람 종교 지도자를 비롯한 지식인들과 백성들은 강한 반감과 불만을 느꼈다. 그래서 미나렛을 황금으로 만들라는 이야기까지 생겨났다.

파란 하늘을 향해 솟아 있는 미나렛을 보고 있노라면, 마치 모스크를 지키기 위해 만들어 놓은 듯한 생각을 하게 된다. 그래서일까? 패트리엇 미사일이 연상된다. 무앗진이란 사람은 이 미네렛에 올라가 하루에 다섯 번씩 기도 시간마다 아잔을 부른다. 앙칼지게 시끄러운 아잔 소리가 처음에는 낯설어 적응하기 힘들었는데, 내일이면 아잔 소리를 들을 수 없다고 생각하니 괜스레 허전한 마음이 든다.

술탄 아흐메드 모스크로 들어가는 정문은 테오도시우스 오벨리스크가 있는 북서쪽에 있다. 오직 술탄만이 말을 타고 이 문을 지나갈 수 있었는데, 문에 굵은 쇠사슬이 걸려 있어 말을 탄 상태에서 고개를 숙여야만 지나갈 수 있었다. 제아무리 술탄이라 하더라도 알라에게 기도하러 갈 때는 마음가짐을 다잡는 모습이었을 것이다. 그런데 우리가 정문에 갔을 때는 공사 중이라 펜스가 막고 있어 들어갈 수 없었다. 그래서 관광객들은 북동쪽에 있는 문을 통해서만 들어갈 수 있다. 모스크에 들어갈 때, 남자들은 반바지 차림만 아니라면 웬만해서는 그냥 들어갈 수 있다. 하지만, 여자들은 짧은 치마나 민소매 등의 옷차림이면 입장할 수 없다. 이런 옷차림 때문에 들어갈 수 없는 관광객을 위해서 입구 인근 부스에서 스카프와 치마를 빌려준다. 아내는 모스크 내부를 보는 것에 큰 흥미가 없었던지 들어가지 않겠다고 하는 것을 예린이가 스카프를 빌려와서 아내에게 히잡처럼 씌워주고 떠밀어서야 겨우 들어갈 수 있었다. 문으로 들어서면 넓찍한 내정(내부 미당)이 나온다. 가운데에는 육삭형 벽면에 지붕이 돔으로 된 정자가 있다. 이 정자에는 수도 시설이 있어 모스크 안으로 들어가기 전에 무슬림은 얼굴과 손발을 씻는다. 내정을 둘러싸고 있는 회랑은 기도하거나 코란을 강의하는 데 사용되었다. 이곳에는 모스크 내부로 들어가는 거대한 문이 청동으로 만들어져 있는데, 무슬림만 출입할 수 있는 정식 문이다. 관광객은 오른쪽 통로로 가서 신발을 벗어서 신발주머니에 넣고, 남쪽 문으로 들어가도록 안내를 받는다.

☪ 모스크 내부

모스크 내부는 푸른색이 도는 화려하고 정교한 문양을 가진 2만 1천여 개의 이즈닉 타일로 장식되어 있다. 니케아라고 알려진 이즈닉은 오스만 제국 시대에 타일로 명성이 높은 지역이라 타일 이름에 이즈닉이라는 이름을 붙였다. 이슬람 교리상으로 우상을 금지하고 있기 때문에 사람이나 신의 모습을 모스크 건물 벽에 그릴 수 없어서 나뭇잎과 꽃을 소재로 한 청색, 녹색, 흑색, 홍색의 화려한 타일을 생산하였다. 특히 260개의 화려한 스테인드글라스 창문을 통해 들어오는 햇빛이 스테인드글라스와 어우러져 내는 빛이 환상적이다. 가지각색의 빛과 무늬가 정성스럽게 짜여 하나의 조화를 이룬다. 빛이 반사되고 산란하여 아름다운 푸른빛을 발산하기에 블루모스크란 아름다운 이름도 갖게 되었다. 기하학적 문양이 끊임없이 얽히고설키는 이슬람의 복잡한 장식에 익숙하지 않은 사람은 술탄 아흐메드 모스크의 내부를 보고 어지럽게 느낄지도 모른다. 보는 사람마다 느끼는 감상평이 조금씩 다를 수는 있겠지만, 이 건물은 이슬람 건축사에 있어서 중후함과 절제를 보여 주는 작품으로 평가되고 있다. 그중에서 중앙 돔을 받치고 있는 5m짜리 거대한 네 개의 기둥은 코끼리의 다리라고 알려져 있다. 기둥의 아래쪽은 화려한 아라베스크 문양이 들어간 타일로 장식되어 있고 위쪽에는 그림이 그려져 있다. 남쪽과 북쪽을 두꺼운 벽으로 버틴 아기아 소피아 박물관과는 달리 술탄 아흐메드 모스크는 중앙 돔을 미흐랍이 있는 방향을 제외한 세 방향에서 세 개의 반원형 돔이 받치고 각 반원형 돔은 또다시 각각 세 개의 좀 더 조그만 반원형 돔들이 받치고 있다. 그렇게 여러 개의 반원형 돔으로 하중을 분산해 놓고도 또 네 개의 육중한 기둥으로 받쳐 놓은 것을 보면 중앙 돔의 하중을 받치기 위해 얼마나 두꺼운 기둥을 세워야 했는지 이해할 수 있다. 그런 점에서 이 건물은 이보다 천년 전에 지어진 아기아 소피아 대성당과 비교했을 때, 건축학적으로 따라가지 못한다는 평가를 받고 있다.

정면에는 이슬람 성지 메카의 카바 방향을 알리는 미흐랍이 최상품 대리석으로 만들어져 있고, 미흐랍을 향해 기도하는 이슬람교도들이 앉아 있다. 이 미흐랍 안에는 메카의 카바에서 가져온 신성한 검은 돌이 안치되어 있고, 아라베스크 문양이 정교하게 새겨져 있다. 설교단 왼쪽에는 술탄의 전용 기도실도 있다. 미흐랍의 오른쪽에는 하얀 대리석으로 만들어진 밈바르(Mimbar, 설교단)가 있고, 남동쪽에는 황제가 기도하던 정자가 있다. 1826년 술탄 마흐무드 2세는 바로 이곳에서 예니체리군의 해체를 공포했다. 벽의 낮은 부분의 타일 위에 적힌 코란 구절은 오스만 제국 최고의 서예가로 알려진 세이드 카심 구바리의 작품들이다. 내부 한쪽에는 관광객을 위한 술탄 아흐메드 모스크 미니어처가 있고 여러 국가의 언어로 된 팸플릿과 코란이 관광객들에게 무료로 제공되고 있다. 그중에는 한국어판 코란도 있었다. 성경을 읽고 기독교를 이해하듯 코란도 읽고 싶어 얼른 집어들고 모스크를 나왔다.

술탄 아흐메드 광장(히포드롬 광장)

술탄 아흐메드 모스크 앞은 술탄 아흐메드 광장이다. 하지만 일반적으로 비잔티움 경기장인 히포드롬으로 더 잘 알려진 광장이다. 히포드롬이란 '말의 길'이란 뜻으로 경마장을 말한다. 203년 로마의 황제 셉티미우스 세베루스 황제에 의해 검투 경기장으로 만들어지고, 324년경에 콘스탄티누스 대제가 다시 확장하면서 검투 경기는 금지되고 대신 말이 끄는 전차 경기장으로 바뀌었다. 길이 120m, 너비 400m의 말굽 모양 경기장으로 40열의 객석에 약 10만 명까지 수용했다고 한다. 네 마리의 말이 끄는 전차들이 청·녹·홍·백 팀에 각각 두 대씩, 모두 여덟 대가 동시에 달릴 수 있는 넓은 트랙이 있었고, 그 가운데에 스피나라고 불리던 중앙 분리대가 있었다. 이 중앙 분리대는 오벨리스크나 뱀의 기둥 같은 기념비와 영웅이나 신들의 동상들로 화려하게 장식되어 있었다. 말발굽 모양으로 휘는 부분인 히포드롬의 남쪽 끝에는 금박을 한 청동제 말 네 마리의 동상이 경기장을 굽어보고 있었는데, 이 동상은 원래 네로 황제의 개선문을 장식하고 있었던 것을 콘스탄티누스 대제가 콘스탄티노플로 옮겼다고 한다. 이 말 동상은 제4차 십자군 전쟁 때 베네치아가 약탈하여 베네치아의 산 마르코 성당 입구로 옮겼다. 그 뒤 나폴레옹이 베네치아를 점령했을 때 이것을 파리 가루젤 개선문으로 가져갔으나 나폴레옹이 실각한 뒤 다시 베네치아로 돌아가 산 마르코 성당 입구에 있다. 이 동상의 말이 네 마리인 것에는 두 이야기가 있는데, 하나는 히포드롬에서 벌어졌던 네 마리 말이 끄는 전차 경주를 상징한다는 것과 경기를 주관하고 관람했던 청·녹·홍·백의 네 가지 색으로 구분되던 당파를 상징한다는 것이다.

히포드롬은 천 년이 넘는 비잔티움 제국뿐만 아니라 오백 년 역사의 오스만 제국에 이르기까지 역사의 산증인이다. 특히 비잔티움 시대에는 히포드롬이 제국의 중심이었다. 330년 1월 11일 콘스탄티누스 대제가 수도 이전 축하 행사를 성대하게 벌인 것을 시작으로 이곳에서 많은 개선식과 행사가 치러졌다. 시민들은 이곳에서 전차 경기나 검투사 경기 또는 서커스를 보면서 의견을 나누고 여론을 만들어나가는 방식으로 정치와 사회 문제에 대한 의사 표시를 했다. 더욱이 황제도 시민들과 함께 자주 경기를 관람하는 곳이라 시민들은 소리를 지르거나 야유를 보냄으로써 자신들의 불만이나 의견을 경기장에 나온 황제에게 직접 전달할 수도 있었다. 실제로 적잖은 황제들이 이곳에서 일어난 민중 폭동으로 인해 제위를 잃기도 했다. 한편 니카 반란 때는 이곳에서 약 3만 명의 시민이 학살당한다. 제4차 십자군에 점령되었을 때는 약탈과 방화 등으로 철저히 파괴되면서 두 번 다시 예전의 명성과 영광을 되찾지 못하게 되었다. 이후로 전차 경기나 검투사 경기, 서커스와 같은 행사가 없어지고 쓸쓸한 폐허로 전락하고 말았다.

오스만 시대에는 이곳에서 말을 타고 창을 던지는 경기가 벌어졌기 때문에 말의 광장이라는 뜻인 '앗 메이딘'이라고 불렸다. 술탄의 궁전과 가까이 있어서 오스만 시대에도 정책과 관련된 의견을 피력하는 정치 중심지 역할을 하던 곳이다. 1826년 마흐무트 2세가 군사적 비효율성과 재정 낭비의 대명사가 되어버린 예니체리를 폐지하고 새로운 군단을 조직하려고 하자 예니체리들이 반란을 일으킨다. 마지막 남은 예니체리 반란군 5개 대대는 포병대의 일제 사격을 받아 이곳에서 전멸하였다.

☪ 게르만 분수(알만 체스메시)

술탄 아흐메드 모스크를 나와 술탄 아흐메트 광장으로 가면 가장 먼저 마주한 것은 게르만 분수(카이저 빌헬름 분수)다. 이 분수는 터키어로 알만 체스메시(Alman Cesmes)라고 불린다. 가운데에는 샘이 있는데, 제1차 세계대전을 일으킨 독일 황제 카이저 빌헬름 2세가 1901년경에 자신의 터키 방문을 기념하여 당시 술탄인 압뒬하미드 2세에게 이 정자를 지어 기증하였다. 1980년대까지만 해도 이 샘의 물을 마실 수 있었다고 한다. 8개의 대리석 기둥으로 이루어진 분수는 네오 비잔틴 양식의 망루 형태다. 팔각정 돔의 천정 내부는 황금빛 모자이크로 장식되어 있고, 원래 돔을 둘러싸고 청동 장식이 되어 있었는데 도난당했다. 각 면에는 독일과 오스만 제국 사이의 동맹을 상징하는 양국 지도자 이름의 머리글자를 따서 만든 석조 장식이 달려 있다. 빌헬름 황제는 이스탄불을 방문하여 압뒬하미드 2세에게 베를린에서 페르시아를 통과해 인도까지 연결하는 바그다드 철도 노선 건설을 제안한다. 이것은 유럽과 아시아를 관통하는 철도를 통해 물자와 군대를 이동시키기 위해서다. 당시 철도 건설의 여유가 없었던 오스만 제국은 이런 제안을 좋아하면서도 독일의 지질학자들이 오스만의 자원에 대한 정보를 캐는 것은 아닌지 의심도 했다. 어쨌든 빌헬름 황제의 이스탄불 첫 방문의 성과로 독일제 총을 오스만 군대에 팔게 되었고, 두 번째 방문에서는 독일 회사가 이스탄불과 바그다드 사이에 철도 노선을 건설하기로 약속받는다.

☪ 테오도시우스의 오벨리스크

게르만 분수

게르만 분수에서 히포드롬을 따라가면, 광장 한가운데에 우뚝 솟은 테오도시우스의 오벨리스크(원래는 투드모세 3세의 오벨리스크)가 눈에 들어온다. 비잔티움 시대에 이 오벨리스크는 뱀의 기둥과 콘스탄티누스 7세 포르피로에네토스 황제의 기둥, 그리고 수많은 동상과 함께 스피나라고 불리던 경기장 한가운데의 중앙 분리대를 형성했다. 기단 네 면에는 이 오벨리스크를 세울 때 만든 조각품이 장식되어 있다. 이것은 4세기 때의 조각술이 담긴 것으로 현장에 그대로 보존되어 있다는 점에서 가치를 인정받고 있다. 전체 높이는 26m이고, 기단은 6m, 오벨리스크 자체만의 높이는 20m 정도다. 원래 탑의 지면은 현재 지면보다 4.5m 아래에 있는데, 이것은 건설 후 지반이 퇴적되어 높아진 히포드롬의 세월을 말해 준다.

테오도시우스의 오벨리스크

뱀의 기둥

콘스탄티누스의 오벨리스크

분홍빛 화강암으로 만들어진 이 오벨리스크의 원래 길이는 세 배가 더 큰 약 60m였다고 한다. 이것을 옮기기에 너무 커서 셋으로 잘랐는데, 그 윗부분만 가져와서 세웠다고 한다. 북동쪽면 아랫부분에는 오벨리스크를 세우는 장면이고, 그 위로 테오도시우스 1세의 가족이 있다. 북서쪽면은 무릎을 꿇은 야만인에게 충성 서약을 받는 네 명의 황제가 있고, 그 아래에 비문에는 오벨리스크를 세우게 된 설명이 그리스어로 새겨져 있다. 남서쪽면 하단에는 전차 경기를 하고, 상단에는 황제 가족이 이를 구경하는 모습이다. 남동쪽면은 위쪽에 경기의 승리자에게 테오도시우스 1세가 승리의 관을 씌워 주고 있고, 아래쪽은 관람객들과 승리의 기쁨을 만끽하는 군중의 모습이 있다. 또 그 아래에는 반대편에 그리스어로 쓴 것과 같은 내용의 라틴어 비문이 있다.

콘스탄티누스 대제는 이집트의 오벨리스크로 자신이 세운 새로운 수도를 장식하려는 계획을 세웠지만, 결국 뜻을 이루지 못하고 죽었다. 다음 황제인 그의 아들 콘스탄티누스 2세는 357년 로마를 방문할 때, 자신의 선친이 지시했던 오벨리스크를 로마의 기르쿠스 막시무스 중앙 광장에 세운다. 그리고 콘스탄티노플에는 이집트의 카르낙 신전에 있는 다른 오벨리스크를 가져오라고 명령했다. 이때 선택된 오벨리스크는 투트모세 3세가 기원전 1471년에 시리아 정복을 위해 유프라테스강을 건넌 것을 기념하기 위해 만든 것이었다. 이 오벨리스크가 알렉산드리아에 도착했을 때, 콘스탄티우스 2세는 이미 죽었고 390년에 테오도시우스 1세가 이 오벨리스크를 세웠다고 한다.

☪ 뱀의 기둥

오벨리스크 앞에는 뱀 세 마리가 서로 몸을 휘감아 올라가는 형상의 청동 기둥이 있다. 이 기둥의 위치를 알아두고 왔지만, 눈에 바로 띄지 않아 두리번거렸다. 오벨리스크는 우뚝 솟아 있어 멀리서도 잘 보이지만, 뱀의 기둥은 둥그렇게 쳐놓은 담장 안에 있어 쉽게 눈에 띄지 않았다.

뱀의 기둥은 기원전 479년에 그리스에서 만들어졌다. 당시 31개의 그리스 도시 국가 연합군은 플라테이아 전투에서 페르시아군을 물리치고 전쟁을 승리로 이끌었다. 이를 기념하고 페르시아를 저주하기 위해 전리품인 청동 방패를 녹여 이 청동 기둥을 만들었고 밑부분에 31개 도시 이름을 새겼다. 그리고 델포이의 아폴론 신전에 이 기둥을 바쳤는데, 콘스탄티누스 대제가 326년에 이곳에 가져왔다. 뱀 세 마리가 몸을 서로 휘감은 것은 단결을 상징하는 것이라 추정하고 있다. 지금은 몸통만 남은 5.5m의 기둥이지만, 원래는 높이가 8m이고, 꼭대기에 3개의 뱀 머리와 그사이에 삼각 발로 받친 황금 그릇이 놓여 있었다. 하지만 제4차 십자군 점령 때 황금 그릇이 약탈로 사라지기 시작하여, 뱀 머리 하나는 오스만 제국의 정복 직후 사라졌고, 이후 나머지 두 개도 없어졌다. 잘린 뱀의 머리는 한동안 행방이 묘연하다가 1847년에 일부가 발견되어 이스탄불 고고학 박물관에 보관되고 있고, 다른 한 개는 영국 대영 박물관에 있다. 그리고 나머지 하나는 찾지 못하고 있다.

☪ 콘스탄티누스의 오벨리스크

뱀 기둥을 지나면 바로 앞에 폐허가 되어 볼품없는 탑(오벨리스크)이 서 있다. 일반적으로 오벨리스크의 표면은 매끈하고 단정한데, 이것은 마치 벌거벗겨진 것처럼 볼품없어 보인다. 사전 정보 없이 이 탑을 처음 접하는 사람이라면 흉물처럼 보이기 때문에 보수를 하던지, 그렇지 않으면 뭔가 조치를 취해서 단정하게 보이게 해야 한다고 생각할지도 모른다.

이 탑은 콘스탄티누스 대제 때인 4세기에 세워진 것이라 하고, 콘스탄티누스 7세가 탑을 보수하고 자신의 명문을 남김으로써 그의 이름을 갖게 되었다. 그래서 콘스탄티누스7세 포르피로예네토스 황제의 오벨리스크로 알려진 탑이다. 보수 후 이 탑은 높이가 32m로 대리석에 금박 청동 장식물을 입힌 아름다운 기둥이었다. 하지만 제4차 십자군이 무기를 만들기 위해 청동을 떼어내면서 그것을 붙였던 자리가 보기 흉하게 남게 된 것이다. 제4차 십자군이 저지른 만행과 비극적인 상황이 어떠했을지가 이 탑의 흉물스러움을 통해 투영되어 보인다. 콘스탄티누스 7세를 수식하는 포르피로예네토스는 '자줏빛 옷을 입고 태어난'이란 뜻이다. 비잔티움에서 자줏빛 옷은 황족들만 입는 것이므로 그 의미는 '황태자로 태어난'이란 의미를 갖는다. 실제로 콘스탄니누스 7세는 여섯 살에 황제가 되어 21년 동안 여러 사람의 섭정을 받다가 서른일곱이 되어서야 통치권을 제대로 행사할 수 있게 된다. 그의 치세 동안 비잔티움은 교양과 학문이 발달하고 제국의 전성기를 이루었다.

박물관과 바자르

☪ 모자이크 박물관

히포드롬 끝까지 가서 술탄 아흐메드 모스크를 끼고 왼쪽 길로 조금만 가면 모자이크 박물관이 나온다. 하지만 인근에 뚜렷한 표시가 없어 상점에 들어가서 길을 물어본 후에야 골목 한켠에 있는 박물관을 찾을 수 있었다. 특별히 인상적으로 보이지 않아 찾아오는 관광객도 없다. 만일 요금을 내고 들어가야 한다면 그냥 지나치려 했는데, 뮤지엄 패스로 들어갈 수 있다고 하니 일단 들어가 보았다. 우선 박물관의 천정이 개방되어 있어 자연 채광이라 실내 박물관에서 느껴지는 특유의 분위기가 느껴지지 않고 왠지 허전한 느낌이다. 첫 번째 방으로 들어가면 색이 바랜듯한 모자이크가 그림을 전시해 놓은 듯 벽에 걸려 있다. 미처 보지 못했던 발아래에는 5세기의 것으로 추정되는 비잔티움 제국의 모자이크들이 원래 있던 궁전 바닥에 그대로 놓여 있다. 이로 보아, 이 일대가 비잔티움 초기의 궁전이 있던 곳으로 보인다. 벽 중간쯤 가장자리에 만들어 놓은 보행로를 걸어서 바닥의 모자이크를 한 바퀴 돌아보면 아래로 내려가는 계단이 나온다. 이 길은 아라스타 바자르의 지하를 가로지른다. 모자이크 작품은 신화 속 장면이나 수렵

모자이크 박물관

하는 모습 등 다양한 주제로 그려져 있는 것을 볼 수 있다. 사자나 표범의 사냥 장면, 천진난만한 표정의 어린이들이 굴렁쇠 놀이를 하는 모습, 양치기들의 전원생활과 시골 풍경, 뱀을 잡아먹는 독수리, 양을 덮치는 늑대, 사자와 코끼리의 싸움 등 종교화에서는 느낄 수 없는 사실적인 화풍의 세속화가 전시되어 있다. 이 궁전의 모자이크를 둘러본 사람들은 비잔티움 제국의 모자이크라고 하면 교회의 성화만 떠올리던 고정관념에서 벗어나 비잔티움 제국이 고대 그리스 예술 세계를 물려받은 것임을 깨닫게 된다.

☪ 아라스타 바자르

박물관을 나오면 아라스타 바자르가 시작되는 위치다. 이 바자르는 술탄 아흐메드 모스크의 운영 자금을 마련하기 위해 만든 시장이다. 터키가 세계적으로 자랑하는 타일 공예와 카펫에 대해 조금이라도 이해하려면 이곳에 들러야 한다. 서양 관광객들이 주요 고객인 시장이라 그들이 좋아할 만한 기념품과 수공예품 위주이기 때문에 현지인들은 거의 찾지 않는다고 한다. 조그만 골목을 걸어가면 카펫, 청동 공예품, 보석 등을 파는 작은 가게들이 이스탄불의 정취를 흠뻑 느끼게 해 준다. 찻집에서 권하는 따뜻한 차이 한잔 때문에 가게를 둘러보았다. 어제 이집션 바자르에서 샀던 차와 다양한 터키 과자들이 있는 가게에서 아내는 선물로 준비한 것들이 부족했던지 잘됐다며 남아있는 터키 리라 현금을 모두 쓰겠다는 듯 쇼핑을 한다. 린과 나는 지루함을 이기지 못하고 차를 한잔 더 마신 후에야 쇼핑을 끝냈다. 아내와 상점 주인은 좋은 거래에 만족했는지 서로 흐뭇해하는 표정이다. 그러나 쇼핑으로 생겨난 무거운 짐을 들고 다닐 수 없어 숙소에 다녀와야 했다. 린과 예린은 노점 가판을 보자마자 구운 옥수수를 사서 먹자고 한다. 어느새 정오가 되어 출출해진 배를 간단히 달래는 것도 좋을 것 같아 옥수수를 사서 하나씩 들고 술탄 아흐메드 광장 한쪽에 있는 벤치에 앉았다. 그 사이 아내와 나는 공항으로 가는 하바타쉬 버스 티켓을 미리 사두려고 갔는데, 매표소가 봉고차에 있고 티켓값이 1인 13리라(약2,600원)밖에 되지 않아 염려되는 마음에 버스 기사에게 구입한 버스 티켓이 정확한지 확인을 하고 나서야 안심이 되었다.

테오도시우스 성벽

　오후엔 테오도시우스 성벽에 가 보기로 하고 술탄 아흐메트역에서 트램을 탔다. 콘스탄티노플을 난공불락의 요새로 만들어준 테오도시우스 성벽을 보지 않는다면, 이스탄불의 관문을 통과하지 않고 관광지만 다녀오는 것과 같다고 여길 수 있다. 그래서 꼭 가 보고 싶은 명소 중 하나였다. 3분마다 한 대씩 오는 T1 라인 트램은 생각보다 빨라서 이용하기에 편리하다. 창밖으로 보이는 거리에서 이스탄불 현지인들의 삶의 풍경도 보인다. 이렇게 구도심을 가로질러 20분 만에 톱카피역에 도착하였다. 밖으로 나오자 평지에 일정 간격으로 솟은 망루를 따라 좌우로 길게 펼쳐진 테오도시우스 성벽과 마주했다. 이 성벽을 보는 순간 이보다 더 화려하고 웅장한 경계가 어디에 있을까 생각해 본다. 성벽 중간에 빨갛게 가로 줄무늬 띠를 넣은 것을 보면 성벽은 크기와 견고함 뿐만 아니라 미적인 부분까지 고려해 건설한 것으로 보인다. 해자까지 갖추고 있던 삼중 성벽인 만큼 그 규모를 가까이에서 직접 눈으로 보기 위해 공원처럼 조성된 길을 천천히 걸었다. 가다 보면 큰 원형 분수대가 있는데 2월인데도 물을 뿜고 있어 생동감이 느껴진다. 성을 갈라놓은 도로 위에서 성의 안팎을 보면 성 밖은 공원이지만 성의 안쪽은 건물이 빼곡한 도심으로 이어진다. 성 측면 가까이 다가가서 성벽 중간쯤 올라서자 허물어진 성벽 사이로 하나씩 쌓은 벽돌과 그 속을 다져 놓은 흙이 속살처럼 그대로 드러나 보인다. 더 이상의 훼손을 막기 위함인지 철조망이 쳐져 있어 안으로 들어갈 수는 없었다. 이 성벽의 삼중 구조는 해자 뒤의 흉벽, 너비 2m, 높이 5m인 내성벽, 너비 5m, 높이 12m인 외성벽으로 되어 있다. 특히 내성벽과 외성벽에는 각각 96개의 망루가 설치되어 있어 접근하는 적을 공격하기에 용이하다. 이 성벽은 이스탄불 전체를 감싸고 있었는데, 육지에 면한 6km 정도가 이런 구조이고, 해안가의 성벽은 보통 단일 구조로 되어 있다. 주변국의 침략을 받아 제국의 영토가 모두 유린당해도 견고한 성벽 덕분에 4차 십자군에게 한 번 함락되었을 뿐, 적의 침입을 허용하지 않았다. 1453년에 15만 명의 오스만군에게 함락될 때도 약 7천 명의 비잔티움 군대는 13차례나 큰 공성전을 치러냈다.

한편, 이 성벽 이름은 테오도시우스 2세의 이름을 가져왔다. 그는 아버지인 아르카디우스 황제의 사망 후, 7살의 나이로 황제로 즉위하게 되었다. 당시 콘스탄티노플에서는 고대부터 이어져 온 성벽과 콘스탄티누스 대제가 직접 세운 성벽이 있었으나, 도시가 너무 커져서 이 성벽들로는 충분히 방어할 수 없는 상태였다. 따라서 서기 413년부터 이 성벽을 건설하였는데, 이것은 테오도시우스 법전과 더불어 테오도시우스 2세의 가장 위대한 업적 중 하나로 남게 되었다. 지금은 성벽으로서 기능은 없지만, 과거의 찬란했던 영욕의 역사를 보여 주는 유적으로서 남아있다. 이 성벽이 함락되던 날, 콘스탄티노플과 비잔티움은 역사에서 사라졌는데, 그 처절했던 상황을 성벽 밖 공원에 있는 파노라마 1453 역사박물관에서 볼 수 있다.

☾ 파노라마 1453 역사박물관

우리는 콘스탄티노플의 마지막 모습을 보기 위해 파노라마 1453 역사박물관(Panorama 1453 History Museum)으로 가기로 했다. 박물관은 톱카피역 근처에 있어서 왔던 길을 되돌아간다. 관광객도 드문 데다 박물관으로 보이는 건물이 특별히 눈에 띄지 않아 벤치에 앉아 따뜻한 햇볕을 즐기고 있는 할아버지에게 길을 물어보았다. 박물관 건물은 바로 앞에

테오도시우스 성벽 함락(파노라마 1453 역사박물관)

있는 유목민 천막집 게르처럼 보이는 특이한 건물이었다. 넓은 지역에 건물이 딱 하나임에도 박물관 같지 않은 외형인 데다가 출입구가 뒤에 있어 그 건물이라고는 전혀 생각하지 못했다. 테오도시우스의 성벽이 그림처럼 보이는 콘스탄티노플의 유적이라면, 이 박물관은 1453년 5월 29일에 천년의 역사를 간직한 비잔티움 제국이 멸망하고 오스만 제국의 시대가 열리는 순간을 보여주고 있다. 더 크게 보면 발칸반도의 지배자가 바뀌는 역사의 중요한 전환점을 360도 파노라마로 보여주는 전시관이다. 박물관은 뮤지엄 패스를 사용할 수 없고 입장료(1인 15리라)를 별도로 내야 했다. 1층과 2층에 몇 가지 그림과 전시물이 있는데, 주로 콘스탄티노플 공방전 전후의 오스만 제국의 상황을 설명하고 있다. 박물관이라고 하기에 그동안 보아온 터키 박물관들에 비해 빈약하다고 생각하고 있는데, 3층에 들어서는 순간 타임머신을 타고 1453년 콘스탄티노플 공성전이 벌어지는 전장에 온 듯한 착각에 빠지게 되었다.

중앙의 관람 무대를 중심으로 둥근 건물 내벽 전체가 콘스탄티노플 공성전을 하고 있다. 무대 바로 앞은 실제 대포를 비롯한 전쟁 무기와 물자들이 널려 있고 처절한 전투의 효과음이 더해져 실제 전쟁터의 모습과 너무도 흡사하다. 피비린내 나는 전쟁은 격렬한 투쟁을 선과 악, 옳고 그름, 그리고 승자와 패자를 가르는 것이 아닌 생생한 역사의 한 장면으로 묘사하고 있을 뿐이다. 관람 무대를 한 바퀴 돌면 군을 지휘하는 술탄 메흐메트 2세와 도열한 예비 병력, 사기를 돋우기 위해 연주하는 군악대, 치열하게 공격하는 오스만군, 성벽에서 필사적으로 수비하는 비잔티움 군인의 모습이 보인다. 하지만 파노라마 그림보다 더한 극적 효과는 군악대가 연주하는 강렬한 음악에 있었다. 지금껏 내가 아는 군악대는 기념식 행사를 위한 것으로만 여겼는데, 그것이 아니었다. 군악대의 시초가 오스만 제국인 것은 알고 있지만, 실제 어떤 방식으로 군악대가 활약하였는지 몰랐다. 그런데 이 콘스탄티노플 공방전에서 군악대의 역할을 제대로 보고 알게 되었다. 실제 전쟁터에서 강렬하고 경쾌하게 연주하는 군악은 군인의 사기를 북돋울 뿐만 아니라, 영웅 심리를 자극하여 공포와 두려움을 없애는 마약과 같았을 것 같다. 경쾌한 행진곡 풍의 음악은 죽음을 무릅쓰고 돌격하는 군인들에게 활기와 기운을 솟게 하는 응원가이자 곧 승리할 것 같은 축가로 들렸을 것이다. 군악대의 음악을 계속 듣다 보면, 전쟁터는 군인들에게 즐기는 장소가 되어 축제의 장소가 되는 듯한 효과가 있어 보인다. 이후 유럽 국가들은 터키 군악대를 배워 각자 나름의 군악대를 편성하는 계기가 되었고, 서양 고전음악에서도 직간접적으로 터키 군악의 영향을 받고 차용한 작품이 만들어졌다. 그 대표작이 모차르트의 피아노 소나타 11번(K.331)의 3악장인데, 일반적으로 〈터키 행진곡〉이라 부른다.

터키인들에게 파노라마 관람은 경쾌한 군악을 들으면서 오스만 투르크 제국의 영광을 체험하고 그들의 역사나 국가에 대한 자부심을 느낄 수 있는 공간일 것이다. 그날을 기리기 위해 박물관 이름에도 특별히 '1453'을 붙인 것 같다. 하지만 승자가 있으면 패자가 있는 법, 이 공방전의 패배로 비잔티움 제국은 역사 속으로 사라졌다. 그리스인들은 이날을 국치일로 여기고, 아나톨리아반도를 언젠가는 회복해야 할 고토로 생각하고 있을 것이다. 안타깝지만 이후의 역사적인 사건은 다음과 같이 전개된다. 콘스탄티노플 함락의 여파로 비잔티움의 많은 예술인이 콘스탄티노플에서 이탈리아로 이동하여 르네상스의 토대가 되었다고 하고, 아시아로 통하는 육상 무역이 막히자 대체할 방안을 찾다가 대항해 시대가 열렸으니 근대 서양 문명에 많은 영향을 주었다. 역사적으로 보면 전쟁이 패자에겐 너무도 가혹한 희생이 따르지만, 문화가 뒤섞이며 교류되어 새로운 문화가 부흥하게 되는 반대급부가 따르기도 한다.

한편, 메흐메트 2세는 콘스탄티노플 정복 후 일정 시간의 약탈을 허락하지만, 파괴는 금지시킨다. 그리고 곧 겐나디오스 2세를 기독교회(동방정교)의 총주교로 임명했고, 기독교뿐만 아니라 유대교의 자치 조직도 허용했다. 또한, 피지배 민족의 다양한 관습과 종교, 정체성은 밀레트라는 제도의 틀 속에서 보호되고 유지되었다. 그 결과 이스탄불의 인구는 20세기 초까지 비무슬림이 더 많았다. 이교도가 인구의 절반이 넘는 수도를 가진 제국은 그 자체만으로도 충분히 위대하고 관용적이다. 이러한 공존의 정신이 아시아, 유럽, 아프리카 세 대륙에 걸쳐서 최대의 제국을 건설했던 오스만 제국의 진정한 힘이었을 것이다.

☪ 앗! 나의 실수

가족에게 이슬람의 관용과 공존하는 정신에 대한 설명을 이어가다가 그만 실수를 하고 말았다. 술탄 아흐메드 모스크에서 한국어판 코란을 아내 몰래 챙겨온 것을 이 대목에서 말해버렸기 때문이다.

"뭐라고? 가방에 코란이 있다고?" (아내)

"…"

"이 책 읽고 무슬림 되려는 거야? 그 책 도로 블루모스크에 갖다 놓고 와!"

"아니, 그게 아니라…. 그냥 궁금해서 한번 읽어 보려고…"

"어디 궁금한 게 없어서 코란을 읽어?"

가방에서 책을 빼내려고 하는 것을 내가 힘으로 막으며 방어에 나섰다.

가방을 두고 아내와 몸싸움이 일어나자 예린이는 엄마를 편들고 린은 내 편이 되어 주었다.

"엄마 말이 맞아. 종교 책 함부로 읽으면 안 된대. 사이비 종교에 빠지는 사람들 보면 아무 책이나 함부로 읽어서 그렇게 된 거래!" (예린)

"아냐, 다른 종교를 알아야 우리가 믿는 종교에 확신이 더 커져. 엄마는 왜 책 읽는 것도 검열해서 못 읽게 해요!" (린)

"린! 뭐라고 했어. 그래, 알았어. 너희들, 아빠하고 잘해 봐." (아내)

그러더니 아내는 어디론가 가버렸다. 신실한 크리스천들은 신앙에 관한 한 너무 대쪽 같아서 피곤할 때가 있다. 신앙을 갖는 데 유연성이 있어야 믿음도 더해진다고 생각하는데, 아내는 부러질 것만 같다. 아내는 핸드폰도 없이 사라진 터라 내가 자리를 이동하면 정말로 만나지 못할 것 같아 테오도시우스 성벽이 보이는 톱카프역 앞에서 한없이 기다렸다. 몇 시간만 있으면 이스탄불을 떠나야 하는데, 한참을 기다려도 돌아오지 않아 린과 예린에게 주변을 돌아다니며 찾아보라고 했다. 잠시 후, 린과 예린이 엄마를 찾았다며 뛰어왔다. 그리고 나는 린과 예린의 손에 이끌려 아내가 있는 곳으로 갔다. 아내가 나를 보자마자 말한다.

"블루모스크에 들러서 반납할 거야?" (아내)

"알았어."

이스탄불을 떠나기 몇 시간 안 남은 상황에 엉뚱한 사건이라도 벌어질 수도 있겠다는 불안감 때문에 일단 아내에게 백기를 들기로 했다. 나에게 항복을 받아내고서 아내가 정말 화를 풀었는지는 정확히 모른다.

☾ 햇살 좋은 오후

얼마 남지 않은 오후 시간은 갈라탑과 갈라타다리에서 금각만 풍경을 내려다보며 감상하기로 하였다. 우선 갈라탑으로 가기 위해 T1 트램을 타고 케멜랄트역에서 내려서 좁은 길을 5분 정도 걸었다. 갈라타탑 앞에서 안으로 들어가는 입구를 찾을 필요는 없었다. 입구부터 관광객들이 길게 줄을 서 있기 때문이다. 이때, 옆에서 누군가가 말해 주었다. 우리가 그 줄에 합류한다면 1시간 이상을 기다려야 탑에 올라갈 수 있다고 한다. 그래서 탑에 오르는 일은 그만두기로 했다. 가파른 언덕을 올라온 보람이 없어졌지만, 갈라탑 아래에서 이스탄불 풍경을 눈에 담는 것으로 만족했다. 잠시 후 갈라타탑이 있는 언덕에서 내려와 갈라타다리를 건너 에미뇌뉘까지 걸었다. 애초에 갈라탑에 가지 않고 이곳 금각만을 돌아보는 유람선을 타는 계획을 세웠으면 더 좋았을 텐데, 갈라타탑 언덕에 다녀오면서 시간을 많이 빼앗겨 버렸다. 에미뇌뉘 선착장 앞에는 식당들이 늘어서 있고 관광객들이 북적인다. 가까이 가 보니 식당은 흔들리는 배 위에 있고, 철판에 고등어를 잔뜩 굽고 있다. 빵에 야채를 가득 넣고 철판 위에 있던 고등어를 하나씩 삽입해서 손님에게 건네준다. 이곳의 명물 고등어 캐밥(발륵 에크멕)이 만들어지는 과정이 단순해 보인다. 혹시 입에 맞지 않을 수도 있어 두 개(1개당 12리라)만 주문하여 린과 예린에게 주었는데, 맛을 보더니 기대하지 않았던 훌륭한 맛이라며 칭찬을 아끼지 않는다. 맛의 검증이 이루어지자 추가로 주문하여, 금각만이 보이는 파라솔 의자에 앉았다. 터키를 떠나는 날 오후, 이스탄불 에미뇌뉘는 햇볕이 좋아 도시의 하늘과 바다를 포함한 모든 것이 눈이 부셨다.

어느새 오후 4시, 이스탄불을 떠날 시간이다. 호텔에 가서 짐을 찾고 술탄 아흐메드 광장에서 출발하는 이스탄불 국제공항행 하바타쉬 버스를 탔다. 멀어져가는 이스탄불의 색깔은 파랗고 밝은 회색이었다. 푸른 바다 위에 은빛 물결이 찰랑거리고, 고층 빌딩이 없는 도심의 파란 하늘이 눈높이로 보인다. 낮게 밀집되어 도시를 이루는 건물들이 밝은 회색빛으로 반짝이는데 그림처럼 조용하고 소박하다.

수많은 민족이 차례로 주인이 되어 영욕의 역사를 써내려 온 터키 땅이 한없이 평온해 보인다.

끝.

에미뇌뉘 선착장과 쉴레이마니에 모스크

Epilogue

여행은 계획이 중요하다.

'너는 다 계획이 있었구나.'

어느 영화에서 나온 짧은 대사지만, 일의 모티브를 엮는 뜻을 갖고 있어 칭찬하는 데 좋은 명언이 되었다.

우리는 살면서 수많은 프로젝트를 계획하고 실행한다. 아니 삶 자체가 미래를 향한 프로젝트, 즉 계획과 준비를 포함하고 있다. 훌륭한 프로젝트는 계획과 준비를 잘하는 만큼 좋은 결과를 기대할 수 있다. 어떻게 보면 인간의 삶 자체도 그런 것이 아닐까?

특히 린과 예린이와 같은 청소년 시기에 무엇을 얼마만큼 잘 보고 배우냐에 따라서 인생의 방향을 원하는 대로 설정할 수 있고, 만족스러운 삶을 기대할 수 있게 된다. 물론 태어난 환경에 따라서 결정되는 것들이 많기도 하지만 노력 여하에 따라 인생 프로젝트는 얼마든지 좋은 결과로 이어질 수 있다. 여하튼 여행이든 삶이든 준비를 잘하는 만큼 결과에 지대한 영향을 주므로 많은 노력이 필요하다.

우리 가족여행 프로젝트는 준비단계부터 자료 수집을 많이 하지만 공부까지는 제대로 하지는 못한다. 여행 일정이나 숙소 등 각종 예약 관리, 도시 간 이동 경로 파악 등 전체적인 계획에 신경 쓰다 보면 아무래도 공부할 시간이 많이 부족하다. 부족한 것은 여행을 하면서 배우고 채운다. 그리고 여행 후에 글을 쓰면서 오히려 더 많은 자료 수집을 하게 되고 저절로 공부도 더해진다. 그래서 여행은 떠나기 전과 후를 합해 세 번 다녀온다는 말이 있다. 떠나기 전에 준비하면서 한 번, 실제로 여행을 가서 또 한 번, 그리고 돌아온 뒤에 지난 여행을 추억하면서 다시 한 번 하는데, 그 추억을 잘 끌어내는 일이 세 번째 여행이다. 세 번의 여행을 하면서 느껴지는 감정은 저마다 다르다.

첫 번째 여행은 설렘,
두 번째 여행은 긴장과 환희,
세 번째 여행은 회상과 노력의 시간이 된다.

거의 10개월 동안 세 번째 여행을 하면서 다시 한번 터키의 톡특하고 알 수 없는 매력에 푹 빠져 살았다.

많은 추억들은 기억 속에서 사라지기 일쑤다. 아니 기억 속에는 존재하지만 어떤 계기가 있지 않다면 영영 기억을 재생하지 못하고 사라지게 되는 추억이 부지기수다. 그래서 여행을 추억하며 기록하는 세 번째 여행은 기억 속에 온전히 남길 수 있는 일이기 때문에 준비만큼 중요하다고 생각된다.

이런 기록이 타인과 공유되는 것도 저마다 힐링하는 방법이 된다. 근래 코로나 시대가 되어 여행을 떠나고 싶은 사람들에게 훌륭한 언컨택트(비대면) 여행이 될 수도 있다. 이런저런 이유로 독자들이 나의 세 번째 여행을 읽으며 만족스러운 여행이 되기를 희망한다.

2020년 12월, 저물어가는 한해를 보내며